JN234217

年齢の心理学
——0歳から6歳まで

岡本夏木＋麻生　武——編

ミネルヴァ書房

はじめに

「年齢」という語が使われだしたのはいつごろからなのか。特に「齢」という文字、「よわい」ということばに、「齢」があてられるようになったのは何故なのか。そのことに以前から興味をもちながらも、出所をただすこともしないまま来てしまっている。

しかしいずれにしても、「歯」との関係において、「年」または「歳」をとらえようとした祖先たちの思いを今新たにせざるを得ない。生後ほぼ一定の時期を経て赤ん坊の唇の中に、真白な歯のはえ初めをわれわれは見る。それはやがて、「はえ変わり」の時期を迎えるし、青年期とともに「親不知」の痛みを経験することになる。また子を産んだ母親が自己の歯のおとろえを訴えることがあるし、一般に人は40歳も過ぎると歯科医の門を叩く機会が多くなる。50、60歳代になると、身近な人々の亡くなるのが多くなるとともに、己れが歯も抜け落ち始める。

先人が「歳」を「歯」によってシンボライズしようとした気持ちが私たちには痛い程よくわかるような気がする。しかも歯は、「歳」の生理的成熟的側面をあらわすだけではない。「歯みがき」は幼児の生活習慣のしつけの代表とされるし、歯にしみついたニコチンは喫煙生活の量をあらわす。「親不知」の痛みは、「不孝者」としての己れを自覚させるし、ふえ始めた義歯を舌でまさぐりながら、ありし日の記憶をよびおこし、また残された日々を思う。歯はもっともセンシュアルに自己の年齢と生を具体的に感じさせる。

これから見るように、年齢は生理的、心理的だけでなく、社会的、文化的側面をも強く宿すが、歯も当然同じである。「かねつけ（おはぐろ）」の風習は、時代とともに変化があったようだが、かつて人々は自己の年齢や身分、既婚等の証しを、自らの歯を染めることによって、自覚するだけでなく、社会に対して表明する文化の中に生きていた。また現代でも「明眸皓歯」を理想とする社会の中にわれわれは生きている。

歯にまつわる話にこだわりすぎたが、われわれは、本書で、「年齢」の心理学について考えてみたいと願った。発達心理学が今日程盛んになり、また「生涯発達心理学」が特に注目され出したが、それらのもっとも中心的位置にあるはずの「年齢」について、基本的に論じられることがほとんどなかったのは不思議な程である。もちろん「エイジング」（ageing）とよんで主として中高年の加齢現象を扱うこころみはあったが、それは「年齢」の問題の一部であって、年齢の機能やその意味を、人間の発生からの変化過程を通して社会や文化の中で考えるのには程遠かった。

雑誌『発達』の編集者寺内一郎氏は早くから「年齢」の問題に注目し、その発刊年の一九八〇年の第3号より今日にいたるまで、三回にわたって、「年齢」に関する特集を組まれてきた。

『発達』3号　一九八〇年　特集「自然の年齢　個人の年齢」
『発達』61号　一九九五年　特集「『年齢』と発達」
『発達』70号　一九九七年　特集「1歳違えばこんなに違う」

本書はこれらの積み上げの上に立ちながら、70号での構想をさらに発展させたものである。

幸いに正しく日本の発達研究の中核をになっている方々から玉稿をいただいた。おそらくこれ以上は望みえない執筆陣にめぐまれたことを、編者として心から感謝申し上げたい。

本書では一歳ごとの変化がもっとも具体的にとらえやすい乳幼児期に焦点をあてた企画になったが、その後の時期の発達からさらに見えてくるだろう所の「年齢」の問題については、いずれ他日を期してみたい。

早くから『年齢の心理学』の題名を提示し、その執筆をすすめていただいたミネルヴァ書房寺内一郎氏、今日まで裏方としてのしごとを引き受けながら、貴重な助言を度々いただいた安岡亜紀さんに深く感謝したい。

二〇〇〇年　春

編　者

もくじ

写真——川内松男

序章

記号としての「年齢」：その社会的文化的機能

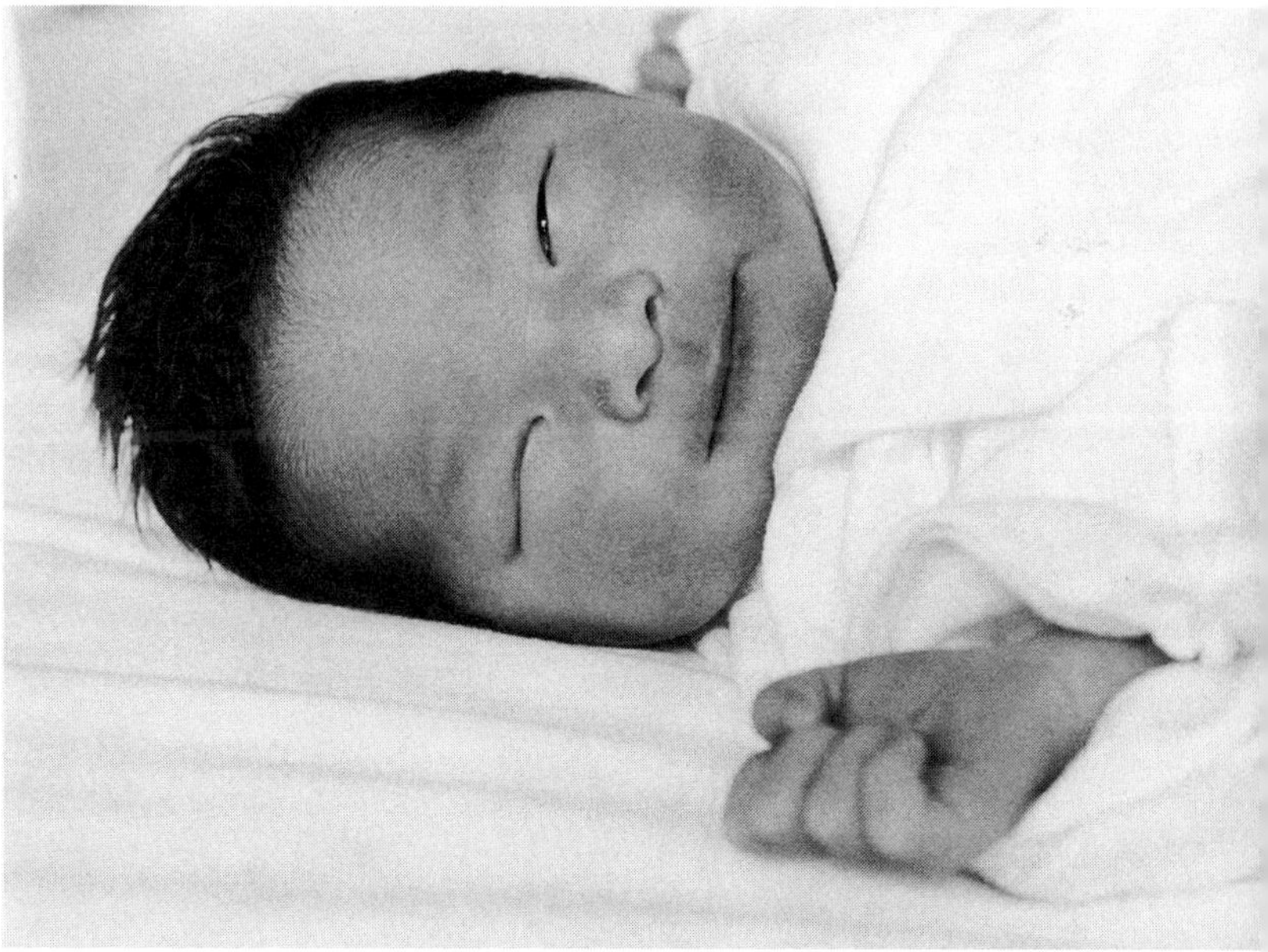

岡本夏木

「時間」と「年齢」

人はみな、一本の「時間」の流れのなかを生きる。当然といってしまえばそれまでだが、好むと好まざるとにかかわらず、人はみな、そう運命づけられている。そして人びとが異にするのは、その流れのなかの、どの時点で誕生し、どの時点で死去するかの違いである。両時点間の「生のスパーン」が人どうし重なり合う場合もあれば、遠くへだたった場合もある。

しかも重要なことは、人がそれに沿って自己の生を展開してゆく時間は、「物理的時間」としてだけあるのでなく、「歴史的、文化的意味」をになった時間としてある。人はその流れのなかにおいて、自己の経験を重ね、自己独自の生を彫りあげてゆく。

出発の時点を異にし、消滅の時点を異にし、その間のスパーンを異にし、歴史的文化的背景を異にする人たち、そうした無数の個々に異なる人たちの生の形態から、そこに共通する人間の発達の特徴を抽出しようとするとき、また個々人の生のもつ独自性を比較しようとするとき人びとの生を「同じ場」にのせて、検討する必要が生じてくる。一人一人が異にする出生の時点をそれぞれの基点として、その0点からの隔たりにもとづく「年齢」尺度を構成し、万人の生をその尺度の上で吟味する方略である。

もちろん、個体発生的、あるいは発達心理学的関心が生じて、「年齢」がはじめてとりあげられるようになったのではない。後にもふれるように、「年齢」や「歳」は生活や制度上の必要から、社会のなかではるか以前から機能していたことはいうまでもない。ただし、「年齢」が、人間を解明するための一つの尺度的記号として自覚的に用いられ始めたのは、子どもへの関心や発生的、発達的観点が強まってきてからであろう。

いずれにしても「年齢」は、さまざまのかたちで、人間の「生物的、発生的側面」から、「社会的、制度的側面」

さらには、「歴史的、文化的側面」にわたって、広くその生の形成と展開に関係してくる。またその関係の検討するにあたっても、生物学や心理学を中心とする発達科学からのアプローチだけでなく、他方では文化人類学やフォーク・サイコロジー等からのアプローチも不可欠となってきている。

本章では、「年齢」にかかわる問題を、少しひろげて考察しておくことにする。「有機体の発生的発達的変化の記述、およびそれへの社会的対応のために欠かすことのできない『記号』としての『年齢』」という視点を中心にして、本章では「年齢」の意味を考えてみたい。

発達研究と年齢

発達研究の形態は、X軸に「時間軸」をとることを暗黙裡の前提としている。他の領域の研究では、主要変数の設定が、研究目的に応じて研究者の手に委ねられるのに比して、発達的アプローチでは、誕生もしくは受胎時を基点とした時間軸にしたがって、身心の活動や機能の変化が測定されたり記述される。他の変数を導入するにしても、それは時間変数との交互作用において問題とされる。その意味で、発達研究者ほど、「時間」に依拠して資料を稼ぎ、ひいては「時間」のおかげで生活の糧を得ている者は、歴史研究者を除いては他になかろう。好むと好まざるとにかかわらずこうした主要変数上の制約が、ある意味では発達研究を他のそれに比して方法的にやさしくしているとも考えられるし、また逆にむずかしくしているとも考えられる。

自明のことを、ここにあらためて書くまでもなかったかもしれないが、この、あまりにも当然のこととされてきた前提が、「年齢」というもののはらむ性質が発達研究においてもつ意味を、基本的なところで検討しておく必要から、長い間目を奪ってきたのかもしれない。

「年齢」と「年輪」

「時間」そのものの意味はいまおくとして、時間軸の単位としての「年齢」の問題である。「年齢」という単位で、発達的過程を区切り、一括することの根拠とメリットは何なのか。たとえば、生後三年三六五日と四年一日との間の能力の変化（非連続）量が、三年一四〇日と一四一日目の間のそれに比して大きいとの確認はない。その意味では3年台児と4年台児との区切りというのは、きわめて恣意的で、科学的必然性をもたない。生後の物理的時間の計算上の単位として「年」はもちろんあっても、「年齢」に見あう実体を求めることはできない。もともと、切れないもの（あるいはどこで切ってもいいもの）を「常識的」もしくは「生活的」な便宜で、都合のよいところで区切ったものであろう。「3年台の子」というのは、端的にいうなら（あるいは正確にいうなら）、地球がその子が生まれたときの公転の軌道上の位置を、その後、三回通過して、四周目に入った子どもというだけのことであろう。

これに比して、植物の「年輪」はいかがなものであろうか。それは春夏秋冬の周期を通して、明らかに生体の上に、時を実体的に刻みつける。もちろん人も生物体として、一年ごとの温度変化がなんらかのかたちで幼い身体発育過程に周期的変化をもたらしていることはあるかもしれぬが、精神発達の上に、年齢の変わり目ごとに明瞭な切れ線が画されていくことはありえない。

一つの「必要悪」

しかし、発達過程を概観し、かつそれをなんらかのかたちで一般化しようとこころみるとき、どこかでいくつかの区切りを作って、各区切り内を概括し、平均化して、それら各区切り内どうしを比較し、その間に差異を求める方法を科学としてもとらざるを得なくなる。その切り目が、発達そのものの非連続点（それがあると仮定して）と一致するにこしたことはなかろうが、それは結果的にしかわからぬことであって、研究作業にかかるにはまず、できるだけ無難で蓋然的な区切りを採用して、とりかかるしかしかたがないのであろう。一つの研究上や、さらにはそれが社会的機能を果たす上での必要悪といえなくもない。

精密な医学的検査であろうと、健常と病態を連続的な測定値のどこかで分かつことと同じであろう。血圧一五〇を高血圧症の目じるしにするにしても、一四九と一五一の間に決定的なちがいがあるというのではない。しかし、そうした基準値をとることは医療行為における手がかりとしてどうしても不可欠となろう。発達過程での区切りを、単純に誕生からの経過時間に求めるよりも、ピアジェをはじめとして構造の変化に視点をおき、構造にもとづく段階を設定して区切る作業は、年齢発達観を超えようとするこころみでもあるが、それすら各段階の始めと終わりの目じるしは、大まかにせよ年齢があげられたりしてくる。

記号としての年齢

ここで、はじめにあげたように、年齢を「記号」としてとらえる立場から論を進めてみる。

話題を身近な問題に転ずるとして、新聞やテレビに、事件の当事者があらわれるときは、ほとんどといっていいほど、その人の名と年齢が併記される。場合によっては、名前の方は匿されても、また、性はしるされないときでも、年齢はしるされる。一人の人のことを社会一般に伝えるとき、年齢が、他の何にもまして、その人を代表する最大の情報量をもつ記号となるという考えが広く一般化している証拠であろう。

3歳の子が農業用水に落ちたとか、13歳の子がいじめで自殺したとか、43歳と46歳のインテリ夫婦が離婚したとか、70歳の老人が大学院に入学したというとき、人にはその年齢によってまず自分の中の知識系の中から、「何か」を呼び出し、それを手がかりに、その人物や、その人のかかわる事件についての自分の解釈をほどこしてゆくのであろう。その「何」とは何なのだろうか。年齢は記号としてどうはたらくのだろうか。

当然、人はその年齢から当事者の身体量や生理的心理的成熟レベル、一般的行動傾向等を予想するだろう。2歳児とあれば、その子はもうかなり歩けるだろうとか、可愛いさかりだろうとか、70歳と聞けばもの忘れが相当ひどくなっている人だろうとの前提をもち出すこととなる。

そうした生理的成熟レベルや運動機能の発達レベルについては、子どもが小さければ小さいほど、年齢はより正確な信頼度の高い情報を伝える記号としてはたらくだろう。胎児は月満ちて生まれるし、誕生近くなれば一人立ちを始める。また思春期でも、第二次性徴は、ほぼ一定の年齢に発現する。また誰しも身体的には「寄る年波」には抗し難い。

発達研究にたずさわる者にとっては、一般の人以上に「年齢」はより高い記号性をもつはずである。「8カ月児」と聞けば「モノの永続性」の成立を予想し、街頭で小学生の集団に出会うとき、他の人びとよりは、その学年を正確にいいあてるはずである。

他方、年齢は、その人のもつ経験量や経験の質の総体を暗黙裡に代表する役割を果たす。そこには、それに見あう知識量やスキルの上達度、さらには社会的経験にもとづく態度や価値観、さらには悟りや諦めの度合の予想をも含まれてくる。それらは先の生理的成熟としてのレディネスと関連して出てくる学習の成立もあれば、「伊達には歳を」と賞賛を買ったり、「年甲斐もなく」と嘲笑の的となるときの基準が含まれている。

「年相応に」

年齢がなんらかのかたちでの発達的状態をあらわすという点から記号としての年齢にふれてきたが、さらに重要なことは、それが、社会的、文化的記号として、人間の行動や行為、態度や価値観を強く束縛してくる点にある。

年齢が習俗や通過儀礼等に象徴化してくることは伝統的社会的共同体で多くみられたところであるが、今日の社会でも形や姿をかえ、さまざまの行事として人の生き方を束縛している。

「法」体系の中に年齢が置かれるときの問題はその典型であるが、これについては後にふれることにして、社会的記号としての年齢のもつ機能についていま少し、述べる必要がある。

まず「年相応」ということを手がかりに始めてみたい。

社会や世間はわれわれにさまざまの当為を要求するが、そのなかでも「年（齢）相応に生きよ」という要請ほど、強力なものはないように思う。それが日本の社会においてとくにそうであるのかは今おくとしても、少なくとも社会はその自らの体制護持において、各成員が年にふさわしく生きることを強制しようとしていることはまちがいない。したがって、逆からいうなら、生きるとは、そうした要請や強制に対して、ということは、自己の年齢というものに対して、自分がどういう態度をとるかということにかかっている。

「年相応」の思想といっても、それはさまざまのレベルを意味していることが多い。卑近なことばとして「年は争えぬ」とよくいわれる。その際の「年」の意味するものは何だろうか。明らかにそれはその個人のこれまでの生存時間そのものを指すのでなく、ここでの「年」はその時間が当然もたらすはずの生物学的身体的変化を指す記号なのであって、「年は争えぬ」ことを自分において発見したとき、人は諦念まじりの苦笑を、他人においては、安堵まじりの冷笑をうかべる。

「人は皆その年齢において、生物学的レベルにおいて束縛されている」のである。また「束縛されているべきである」のである。そこでは「年齢」を生物的変化の記号として論ずるよりも、むしろ、「年齢」が私たちを生物的にも社会的にも束縛する機能を果たしているとうけとる方が、ややペダンチックないいまわしになるがこの小論にはにつかわしいのかもしれない。

「寄る年波」とか「年のわりには」との批評や、「年だ」という述懐にも、同じような機能がくみとれよう。もちろん「年だ」というときも、余命少なき筆者の場合や、若くとも適齢期をむかえる頃においては、他の時期以上にそれが社会・心理的意味を強くになってくるだろう。

「年は争えぬ」の「年」にくらべて、「年甲斐もなく」における「年」ははるかに複雑な意味内容を含むようである。

「年甲斐」というとき、そこでは、その年齢までの人なら、当然踏んできているべきはずである経験の総体と、それにもとづいて確立しているべきはずの信念もしくは悟りの総体を指すインデックスまたは記号として用いられているのであろう。

年齢はそういう精神的レベルでの変化をもたらすものと考えられる。あるいは前と同じようないい方で、できるだけ正確にいうとしたら、その年齢までには精神的にはかかるところまで達しているべきであるという周囲の人たちの要請を通して、各人を社会的に束縛する機能を年齢はもっているということになる。

「年の功」とか「さすがは年だ」とか「無駄には年を」等というときは、「年甲斐もなく」というときのペシミズムにくらべれば、年齢の果たす積極的機能に関係してくるが、「年」というものの意味レベルにおいては同じであろう。

かくて、人は「年甲斐もなく」恋をして、結果は「年は争えぬ」ことを自覚するにいたる。「年相応に」振る舞わぬ者の行きつくべき地獄であろうか。

「年は争えぬ」にしても、「年甲斐もなく」にしても、あまりにも中年以後の下降型の語句ばかりをあげてきたが、これも私の「年相応な」いとなみの一つであろうか。

平均化

「年相応」ということを例にしながら、これまでに年齢の役割について述べてきた。それは好むと好まざるとにかかわらず、またそれに抵抗しようと同意しようと生きていく場合に避けることのできない一つの行動準則を提供している。一つのそれは自然法ともいうべきかもしれないし、年相応に生きることは、自然への畏敬、または人生に対する謙虚さの表明であるかもしれない。

しかし一人一人が自己の年齢のもとに、それをうけいれ、年相応に生きることを自分に課し、自己一人の生活にいそしんでいるならば問題はなかろう。だが、問題はそれほど単純ではない。むしろ逆に、私たちは、社会共同体を前提としてそのなかに生きている。共同体かその体制を成立させるための要請として、「年相応たるべし」との要請を各個人に課してくるところに問題がある。

人は人との関係のなかに生きる。しかもその関係は相互に対等な関係ではなく、さまざまの序列化を含んだ関係のなかに生きている。年相応ということは自然法としてとどまるだけでなく、社会体制や組織を維持するための法や規則として積極的に具体化され制度化してくる。

ここではその実例を一つ一つとりあげて説明するいとまはないし、むしろそれらの背景にある常識的な見方についてまず考えておこう。

年相応というとき、そこには、その年齢に属する人たちの「平均化」したイメージが前提とされている。平均化ということばは、現在の社会ではあまりうけのよくないことばであり、心理学や教育でも、今日の人間の抽象化や疎外、個性の放棄をもたらした元凶的な考え方として攻撃の矢面に立たされていることは周知の通りである。しかしこれほど、いたるところでしたたかに生きのびている考えはないのである。

これは制度的な例ではないが、大学での教員の昇任人事においても年齢がとかく論議されやすいようである。40歳過ぎで教授昇任がとりあげられようとするときは、その人のすぐれた研究業績については衆目の一致するところであっても、その昇任にあたっては、かげで反対を主張する人があったり、50歳半ばの人の昇任ではその研究業績をあまり問うことが少ないような場合もあると聞く。もしそれが事実としたら、そこには微妙な感情等、さまざまなかげりが反映しているのではあろうが、40歳前後の教員については、一般に人格や指導力がまだやや未熟であるべきはずであるとする平均的な像が描かれ、50歳では大体それらができているはずとされる。大事なのは事実よりも、その「あるべきはずである」という見方にもとづいて律することだという考えが、理性を誇っている府にも根強くはびこっているのであろう。人はみなその平均像に一致しているはずであり、またそれからはずれることを許さないのである。それを許すと平均像は破壊され体制は危険にさらされるという不安がつのるのだろうか。

民主社会の安全弁

年齢重視の裏には、平均化する見方、つまり、同一年齢の者は大体においてほぼ同じとする見方が根強くはたらいていることは、上の例を引くまでもなく、私たちの住む周囲いたるところにみられる。そして年齢を基準とする法律や制度化がおし進められている領域ではこの平均化がさらにより強く前提とされてきている。

現代の社会が年齢の基準にたよることによって、一応の表面的な合理性や民主主義的体裁をつくろいえているところが大きい。その意味では、年齢は社会維持のための安全弁的機能を果しているともいえる。年齢基準の枠をはずし、その社会的制約から人びとを解き放てば、現代の社会生活はおそらく大きい混乱におちいるだろう。

社会が社会として成立するためには、なんらかのかたちで画一化した線を引くことが必要となる。いろいろの基準が考えられるが、何にもとづくにせよ、その線はできるだけ合理性をもったものであることが望ましいが、結果としてはなんらかの非合理的側面を認めざるを得なくなる。その際多くの不平や攻撃が出てくるのは当然であるが、その線が年齢によって引かれる場合、不平や攻撃は比較的他の場合よりも小さいようである。それは年齢が、他の基準よりもきわめて合理的だからということではかならずしもなかろう。とすると、それはなぜだろうか。年齢をたてにされる場合のあきらめとでもいうべきものが私たち一般のなかにはあるのだろうか。それとも年齢の権威に対する畏敬あるいは信頼なのだろうか。

年齢を基準とする場合でも、少しふみこんで考えるなら、非合理的側面はいくらでもあろう。今、筆をとっている私の耳に、ＴＶが国会解散の時期についての予想を伝えている。それからの連想でもないが、たとえば参議院議員の立候補条件がなぜ30歳以上であり、衆議院議員のそれがなぜ25歳以上とするのか。仮に、前者が後者よりも、より多くの識見と分別を必要とするからという理由を一応認めるとしても、それでは、その識見や分別の差というのが、どうして30歳と25歳の間の５歳の差に妥当するのか、何の根拠もなかろう。こんな議論を持ち出すこと自体がへ理屈や詭弁だと攻撃するとしても、それではそれを攻撃する側にどれだけの合理性や正当性があろうか。まあまあ5年ぐらいちがえておけばいいじゃないかという妥協的承認以外にたいした根拠はないようである。同じように、酒は子どもに有害だから禁止することは当然としても、なぜ20歳で線を引かねばならないか。個人差はまったくないものとしても、20歳の誕生日前と後の１日ちがい、あるいは大きく1年ちがいをとっても、20歳のところで酒の害が非連続的に異なるという生理的根拠はまったくないのである。まあまあ20歳位で線を引くしかしかたがないではないかという妥協の産物であろう。それをこまかくせんさくすることはナンセンスというより、むしろ私たちの社会では一種のタブーなのであろう。こうした法律や規約はずいぶん多くあるわけだが、そこで用いられている年齢基準をめぐって、ときに引き上げ、または引き下げはあるとしても、人々はさほど文句はいわずに従っているのである。たとえば、年金給付の年齢を60歳から65歳に上げることは、その法令の施行前後の人にとってかなりの利害をもたらすことになるが、人びとはそれを運、不運として、運命に従うごとく、うけいれてゆく。年齢という数字を持ち出されると、人は割合それを「公平なもの」と、あるいは「やむをえないもの」として納得しやすいようである。

種々の制度をなんらかの基準の上に確立しなければならぬとき、年齢というのは、その点において、民主主義的妥協点を得る際のきわめて有力な武器となりうる性質を宿しているようである。年齢による学年進行の学校制度や年齢給、年功序列制度等がいろいろの批判はうけながらも一応民主的であるとしてきわめて安定したかたちで根づいているのもそのためであろう。

年齢基準が非合理をはらみながらも、他の基準を用いるよりはるかに妥協をもたらしやすい理由の一つは、年齢の上下で一種の差別はされるとしても、年少者もやがては年長者となり、今は認められていない権利も、将来においてはそれにありつけるという点にあろう。今は酒は飲めなくとも、やがては「おやじ」と同じように飲めるようになるし、またおやじも自分と同じ年頃のときは飲めなかったのである。ある時点だけに限れば不平等であっても、時間範囲を考慮すれば一応平等は保証されることとなる。これは他の基準と異なり、年齢が時間的性質の上に立つことからくる独自の強味であろう。

しかし、「年齢」はほんとに無条件で民主社会の安全弁たりうるのだろうか。

「年齢の下に人は平等」

「法の下に人は平等である」という思想は年齢基準に依存している法の場合、「年齢の下に人は平等である」とおきなおせることになるのかしれない。

たしかに「年齢の下に人は平等たるべし」とのテーゼは、さまざまの他の基準で分割されるときの不平等や不公平を年齢の名によって是正するという点においてきわめて有効であることは認めなければならない。

それは、先に述べてきた「年相応に」という生き方の社会的尊重が、少なくとも「分相応に」という生き方の強制よりもはるかにすぐれていると私が思うのと同じである。「分相応に」という場合の「分」ということをどううけとめるかはむずかしいが、一応、生まれたときすでに決定されている分け前（資質とか身分とか性別）と解するとすれば、人は皆、分相応よりも年相応に生きる方をとるべきであろう。「年相応」ということが、「分相応」の解体に役立つとすれば、それは一つのすぐれた機能を果たすことになる。

しかし、年齢基準制を無条件に民主的なもの、公平なものとして肯定するところにはいくつかの危険がはらまれていることにも注意しなければならない。というのは、年齢基準制の合理性を保証するためには、異なる年齢間の人間どうしは、異なっており、同一年齢に属する人間どうしは同じであって、異なっていてはならないわけである。つまり同一年齢の人間はすべてにおいて画一的であるほど都合がいい。そして、そのことが逆に、同一年齢内の人間はすべてにおいて同じであるべしということを強く要求してくることの危険である。アプリオリな事実認識の強制と、それによる画一的取扱いの合理化が強くはたらいてくることを見逃せない。先に平均化の例としてあげた大学での教員昇任の場合もこの一つであろう。

ここで少なくとも二つの問題をとりあげておく必要があるように思う。

一つは、同一年齢内の人間たちを同一たらしめようとする外的圧力は、一人一人の個性や独自性を無視、あるいはときによっては敵視しようとする傾向を生じかねない。表面的には、一人一人の尊重をうたいながら、実質的には平等の名のもとに機械的画一主義をますますはびこらしてゆく危険にどう対処してゆくか、このことは、今後の諸制度、とくに教育の分野では重要な課題であろう。

現代のわが国の社会状況においては、無学年制や、オープンスクールのシステムをただちに導入することには私は賛意を表しかねるし、また同一年齢のもとでさまざまの条件差をもつ子どもたちが、一つの集団生活を築くことの意義を認めたいが、民主主義と年齢による画一主義が短絡されるときの危険を十分反省しておく必要がある。現在でも、障害児教育では、異なる年齢や発達状態の子どもを同一クラスに置くことによって、また最近は幼児保育で異年齢集団保育時間を設けることによって成果をあげている例などから一般学校教育ももっと学ぶ必要があろう。また、今日の「乗り遅れ」不安ともいうべき異常な教育過熱現象や、進学競争の氾濫を来してきた原因の一つに、こうした年齢の機能をめぐる問題の徹底した論議が避けられてきたことをあげておかねばならぬだろう。そしてそれは教育界にとどまらず、年齢基準制社会の今後のあり方を模索していくにあたって避けることはできない論点だろう。

さらにいま一つ無視できぬ問題がある。先にもふれたように、年齢を基準にとることが、それまでの種々の社会的基準（たとえば男女とか身分とか、階層等のような）がもたらした制限や不平等、差別の軽減にある程度の効果をもたらしたとしても、それが現在の社会体制維持のための役割をになわされているものである限り、そこには大きい危惧が存在している。

年齢の下に平等ということは、正確には同一年齢の下に平等ということである。そこでは他方において、異なる年齢間では不平等（あるいは差別）が是認され前提とされていることである。これについては、先に述べたように、その不平等は、未来の時間的展望を考慮することによって、将来埋め合わされるとしても、危険は、年齢間不平等を温存、護持する基盤として、さらには年齢間差別の合理化の手段として、年齢内平等が与えられてくることにある。同一年齢層の人間は皆平均して同程度の能力、経験、思想をもっと先験的に規定し、故に同一に扱われるべきであるという年齢内平等の発想が、あえて悪い表現を用いるなら、それをエサに、年齢間不平等、年長者による年少者への支配管理体制の強化、年長者の自己安住をはかるための手段として出されてくる場合が多いことこそ、もっとも警戒しなければならない。

このつたないエッセイともつかぬ一文でいいたいのは、年齢が私たちの社会で果たしている功と罪についてである。「年相応に」「年齢の下に平等」という思想のもつ民主主義的役割を評価しながらも一方ではそれがもたらす反動性にも注目しておきたい。いずれにしてもこれから「年齢」をどう扱っていくかは、わが国民主主義の試金石となろう。

準年齢尺度

筆が抽象的な批判に走りすぎたことを反省して、もう少し具体的な問題に話をもどそう。初等あるいは中等教育段階までは、年齢は実際の学年進行と並行しえても、大学入学や入社時あるいは結婚の時点となると絶対的な年齢支配制は当然くずれてくる。生活環境や経験、能力、経歴上の違い等が、複雑に入り組んだかたちで作用してくることによって、それらの時点の通過順序はもはや年齢順序とは厳密には一致しがたくなってくる。大学入学後の学年進行や、入社後の役職昇進順序等も、大きくは年齢と相関するとしても、かなりのくい違いをみせ、それが人間関係に微妙なかげりをもたらしたり、ときには大きなトラブルの原因となりかねない。

いずれにせよ、そこでは、それまでのように厳密な年齢尺度は適用しえなくなるし、さりとて年齢基準によってそれまで固定されて育ってきた人間に、いっきょにその基準をはずすことは混乱につながるだろう。そこでは、年齢そのものではないが、できるだけ年齢的性質に近い尺度が体制維持のために勘案されることになる。一応それを「準年齢尺度（quasi-age scale）」と私は名づけておこう。

つまり年齢の基準点を誕生時におくのでなく、大学入学時や、入社時に置きかえる方法である。大学の運動部や応援団組織はそれがもっとも明瞭にみられる一例であろう。そこでは、学年（回生）内同一、学年（回生）間区別が礼儀という名の下に厳重に要求される。先にあげた、体制維持のための年齢内平等ー年齢間不平等構造を、より徹底したかたちで実行する典型がみられる。会社や官庁での昇給や昇位の基準となる同年度入社組や同期生組、大臣席割ふりの際の議員初当選時から数える何年生組等、準年齢尺度はいたるところで作り出され、それは純粋の年齢基準以上に強固な拘束力を発揮してくる。しかも準年齢尺度について年齢尺度以上に特に私が恐れるのは、その出発点が年齢尺度の場合のように、誕生という万人共通の時点にあるのでなく、ある特定大学の入・卒業時とか、特定官庁への就職時にとられ、結局準年齢尺度はすべての人たちに平等に適用されるのでなく、一部の特定の集団のみに適用され、集団外の人びととの間には不平等や差別が公然と存在したままであることが多い点である。官庁や大会社での「銘柄大学」卒の一部エリートのみに適用されている不文律な昇任制をみればよい。

年齢制や準年齢制が能力差別等にある程度の歯止めをかけ、民主的妥協性や公平性をもたらすに役立つ機能はある程度認めるとしても、かつての軍隊での古年兵と初年兵、先任士官と後任士官関係を思わすような愚は繰り返したくないし、省庁においては新しい次官が生まれると、その者と同期に入省してそれまではほぼ同じ速度で昇任してきた者たちは一せい退職して、他の関係機関へ天下りするとか聞くが、ここまでくると、こうした制度の上にあぐらをかきながら、結局はそれに飼いならされてきた人間どもの末路のあさましさを見る思いがするのは私一人ではあるまい。

年齢と生き方

話をはじめにもどそう。上にみてきたように、私たちはいろいろのレベルや側面において、「年相応」であることを要求される。年齢がそういうことを要求している。あるいは「年齢」という社会的記号が、そういうことを強制してくる。

生きるには、私たちはこの「年齢」に対してなんらかのかたちで自己の態度を表明しなければならない。またその生涯を通して、それぞれの年齢について自己の解答を出さねばならない。

私はここで一枚の絵を思い浮べる。帽子をややあみだに、両手を腰にあて、まゆねを寄せた顔だけが闇のなかから昂然と浮き出て立つ一人の男の自画像である。それはまさにおそいくる不遇に立ち向かおうとするレンブラント46歳のときの自画像である。これほど迫りくる運命と「自己の年齢」に立ち向かおうとする自己を描きあげた自画像を私は他に見ない。自己の46歳に対するレンブラント自身の態度表明であり、また解答である。彼はそれぞれの時期に多くの自画像を残したが、いずれもそこでは、彼は己れの年を見つめて立つ。しかしなかでもこの46歳の自画像は、それまでの富や名声を一切すてて、赤裸々の自己をもって社会と対決しようとする男がそこに立っている。まさしくレンブラントの46歳なのである。

発達課題と呼ばれるものも、これと同じであろう。孔子が「不惑」というとき、それは40歳ということに対する孔子自身の決意と態度の表明であり、エリクソンが同一性の確立というときも、それは青年期に対する彼の考え方の表明であろう。孔子やレンブラントには遠く及ばないとしても、私たちは私たちなりに「厭がられの年齢」として生きるべきか、あえて「厭がらせの年齢」として生きるべきか、また精神的にどこでリタイヤーすべきか、あるいは大悟徹底すべきか等、悩みはつきない。

一般的態度としてだけでなく、年齢は日々の現実行動での種々の具体的な選択を私たちに迫ってくる。着物の柄やスーツの色と形の決定から、ジョギングの距離と速度、コーヒーに入れるシュガーの量の決定、かけるべき生命保険の金額の決定や、職場の変更や離婚にふみ切るべきかの決断まで、思いつくままに数えあげれば紙数にきりはなかろう。

私たちが生きるということを日々の生活でのさまざまの選択行為の一つながりとしてみるとき、それを背後で左右しているもっとも大きい判断基準は、意識すると、しないとにかかわらず、自己の年齢なのである。

年齢はまた自分の生き方と人の生き方を重ね合わす。はじめて通知表をもらった小学1年生が、父親の1年生時代の通知表の成績を知りたがったり、大学生の娘が平素は母親を軽べつしながら、あるとき今の自分と同じ年齢で、母はすでに自分と弟を生んで育てていたことに気づいて母親を見直したりする。青年はシュバイツァーが医学に志したのは何歳だったかを知って未来の自己実現を思い、私たち中年はとうとう親の死んだ年を自分は通りこしたとか、ゲーテがマリエンバートで恋をしたのは何歳だったかがやたらに気になったりしだす。年齢は時代をこえて、人と人、生き方と生き方をつなぎ重ね合わせ結びつける機能をもつ。

「年」と「歳」

これまでに、主として年齢社会的記号として、どのように機能し、それに対して人はどのように生きるかを迫られてくるかについて述べてきたが、ここで、いま一つふれておかねばならぬ問題がある。

これまで、「年齢」とか「年」とか、「歳」という語をそれほど意識することなく用いてきたが、ここで「年」と「歳」の問題について注目しておく。

われわれの母語は幸いにも「年」と「歳」をもつ。ともに「トシ」であり、さほど意識せず用いている。日本の発達心理学者は、せっかくのこの語に、もう少し自覚的になっていいのではないかと思ったりするのは私だけだろうか。むしろ生活者の方が、この語に大きい意味をになわせているのでなかろうか。

「年々歳々人同じからず」。なぜ「年々歳々」なのか、それは同義の「トシ」の四回反復ではないのであろう。また一方、「年々にわが悲しみは深くして　いよよ華やぐいのちなりけり」と老妓が歌ったときの「年々」は、単なる「毎年」ではなく「歳々」によって裏打ちされた「年々」なのである。その理由は後でふれる。

もとより両者は「トシ」として意味的にも、事実的にも多くの面で重なり合う。あるいは両者の重なり合う部分だけをすくいとって「年齢」という語が作り出されたのかもしれぬ。

もともと、「年」は、秒、分、時間、日、月の延長上にある物理的時間の単位であり、もとをただせば地球の公転にもとづく単位である。「年」は三六五日であり、二四×三六五時間である。それはすべてのものの上に共通して流れる。それは物理的であるとともに歴史的でもある。もちろん人間の上にも流れる。だからこそ、生年月日や死亡年月日も表示でき、「年齢」としても用いられる。「年」は物理的であり、連続的であり、一律的であり、事象をも物をも人をも、文化をも「外から区切る」枠としてある。それは宇宙や生命の生成時期をも推定させるし、また「年代的年」として歴史年表を作らせ、年齢をも明らかにする。これに比して「歳」は「年」にもとづくが、あくまで人間にかかわる時間を意味する。それぞれの人ごとにその人の誕生をもって始まる。ときには人だけでなく、「自然物」や「社会」について述べるときもあるが、それは人になぞらえるかたちでとらえられた自然や社会の場合である。

「歳」は「年」に対して、「人間的」であり、「生活的」であり、また「常識的」である。そして常識的であるということにおいて「文化的」である。そして「年」が比例尺度として「基数」的であるのに対して「歳」は順序尺度として「序数」的である。「4歳児」という表示には、誕生後四年間の間に、その子が達してきているはずと目される「成熟」の度とその文化（生活）のなかで「受け」てきているはずと目される「経験」の総体が前提として意味されている。だからこそ、「今日からもう4歳だからひとりで寝にゆきなさい」と言われるのだろう。また「24歳」を「私の上に降る雪はいとしめやかになりました」と詩人はうたったのであろう。

「年齢」は連続して流れてゆくのに比して、「歳」は一年ごとに段階的に結節点をもって変わってゆく。もちろん年齢表記として、「何歳何カ月」と分割されることもあるが、伝統的、常識的には「何歳（児）」単位として用いられる。生後「何歳何カ月（ときには何日）」まで用いられるときは、生後「何日」という総日数をわかりやすく「年月日」単位としてあらわしたのにすぎない。科学的・計量的表記として、ここでの「歳」は「年」とまったく同義に用いられている。

これに対して「歳」は原則としてそれ以上は分割しないところに、その生活的意味があるともいえる。子どもは歳を問われて「3つ」と答え、月までは答えない。自分は「3歳」児であって、「3歳5カ月児」ではないのである。われわれの社会や文化は、人を分ける際、「歳」で区分し「同じ歳」の中の人間は同等に扱うことは先に述べた。「6歳0カ月児」と「6歳11カ月児」は同時に入学する。社会制度は「歳」にもとづく。入学しかり、年金開始しかりである。

「歳」によって社会的取り扱いが変わること、それは制度だけでなく、しつけやものの教え方等、子どもへのさまざまな要求のし方やかかわり方も「歳」を前提として変えられてゆく。

このようにみてくると、「年齢」が連続的漸進的発達観にもとづくのに対して、「歳」は非連続的であり、社会的実体性をもっている。「3歳児」のもつ意味は、単なる発達心理学内の「3年台児」と同じではない。そして、人の発達は、「歳」によって社会的教育的に段階づけられている。

「旧歳派」と「新歳派」

上に述べたように「3歳（児）」はそれを、その社会や文化が、そのなかにどう位置づけているかによって決定されてくる。そのことは子育ての常識として、また、制度として子どもに強い力をもって臨んでくる。

「歳」が文化的であることを反映する例を一つあげておこう。たとえば、同じように「歳」を用いていても、今日50歳半ば以上の世代とそれ以下の世代とでは、「歳」にこめる思いがかなり異なるはずである。筆者がこの小論で「歳」を論じようとするのも、それによっているのかもしれない。

私たちは、「数え年」で育った世代である。客観的な年齢が必要なときは「満イクツ」と「満年齢」で答えねばならず、それはむしろ特別の場合であった。小学校は「八ツ」で入り、なかには「七ツ行き」とよばれる早生まれの子があった。還暦は「61」で迎えた。「歳」が「年齢」と等置されるようになったのは、世界戦争終結後の、科学的、合理的人間観が普及してからである。「数え歳」では、子どもが生まれたときが1歳であり、以後正月ごとに「歳」が増してゆく、との説明を必要とする人びとが読者には多いのでなかろうか。

歳を用いていても、文化的には「旧歳派」と「新歳派」があるといえる。新歳派は、年齢は誕生日に変わり、年代的年は、正月に変わるのに対して、旧歳派にとっては、正月は「年」(年代的年)が新たになるとともに、自分の「歳」も新たになるときであるのである。正月はその意味で、二つの意味を私たちにもっていたのである。先に、老妓が詠んだ「年々」は「歳々」によって裏打ちされているといったのもそれである。

旧歳と新歳とでは、新歳の方がより合理的、科学的になり、「年齢」観に近づいたといえる。それはどちらがいいというよりも、まさしく「歳」にかかわる文化の問題であろう。正月の朝の光に私たち「旧歳派」の子どもが感じたものは、「年」は正月に、「歳」は誕生日に変わると信じるにいたった「新歳派」とでは大きく異なっているはずである。

「三ツ子の魂百までも」——文化心理学の陥穽

文化的な視点から、「年」と「歳」を論じたことと関連して、フォークサイコロジー的な一例をあげてみよう。

今日の、子どもの発達や子育てを論じた本の中で、「三ツ子の魂百までも」のことわざがよく引かれる。それも十中八九は科学的誤謬をあらわす典型例として、否定的に引かれるのが普通である。一般的にはポストモダン的こころみでは、合理主義批判としてことわざの再評価が行われ、肯定的にとりあげられることが多いなかで、この「三ツ子の魂」ほど、ウケの悪いことわざも珍しい。新しい「文化心理学」をめざす人びとたちにおいてもそうであるのは、皮肉なことである。とにかく、3歳のときの子どもの性格や能力、個人差が、その後もずっと変わらず成人期にいたるという、いわゆる「早期人格理論」の代表としてこのことわざをとりあげ、そのような発達心理学的証拠はないとし、攻撃の対象とされる。そして人間は経験や環境によって大きく変化しつづけることを説く。心理学的事実として人格の可変性自体はまちがいないし、それに筆者も同感である。ただここで筆者がいおうとするのは、このことわざが「早期人格決定論」と結びつけられるようになったこと自体が文化的だということである。というのは、このことわざを成立させてきた文化的背景は、今日の発達心理学的子育て文化とはかなり違っていた、という点である。

まず「三ツ子」である。旧歳3歳の子である。ちなみに、一〇月生れの子なら、生まれた年が1歳、はじめての正月で2歳になり、次の正月では満1年2カ月で3歳となる。「三ツ子」は今日の3歳児ではない。満1年から2年までの子である。

そして「魂」である。それは今日心理学でいう人格とか個人差とは異なる。人間の出生は、当時の民衆にとってあの世からこの世への霊魂の移動であり、乳児では、魂はまだ不安定で子どもから離れやすいのが、3歳（旧）頃になるとその子の内部に住みつくようになるとする言いつたえにもとづく。そしてそのための儀式の必要性を説いた。それはその時代の文化の姿を宿す、すぐれてフォークサイコロジー（folk psychology）（民間日常心理学）的な問題であろう。早期決定論とは大きく異なる。

それでもなおかつこのことわざを現在の科学心理学と結びつけたいなら、2歳前後（旧3歳）頃から表象世界が心内に成立し、表象的段階として成人まで続くという、ピアジェ説と対比する方がまだ少しは近いかもしれない。

ここで少し誤解を招く書き方をしたのでないかということをおそれる。筆者は「三ツ子の魂」について最近の発達心理学の最前線にある人たちが下す上述のような解釈を単純に責めようとは思わない。ことわざがすべてその成立時期のままに用いられなければならないとは思わない。医学が進み、周産期や乳児の死亡が激減し（しかもその死亡原因も科学的に究明され）、子育てや乳児教育が進み、発達心理学データが重視されるに至り、「歳」が満年齢と等置されるようになった現在、「三ツ子の魂…」が早期決定論を代表とする典型ととらえられること自体に文句はいえない。「文化性」を強調する発達心理学の第一線にある人びとすら、その多くが右のような解釈を信じこむようになっているところに、私は「文化的陥穽」の深さを見るのである。ことわざも、文化のなかで、一人立ちして歩き始め、成立時の意味をはなれて、そのとき、そのときの文化のなかで解釈されてゆくのは当然だからである。むしろそうした移り行き自体こそが文化の問題として興味深い。

本書の意図

以上に、この章では「年齢」というものを、発達記述のための記号としてとらえ、さらにその記号としての年齢が、社会のなかで演ずる機能に重点を置いて論じてきた。かなり冗長にわたる箇所が多くなったことを反省しなければならない。

ただ私事にわたる問題を一つつけ加えることを許されたいが、年齢ということを考えるとき、常に思い出すことがある。第二次世界大戦終結時（一九四五年八月一五日）、筆者は、満19歳で一年くりあげられた徴兵検査は受けたが、兵役前で、直接戦場に立つことをまぬがれた。筆者と同学年の者で戦死者に名を連ねた者はほとんどなかったが、一年上級の先輩たちは、徴兵され、戦死者の数は圧倒的に増加する。この「1歳」の違いは運命と呼ぶにはあまりにも過酷であり、今も筆者の中には深い負い目としてはたらきつづけている。「年齢」、特に「歳」というものが、社会のなかにおいて人の生にもたらす強力な規制力を思うとき、避けては通ることができない思い出である。

ここで本書の以下の諸章の問題について簡単にふれておきたい。本章では、社会的文化的観点を中心に論じたが、次章以下では、乳児より幼児にわたる子どもの精神発達上の姿とその姿のもつ意味を、1年間ずつくくる「歳」（「新歳」であるが）という観点から具体的にみるとき、果たしてどんな積極的意義があるのか、またどんな子どもの問題が浮び上がってくるかを考察することとなる。

そして、本書は他の類書と異なり、各歳児ごとにその特性を述べるのでなく、相隣り合う「歳」どうしの子どもを対にして、比較対照しながら、その姿を明らかにしていく方略をとることにした。つまり、「2歳児」「3歳児」「4歳児」…として論ずるのでなく、「2歳（児）と3歳（児）」「3歳（児）と4歳（児）」…というかたちで、それぞれの歳の子どもの問題を明らかにしてみようと企てた。

そこでの狙いとしては、たとえば「3歳と4歳」というとき、そこでの「と」は当然両歳間の連続性と非連続性を意味する。そして、「3歳児が4歳児になる」つまり、「1歳、歳をとる」ということがどういうことかを、行動的、精神的レベルでの変化として明らかにしたい意図をもつ。

それと今一つ興味あることは、「3歳（児）と4歳（児）」とで問われる「4歳（児）」と、「4歳（児）と5歳（児）」とで問われる「4歳（児）」とでは、焦点化されそこでクローズアップされてくる姿や意味がかなり違ってくるのでないかということである。そして、対とされている各「歳（児）間」が、どのような発達的側面を手がかりとしてその連続性、非連続性が論じられるのか、そこでの手がかりとされる問題こそが、それぞれの各「歳（児）」がになわされている発達上の課題をもの語っているのではなかろうか。ひいてはまた、各章を担当してくださった執筆者の方がたの「子ども観」や「発達観」の反映をそこにくみとれることと思う。

そのような観点から諸章を読んでいただければ幸いである。

0歳と1歳

発達と文化の接点

高井弘弥

はじめに

1 「歳」の意義

「二一世紀はいつから始まるか」と改めて問われれば誰でも正しく「二〇〇一年から」と答えることでしょう。数字の1にはなにかしら「これから新しいことが始まる」というイメージがあるようです。しかし、一九九九年を見送り二〇〇〇年を迎えるときにも、「二〇世紀が終わる」という感慨をもつ人も多いようです。数字の9には終わりのイメージがあるのでしょう。

とすると、0は「終わり」と「始まり」にはさまれた、「始まりの一歩前」といえるかもしれません。

さて、0歳児とはいうまでもなく出生から一年目の誕生日までの子どものことです。しかし、ふだんの生活のなかで、たとえば「お子さんはおいくつですか?」とたずねられたときなどに「1歳です」とか「2歳です」などと答えることはあっても「0歳です」とはあまり言いません。そのかわりに「6カ月です」などと月齢で答えたり、「まだお誕生前です」などと答えることもあります。つまり、親はまだ年単位の「歳」という区切りで子どもをみてはいないわけです。

それが、一年目の誕生日からしだいに年単位の「歳」が、親が子どもをみるときの枠組みになってくるのです。

ところで、月齢でみることと「歳」でみることにはどのような違いがあるのでしょうか。岡本(一九九七)は「『歳』は『年(引用者注:ここでの年は科学的・計量的表記としての連続的な年齢のことです)』に対して、『人間的』であり、『生活的』であり、また『常識的』である。そして常識的であるということにおいて、『文化的』である」と述べています。

とすると、０歳から1歳になるということは、子どもが「文化的」「人間的」な存在としてこれから始まるということなのかもしれません。

また、「文化的」ということは文化によって異なることもありうるわけで、1歳という歳の区切りが重要でない社会もあるでしょう。しかし、「文化的」な成長の区切りがまったくない社会はたぶんありえないはずです。人間が社会のなかで成長していくということは、どのような単位であるかは社会によって違うとしても、なんらかの区切りを経ていくことなのです。

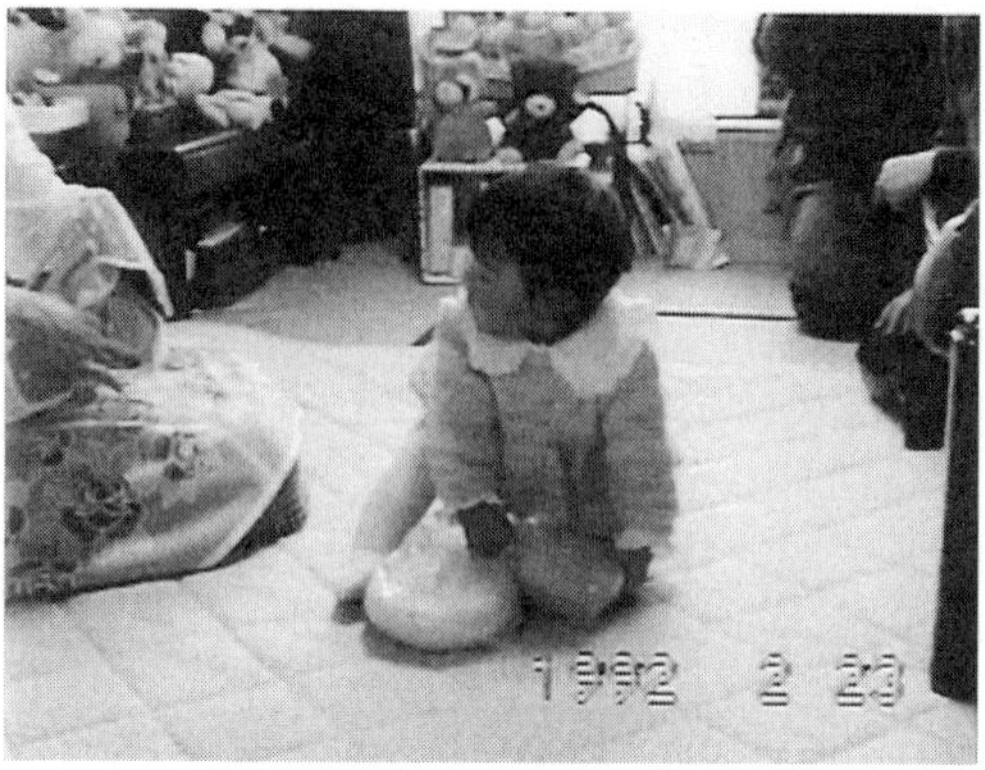

写真１　１歳の「モチオイ」儀礼

2　民間習俗にみる「1歳」という区切り

では、このような0歳から1歳への変化について、人びとはどのようにとらえてきたのでしょうか。

日本の民間習俗のなかで、1歳の誕生（これが「初誕生」といわれることも、象徴的です）に関する儀礼は大きく分けて二つあるようです。

一つ目は、「モチオイ」とか「コロバシモチ」と呼ばれる儀礼です（写真1）。

茨城県西部の猿島町での例をみてみましょう。

満一歳の誕生日を迎えると、一升餅を背負わせる。歩けるようになった子を、わざと転ばすので「転ばし餅」の名がある。一升餅で転ばないので二升餅を背負わせたら転んだという話もある。転ばすのは、あまり早く歩くと五体が健全にそろって発育しないためとか、魔除けのまじないなどといわれている。なお、背負って歩ける場合は、その姿を里方へ見せにいく。

（猿島町史編纂委員会、一九九三）

この例で興味深いのは、単に歩けるようになったことを祝福するだけではない、ということです。むしろ、一人で歩くことや完全な一人だちはまだこの時点では早すぎるといういましめがこめられています。少なくとも1歳の時点でめざす自立というのは「なんでも一人でできるようになること」ではない、という考えがあらわれているのではないでしょうか。

もう一つは、その子の将来を占う儀式です。

鎌田他（一九九〇）によれば、

近畿地方、中国地方では、初誕生日に、ソロバン、筆、本、物差しなどを並べておき、子どもが最初に何を手にするかによって、その子の将来の職業を占った習俗がある。これも子どもの意思を尊重して、一個の人間として生きて行く道を決めるもので、ここには完全な人間としての存在を認めていたことがよくあらわれている。子どもの意思を尊重したという前代のオヤとコの関係をみることができるのである。

（p. 257）

この儀式が、ここで書かれているように子どもの意思を尊重したものであると考えられるかどうかは疑問です。子どもには神が取り憑きやすいので、「憑坐（よりまし）」と呼ばれて祈禱師などが託宣をするときに使われた（飯島、一九九一）、ということを考えあわせると、やはり子ども自身の意思を認めるというよりも背後の神意を占う儀式と考えるべきでしょう。

それよりもこの儀式の意義として考えられるのは、初誕生以降の子どもは将来職業を通じて社会の一員となるべき存在とみなされる、ということです。

さて、これらの初誕生を祝う儀礼から、日本人が1歳の区切りをどうとらえていたかがみえてきます。それは、1歳になることでその社会に参加する資格を認めるということ、そして社会に参加して自立するということはなんでも一人でできるようになることではなく、頼るべきところは人に頼って生きていくのだということなのではないでしょうか。

3 「1歳」という区切りを相互作用の視点からみる

もちろん、1歳を迎える子ども本人にとってはこの区切りが直接影響することはありません。子どもが自分の歳を自覚して、歳相応の振る舞いをするようになるには、社会的・文化的規範を受容する力とかなり高いレベルの自己意識が必要です。

その意味で、「1歳」という区切りが直接子どもに影響を及ぼすことはないといっていいでしょう。つまり、1歳を迎えた子どもが「1歳になったから○○するようにならなければならない」と自覚することはまずありえません。

では、「1歳」という区切りはこの時期の子どもにとってまったく意味のないものなのでしょうか。直接影響する可能性はなくとも、間接的に、すなわち、親や周囲の人間がもつ1歳に対する期待・イメージが子どもに伝わる可能性はあります。

それは、この時期の自己知覚（self-perception）をあつかった研究からもわかります。

トマセロ（Tomasello, 1993）は、他者の視点をとることができ、はじめて他者を通じて学ぶことができるように

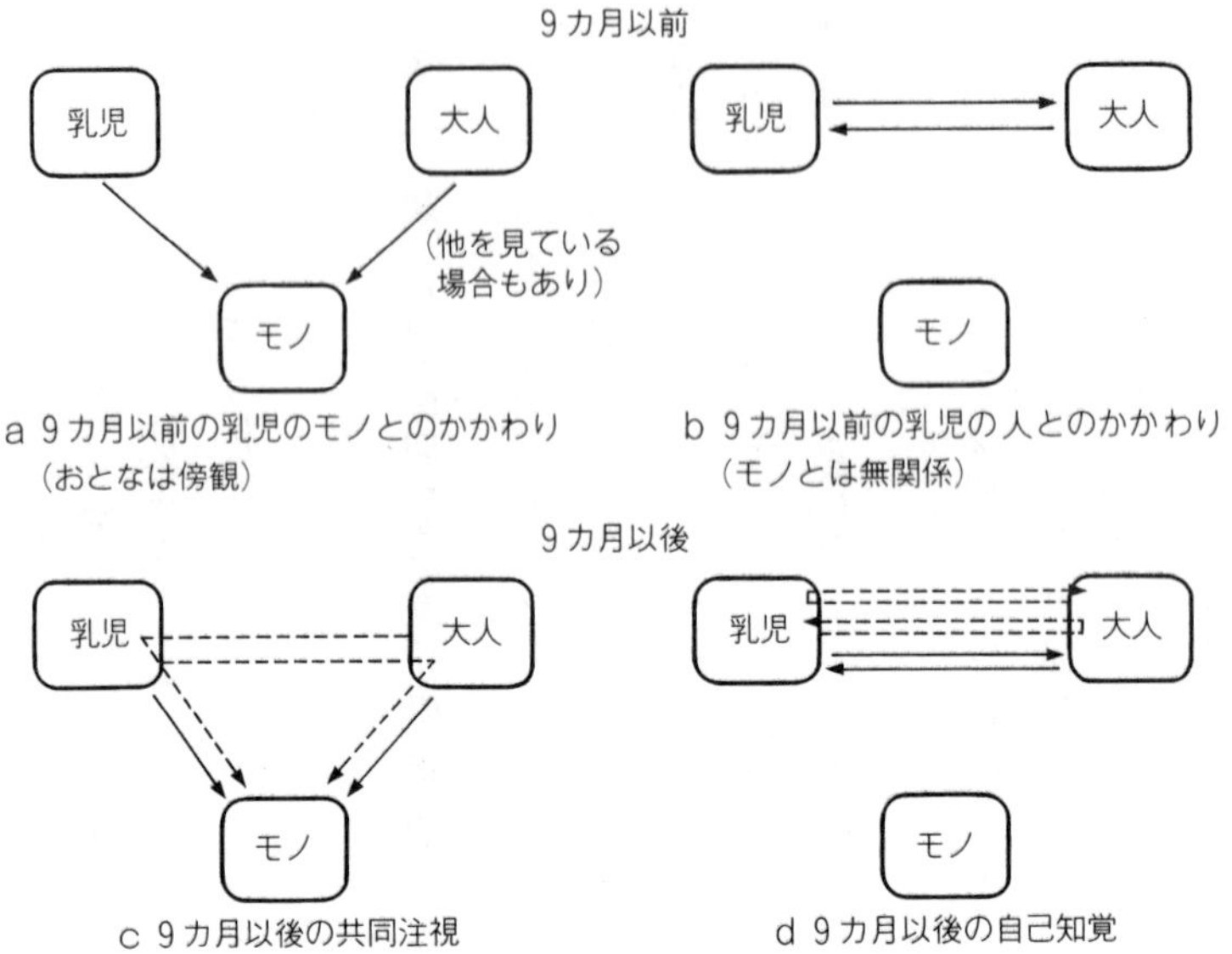

図1　9カ月以前と以後の乳児のモノと人とのかかわり

実線は実際の知覚，点線は他者の視点のシミュレーションを示す。

（Tomasello, 1993）

なる9カ月前後の変化に注目します。彼はこの変化を「9カ月の奇跡（the 9-month miracle）」と名づけています（図1）。

9カ月以前でも子どもはモノとかかわることも人とかかわることもできます。しかし、モノと人との二つを関係づけてかかわることはできません。したがって、同じものを子どもと大人が見るということはあっても、子どもは大人が自分と同じものを見ているということに気がつきません。また、大人と向かい合っているときでも、自分が大人を見ていること、自分が大人から見られていることはわかっても、大人から自分がどう見えているかに気づくことはありません。

ところが、9カ月ごろを境にこの状況が劇的に変化します。同じものを子どもと大人が同時に見る共同注視（joint attention）と呼ばれる現象は、大人が自分と同じものを見ているということに子どもが気づいている、ということでもあります。また、大人と子どもが対面している場面でも、いわば大人の目に映る自分を見ることができるようになります。

また、この時期の子どもは、自分のしていることをまねしてくれる大人の行動を好みます。メルツォフ（Meltzoff, 1990）は、このような大人の行動を「社会的鏡（social mirror）」と呼んでいます。これはまさに大人の目に映った自分の姿を確認しているということなのです。

ところで、大人の目に映る自分であれ、社会的鏡に映る自分であれ、単なる物理的・光学的鏡と違うことは、そこに映った自分の姿は社会的・文化的バイアスがかかったものだ、ということです。

とすると、ここに「歳」という文化的区切りが子どもに影響を及ぼす可能性が出てきます。

つまり、「１歳とは○○できるようになるころだ」という期待をもった親の目に映った自分の姿を子ども自身が見るようになるということです。

このような経路を通じて、「歳」という文化的区切りが子どもに入っていくことが想定できますが、１歳という時点でその影響はどの程度の大きさなのかを検討した研究はあまりないようです。このようなことを検討するためには、親の期待がはっきりと異なる複数の文化間での比較研究が期待されるところです。

さて、親の側ではどうでしょうか。「１歳」という文化的区切りはどのようなもので、どのように作られるものなのでしょうか。

マスメディアの力が弱く世代間での価値継承が強くはたらいていた時代では、先に述べたような昔から伝わる伝承や習俗が、親が「歳」についての枠組みを作るうえでの重要な情報源でした。まさに民間心理学 folk psychology と呼ぶべきものでしょうが、いうまでもなく少子化・核家族化の中で、これらの情報はわずかに残る儀礼のなかに埋もれてしまっています。

むしろ、現代の「１歳」という文化的区切りが作られるうえで大きな役割を果たしているのはマスメディアを通じての育児情報でしょう。試しに、手元にあるいくつかの育児書、育児雑誌で「1歳」前後についてみてみましょう。

たとえば毛利(一九八七)では「お誕生前後になると、身近なおとなの真似もよくするようになります。(中略)また、このころから、自分を認めてもらいたい気持ちも、しだいに強くなってくるようで、(中略)同時に、ひとりでしたがることもふえ、」と書かれています。

また細谷(一九九九)では「自己主張が激しくなり、自分の好きなことやきらいなことを、はっきり表現するようになります」「お誕生日が近くなると、心の発達にも少し大人の世界に近づいたと思わせるような人間らしさがみえてきます」といったことが書かれています。

このようにどれもそれほど大きな違いはなく、また発達心理学者や小児科医などが書いているものが多いので、それぞれ最新の研究の動向をふまえているようです。

そこで1歳になったときの変化としてとりあげられる特徴としては、「自分を出すようになる」といったことが大きいようです。とくにはじめての子どもを育てている親であれば、このような育児書を前もって読んでおいて、「1歳になると自分を出すようになると書いてある。きっといろいろとわがままになったりするのだろう」などと考えながら、わが子の行動をみているのでしょう。

最近は、「マニュアル通りの育児しかできない母親」などというテーマでとりあげられて揶揄されることも多いようですが、実際はどうなのでしょうか。一部の例をおもしろおかしく取りざたしているような気もします。大半の親は、育児書の枠組みを絶対視することなく、現に目の前にいる子どもの姿とすりあわせて、そのつど変えていっているのではないでしょうか。

そこで、次節では、親のもつ「1歳」という文化的区切りがどのように形成されていくのかみてみます。

1 親は1歳の変化をどう期待するか

では、実際に1歳を迎える子どもを育てているお母さんの「1歳」に対する思いはどんなものでしょうか。

お母さんたちがもっている「素朴な発達観」に関する研究としては澤田・鹿島・南（一九九二）のものがあります。澤田らは三人の子どもを育ててきた一人の母親との面接から、母親のもつ素朴な発達観は「わが子を育てていく過程の中で」形成されるもので、不特定多数の子どもの成長過程を対象とする一般的な発達理論とは性質を異にしていること、発達の切れ目を、「赤ちゃん」「お兄ちゃん」などのその母親特有の素朴カテゴリーであらわしていること、などをあげています。満1歳の誕生前後の時期については、「赤ちゃんのときは〇〇だけど、歩きだして〇〇」などのように、1歳を境にして「赤ちゃんのとき」と「歩きだしてから」を比べた表現が多いことをあげています。そして、「赤ちゃん」時代は「（母親にとって）手がかかる」「思い通りにならなかったら泣く」などで、その後は「自分（子ども）が自由に遊べる」「人間らしくなる」などとあらわしています。このように1歳前後がさまざまな意味で子どもの発達や子育ての区切りととらえていることを指摘しています。

澤田らの研究は回想によるものでしたが、では実際に今現在1歳の子どもを育てている親の意識はどのようなものなのでしょうか。

筆者が行った簡単な聞き取り調査の結果からみてみましょう。

調査は、一九九八年六月と七月に奈良県K市の8カ月健診を受診したお母さん五八人を対象に行いました。

子どもの月齢は、平均8カ月19日（8カ月6日～9カ月4日）です。

質問項目は

＊現時点（8カ月）でのわが子に対するイメージを一二個の形容詞対（活発な—おとなしい、強い—弱いなど）で当てはまる方に五段階評定してもらう。
＊1歳を過ぎたとき（お誕生日を迎えたころ）のわが子を予測してもらって、そのイメージを同じく一二個の形容詞対で同様に五段階評定してもらう。
＊自由記述で「1歳（お誕生日を過ぎたころ）になったらお子さんのどんなところが変わってくると思いますか？　思いついたことで結構ですのでご自由にお聞かせください」に答えてもらう。

でした。

そして、四カ月後に追跡調査票を郵送し、記入後返送してもらいました（四二通が返送されました）。

追跡調査票の質問項目は

＊現時点（12カ月）でのわが子に対するイメージを一二個の形容詞対（活発な—おとなしい、強い—弱いなど）で当てはまる方に五段階評定してもらう。
＊自由記述で「1歳を過ぎて、お子さんのどんなところが変わってきたと思いますか？　思いついたことで結構ですのでご自由にお書きください」に答えてもらう。
＊自由記述で「次にお子さんが大きく変化（成長）するのはだいたい何歳ごろだと思いますか？　そのときにはどのようなことが変わると思いますか？」に答えてもらう。

でした。

ここでは、自由記述の部分について検討してみます。

表1　8カ月児の母親が予測・期待する1歳児（上位4位まで）

カテゴリー名	人数（57名中）	回答例
自我・自己について	22	＊もっと自分の意思をもって自分からなんでも好きなことをしている ＊自分でなんでもする ＊今は育てやすいが自分の意思が出てきたら大変になるかな ＊自己主張が出てくる ＊今よりも自立心が芽生えわがままになる
活動について	19	＊活発になり激しくなっている ＊行動範囲が広くなる ＊興味をもつものが多くなりそれに対して大胆になる ＊もっとやんちゃになっている
運動発達について	9	＊歩いている ＊一人で歩いてほしい
ことば・発声について	7	＊よくしゃべる ＊いろいろなものに興味をもち反応し声を出すようになる

1　1歳になったらこうなるだろう：子どもが8カ月のときの回答

自由記述をいくつかのカテゴリーに分けてみました（表1）。

一番回答者が多かったのは、「自我が出てくる」「一人でする」などといった「自分」というキーワードが含まれているものでした（自由記述ですので複数のカテゴリーにまたがって重複しています）。

回答例からもわかるように、「一人でできる」「自分の思い通りにする」といったイメージでの「自立」を予測しているものです。

次に回答が多かったのは、「活発になる」などの行動上の変化を予測したものでした。

以下、「歩く、もっとよく動く」などの運動発達に関するもの、「ことばを話す、おしゃべりをする」などの言語発達に関するものの順でした。「親の顔色を見る、人の言っていることがわかる」などのコミュニケーションでの理解面をあげた人は七名、「表情が豊かになる、自分の意思を伝えるよ

表2　1歳児の母親の実感（上位4位まで）

カテゴリー名	人数（42名中）	回答例
自我・自己について	17	＊なんでも自分でやりたがる ＊自分の意思で行動する ＊自分の思い通りにならないと怒る ＊がんばろうとする ＊頑固になった
表情・表現について	13	＊以前は生理的な欲求に左右されることばかりで，まわりの与えるものに反応するだけだったが，このごろは指さしなどで意思表示する ＊表情・しぐさが豊かになった ＊思っていることをよりわかりやすくあらわせる（指で示すなど） ＊以前は空腹，眠いなどの単純なものだったが今はいろいろな感情が出てきて，心を持っているという感じがしてきた
活動について	11	＊自分で歩いて自分の思っているところへ行けるようになった ＊動ける範囲が広がった ＊一人歩きができるようになり生活のリズムが決まってきた
気持ち・ことばの理解について	8	＊親の表情を見ていいか悪いか確認するようなしぐさをする ＊母の喜怒哀楽を見て行動する ＊家族の言っていることはだいたいわかるようだ

うになる」などのコミュニケーションの表出面をあげた人は三名でした。

2　1歳を迎えて

さて、実際に子どもが1歳になったとき、どのような印象をもったでしょうか（表2）。

一番回答が多かったのは自己や自我に関するもので、これは8カ月のときの予測と同様でした。

ただし、8カ月の予測の段階では「一人でできるようになる」といったイメージの自立であったのに対して、むしろここでは「親とは独立した自分の意思を親に伝えようとする」子どもの姿がみえてきます。

二番目に回答が多かったのは「表情が豊かになる」などのコミュニケーションの表出面での特徴でした。

8カ月の予測の段階では三名の回答しかなかったものです。

三番目に多かったのは、予測では二番目にあげていた、「活発になる」などの行動上の変化でした。「親が怒ったり、喜んだりするとわかる」といったコミュニケーションの理解面がその次に多いものでした。

3 親の期待・予測は1歳を迎えてどうなったか

では、1歳に対する親の予測・期待と実感とをまとめてみます。

共通して多かったのは「自分の意思を出す」など、芽生えてくる自我に関するものでした。これは多くの育児書もとりあげていることであり、親の関心も強いことがらなのでしょう。そしてこの点に関しては、8カ月の時点から予測もしており、かつ実際の子どものその後のようすからもこの予測が裏打ちされている様がうかがえます。

実感が予測と異なっていたのはコミュニケーションの表出面です。

育児書などでは、コミュニケーションについてはことばの発達としてあつかわれることが多く、1歳半以降のこととして書かれる傾向にあります。そのためか、親の方も1歳ごろの変化としては期待していなかったのに、実際にはことば以外の表出手段（表情、動作など）でさまざまな自分の意思を伝えようとしている子どもの姿を目にしているうちに、コミュニケーションをする存在として強く印象づけられるようになったのではないでしょうか。

そして、当然のことですが、子どもの側でもコミュニケーションをする存在としてあつかわれることでさらにコミュニケーションへの動機づけが高まると考えられます。下條（一九九八）のいう「〜としてあつかう」効果が生じている場なのでしょう。

また、予測のなかでそれぞれ五人が回答した事項として「聞き分けがよくなる」「一人遊びができるようになる」というものがありました。しかし、これらは1歳を迎えての実感としてはなくなっていました。たとえば、予測では「一人で遊べるようになる」と答えていたお母さんが、1歳の実感としては「いろいろなことをまねして楽しんでいる」と答えていました。

これらからみられる親の側の子どもに対する見方の変化としては、なんでも一人でするようになるという意味での「自立」への期待から「コミュニケーションの主体としての子ども」像へ、という方向です。

ところで、1歳を迎える前と後での子どもに対する印象を一二の形容詞対で五段階に評定してもらったデータでは、統計的に有意な差はすべてでみられませんでした（図2）。

実際に毎日子どもとつきあっているなかでは、1歳になったから急に印象が変わるということはなく、むしろ連続した印象をもち続けることは納得できます。このようなかたちでの印象には、「1歳」という文化的区切りははいりこみにくいのでしょう。

それに対して自由記述では、「1歳」という区切りをより意識した結果があらわれているといえます。

発達が連続的・漸進的か、それとも非連続的・段階的かという論争は古くからありますが、親と子の日常のなかではこの両方の視点をあえて意識することなしに使い分けています。普段の子どもとのつきあいのなかではずっと連続した印象をもちながら、改めて見返してみると質的に変化したようにとらえるのでしょう。

また、1歳での追跡調査の際に「次に子どもが大きく変化するのはいつごろだと思うか？」とたずねてもみました。

その結果、3歳ごろに大きく変化するとあげた人がもっとも多く（一七名）、「どんなところが変化するか？」という質問には「反抗期」「自分の意思をことばではっきり伝える」といったものが多く、親の関心としては引き続き子どもの「自己形成」にあると考えられます。

さて、このように親の期待・予測は「1歳」という文化的区切りを枠組みにしながらも、内容的にはその予測が修正されていきます。これは、1歳を迎える前の子どものようすに日々接しているうちに生じてきたことでしょう。

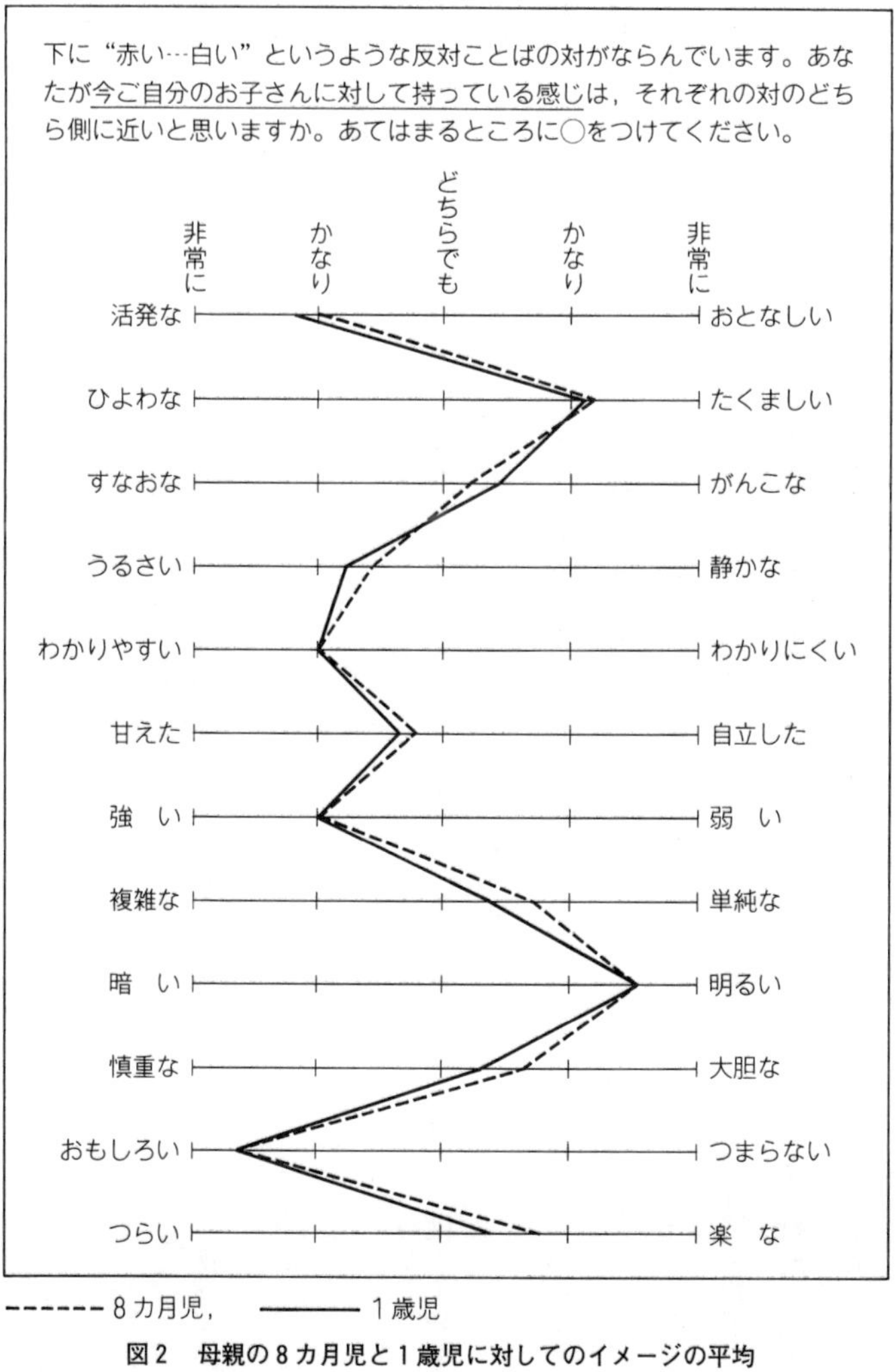

図2　母親の8カ月児と1歳児に対してのイメージの平均

点線は8カ月児，実線は1歳児。

では、こういった親の側の枠組みを修正させる1歳を迎える前の子どもの側の変化とはどのようなものなのでしょうか。

2　子どもの側の1歳の変化

ここでは1歳前の子どもの変化のなかで、とくに親が「1歳」という区切りを見出すときに関連するであろう二つの項目についてとりあげてみます。

1　同じ世界の共有

先に述べたように、1歳以前に親が予測・期待している「一人でできるようになる自立」は、1歳を迎えた後になると「人とコミュニケーションをとる主体としての自立」へと変わっていきます。

相手がコミュニケーションをとる主体である、と私たちが感じとるのはどのような事態においてでしょうか。「相手と通じ合っている」ということが実感できるということはどういうことなのでしょうか。

さまざまな要因が考えられますが、その一つとして「同じものを見たり聞いたりしている」ということが確信できるかどうかということがあげられます。このことについて、麻生（一九九二、一九九五）は、「親子の間でなじみのある特定の〝対象〟に関して、それを知覚できるのが自分だけではなく、母親もまたその対象を知覚できるのだといった」認識の分かち合いができることであり、これを「共同化された対象世界の成立」と呼んでいます。

まず、筆者たちの長女Mの日誌による観察記録から、このような「共同化された対象世界」が成立していると親が感じとる過程をみてみます（以下の一部のデータは高井〔一九九四〕や高井・高井〔一九九九〕と重複します）。

【事例1　7カ月28日】

母が絵本を読んでやっているとき、Mはおすわりをして自分から片手のひらをもう一方の手の甲に打ちつけている（これは以前から自発的にしている行動）。母がそれを見ながら同じようにする（両手のひらどうしでだが）と、母の顔を見ながら片手のひらともう一方の手の甲を打ち合わせ続ける。いったんその行動をやめてしばらくしてから母が父を呼んできて、「チョチチョチ」と言いながらMの前で手を打ち合わせると、Mは母の顔を見ながら両手を打ち合わせる。

Mがはっきりとまねをし始めたと親が感じたときの観察です。もっとも、両手の打ち合わせはMがそれまでも自発的にしていた行動であり、新たに新奇な行動として獲得されたわけではありませんし、母がしていた手のひらどうしの打ち合わせではないので、厳密には模倣とはいいがたいものです。しかし、親が手を打ち合わせる間は見ていて、それから自分の行動を始めた、というやりとり的なタイミングからわれわれ親は「親の行動を見てまねをしている」と感じたわけです。このようなまねをするようになる前であっても、もちろん親は自分のしていることが子どもに伝わっているとは感じています（たとえ錯覚であったとしても、そう感じていればこそ子どもにはたらきかけるのです）。しかし、伝わったことがはっきりと実感できるのは、このように親のしてみせた行動を子どもがまねたときでしょう。

メルツォフとムーア（Meltzoff & Moore, 1977）以後新生児期の顔の模倣については実験的に確かめられ、たとえば池上（一九九九）ではそのさまざまな要因が検討されており、発達心理学ではほぼ定説となっています。しかし、親が「子どもが最近よくまねをするようになった」と認識するのは、先ほどの親への聞き取り調査でもそうでしたが、1歳ごろになってからの方が多いようです。このズレはどう考えればよいのでしょうか。

一つには、学界のレベルでは定説と呼べるようなことであっても、育児書のレベルまではまだ到達していない情

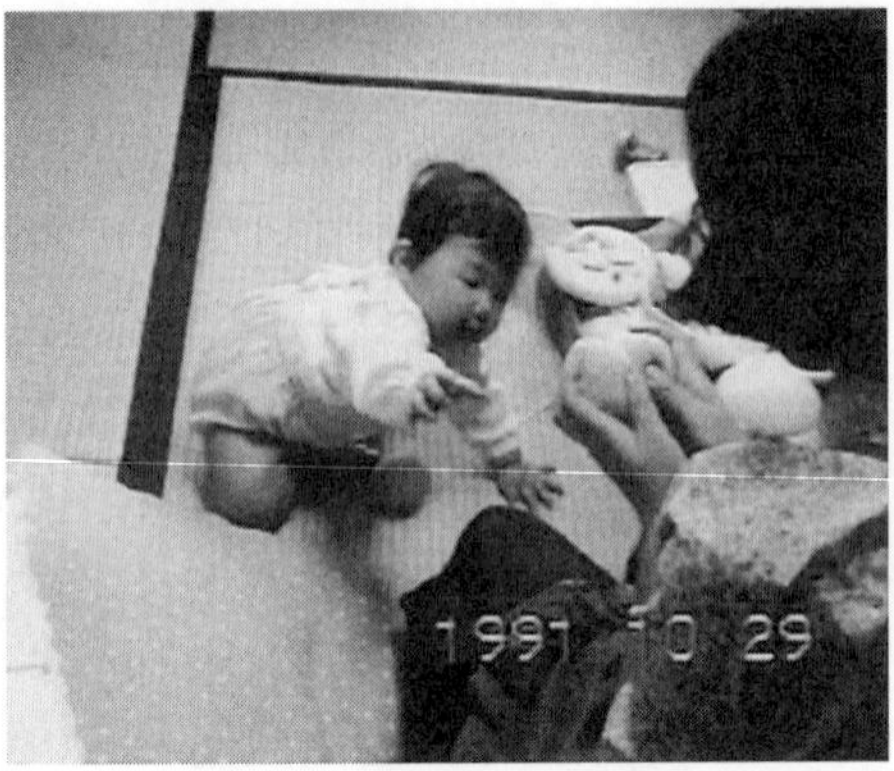

写真２　事例２　８カ月の模倣

報だからかもしれません。では、もし一般的な育児書でも「1カ月児はお母さんの表情をまねすることができる」という記述が流通するようになると、親の認識が変わり、かかわり方が変わり、ひいては子どもの行動も変化するのでしょうか。

その可能性はありますし、科学的理論の変更がどのように日常の認識に影響を及ぼすのかということを考えるうえで非常に興味深い例題になるかもしれません（この問題については、科学哲学の領域であり、チャーチランド〔Churchland, 1979〕の科学的実在論のテーマとなっています）。

しかし、現実的にはこの可能性はあまり高くないでしょう。なぜなら、乳児期初期の模倣とその後の模倣では対人的意味が異なっているからです。池上（一九八八）によれば、1カ月児の模倣は対人的条件にかかわらず出現するが、その後の模倣の成立には愛着の対象が共にいることが大きな効果をもつことがわかりました。親にしてみれば、たとえ1カ月児でもまねをするのだと教えられてもそれがどんな人にでもしてしまう、いわば機械的に引き出された反応では、ほかならぬ親である「自分の」まねをわが子がしてくれている、とは思えないのではないでしょうか。

では、このような模倣の例を観察からみてみましょう。

【事例２　８カ月７日】

タオル地のボール二つを母が打ち合わせてみせると、Ｍはそれを奪い取って打ち合わせる。母が別のボールでＭと同じようにまた打ち合わせると、Ｍは自分の持っていたボールを捨てて、母の持っているボールをまた奪い取ってそれで打ち合わせる（写真２）。

ここでみられたのは、先に紹介したトマセロ（Tomasello, 1993）が述べた「９カ月の奇跡」の前段階と考えられます。「９カ月の奇跡」では相手の立場にシミュレートして立つわけですが、ここでは文字通り「相手の立場に立つ」ということを、自分の身体を使ってしているわけです。ボールを打ち合わせるという行為そのもののおもしろさではなく、「母が持っているボール」だからこそおもしろさがあるのでしょう。とはいえ、この時期すでに人見知りをしていたＭでしたが、怖がっていた男性の打ち合わせていたボールも同じように取りにいっていたことから、特定の親密な相手とのつながりを求めるような対人関係・社会関係を基盤にした模倣行動とはいえないでしょう。つまり、模倣をすることで相手とコミュニケーションをしようという意図は乏しく、したがって相手の反応にも無頓着です。

この後から急に増えてきたのが、いわゆる共同注視（joint attention）です。

【事例３　８カ月15日】

ＴＶでおもしろい場面があると笑いながら母の顔を見上げる。

このように、あたかも自分と同じものを母が見ていることを確かめるようにしているわけですが、注意すべきことはおもしろいことや怖いことなどの感情的色彩の強い場面で視線の共有が多いことです。つまり、視線を共有するというのは見かけのことであって、実は感情を共有することこそがここで生じていることなのではないでしょうか。同じ時期にみられた次の観察例もこのことを示唆しています。

【事例4　8カ月15日】
父が母をたたくふりをして母がわざと悲鳴のような声を上げると、Mはむずかり声を出す。

そして、もうこの時期になると親ははっきりと模倣を使ってのやりとりというコミュニケーション的なかかわりを子どもともちます。

【事例5　8カ月16日】
母がおもちゃをたたいてみせると、Mはすぐに母の顔を見ながら自分の両手を打ち合わせ始める。しばらく別のことをしてから、Mは突然母の顔を見ながら両手を打ち合わせ始め、母も同じように両手を打ち合わせる。

このように、親がコミュニケーションの相手として子どもをみることと同じ世界を共有できていると感じることとは深い関係があることがわかりますが、次に実験的にこの時期の視線の共有をあつかった研究をみてみます。

小杉（一九九九）は「馴化法（habituation method）」と呼ばれる方法を用いて、乳児のもつコミュニケーションについての知識を検討しました。

「馴化法」とは、見慣れたものよりも目新しいものの方を好んでよく見るという乳児の特性を利用した実験方法です。乳児の物理的世界の知識を調べるのによく用いられる方法ですが、小杉はこれを乳児の対人世界の理解に応

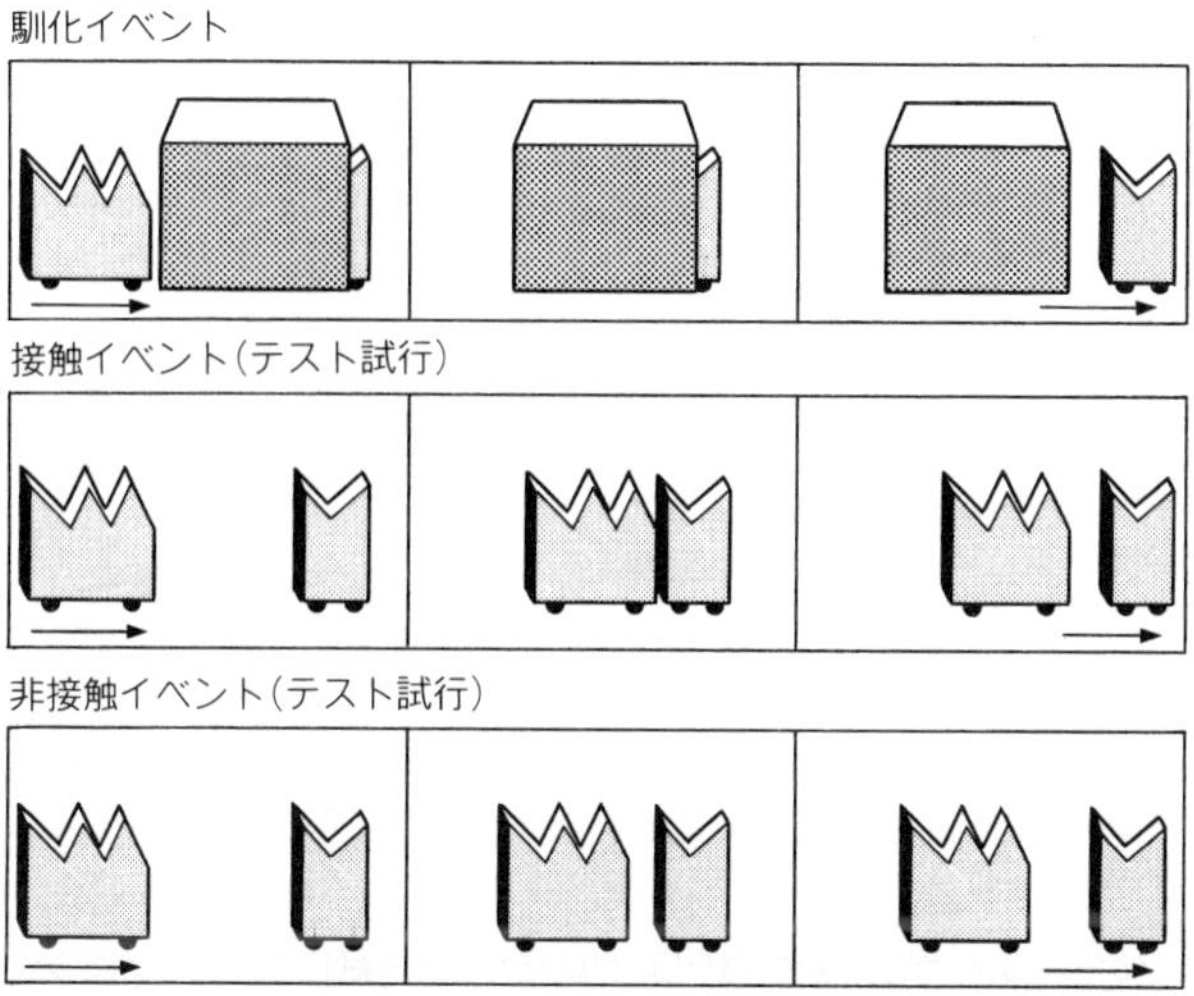

図3　モノの衝突条件の刺激映像

用しました。その実験と結果の一部を紹介します。

まず、4カ月児と8カ月児でモノの衝突に関する因果性の判断について確かめました（図3）。はじめに馴化事態のビデオを乳児が見飽きるまで見せます。トンネルの右端に半分隠れた状態で車が静止しています。そこへ左端から別の車が走ってきてトンネルにはいると、右にいた車が動いていく、という映像です。大人がこの映像を見ると明らかに右の車に左からきた車がトンネルの中でぶつかって右の車が動いたと判断します。次に、接触群の乳児には右の車に左の車が接触して動きだす接触イベントの映像を見せます。非接触群の乳児には左の車が右の車の手前で静止したのに右の車が動きだす非接触イベントの映像を見せます。

もし大人がこの映像を見ていたならば、接触イベントの映像はそれまで見ていた馴化イベントの映像と同じもので、単にトンネルがないだけだ、と判断するはずです。そして、非接触イベントの映像を見せると、それまで見ていた馴化イベントの映像とは違うものだと判断して、接触イベントの映像よりも長く注視するでしょう。

このようにして4カ月児と8カ月児に実験を行いました。そ

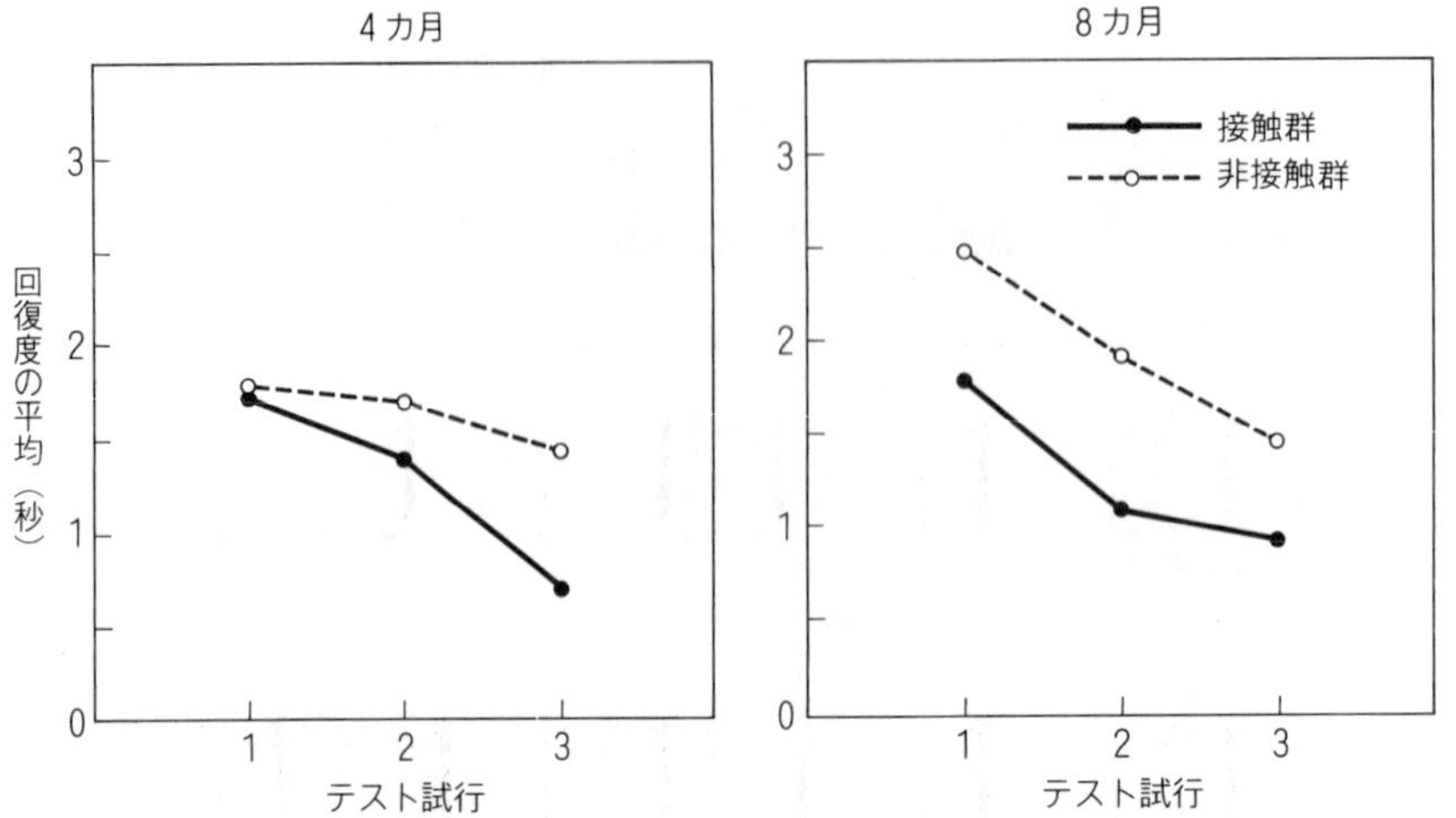

図4　モノの衝突条件での回復度（馴化最終試行とテスト試行での注視時間の差）の平均

の結果として、馴化イベントの一番最後の試行（つまりもう見飽きてしまっている）の注視時間とその後の第一〜三試行での注視時間の差（回復度）をみたのが図のグラフです（図4）。

8カ月児では接触群と非接触群の間の回復度の平均に有意な差がみられました。非接触群の方をよく注視しているということです。4カ月児では有意な差はみられませんが、差がある傾向がみられました。

この結果は、8カ月児は左から動いてきたモノがもう一つのモノを動かすというのは、物理的な接触すなわち衝突が起きているからだ、ということを理解していることを示しています。4カ月児ではこの理解ができかけているのかもしれません。

同じ方法で、今度はモノ（車）ではなく人の動きについて調べています。

非対面条件の実験として、上の車と同じ動きを人がしている映像を提示します。人どうしは顔を合わせずに、つまり左から歩いてきた人が右側の人の背中に向かうという状況です（図5）。

ここでの結果も、上のモノ（車）での場合とほぼ同じでした（図6）。つまり、4カ月児では接触群と非接触群との間での回復度に有意な差はみられませんでしたが、8カ月児では有意な差が

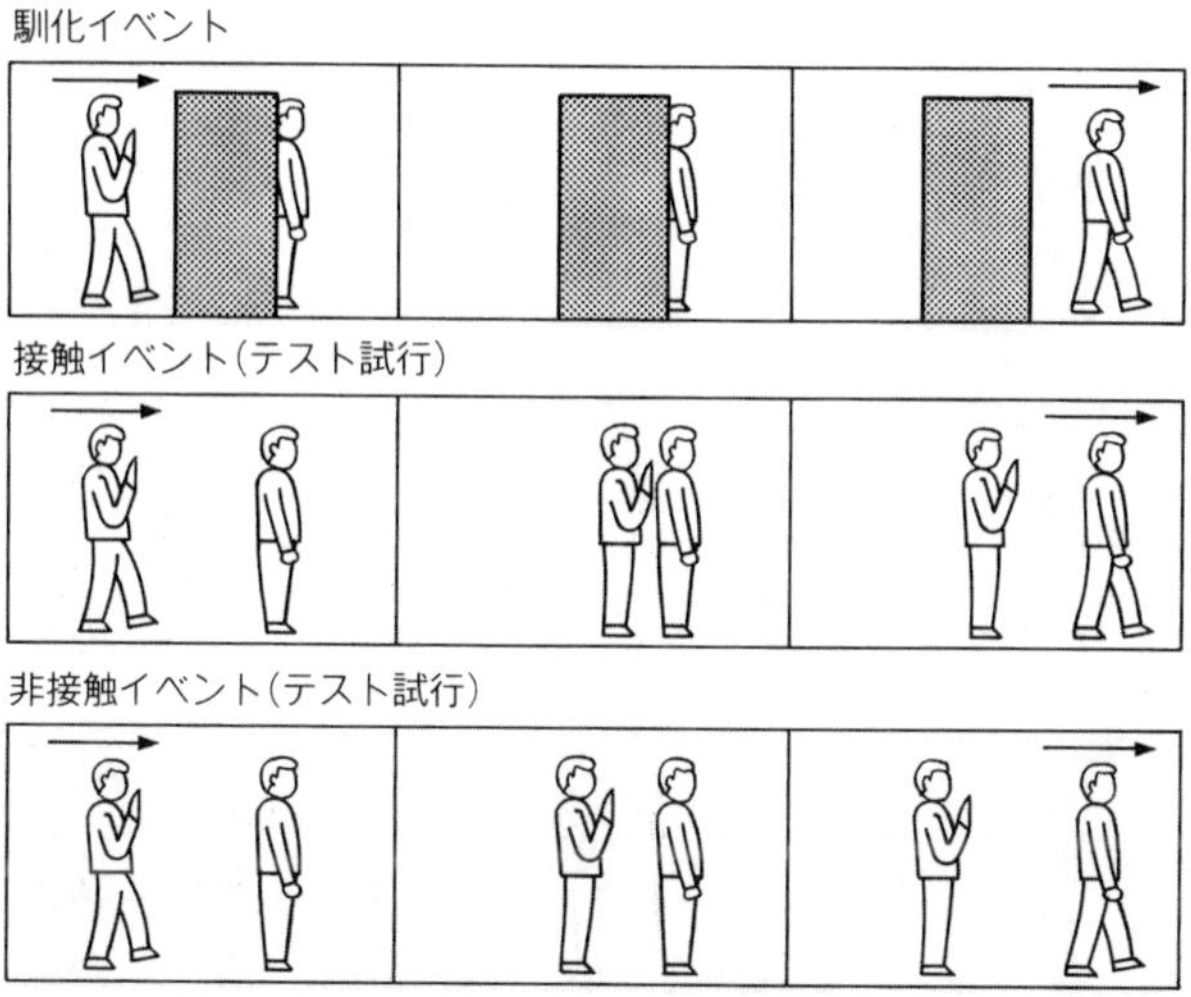

図 5　人非対面条件の刺激映像

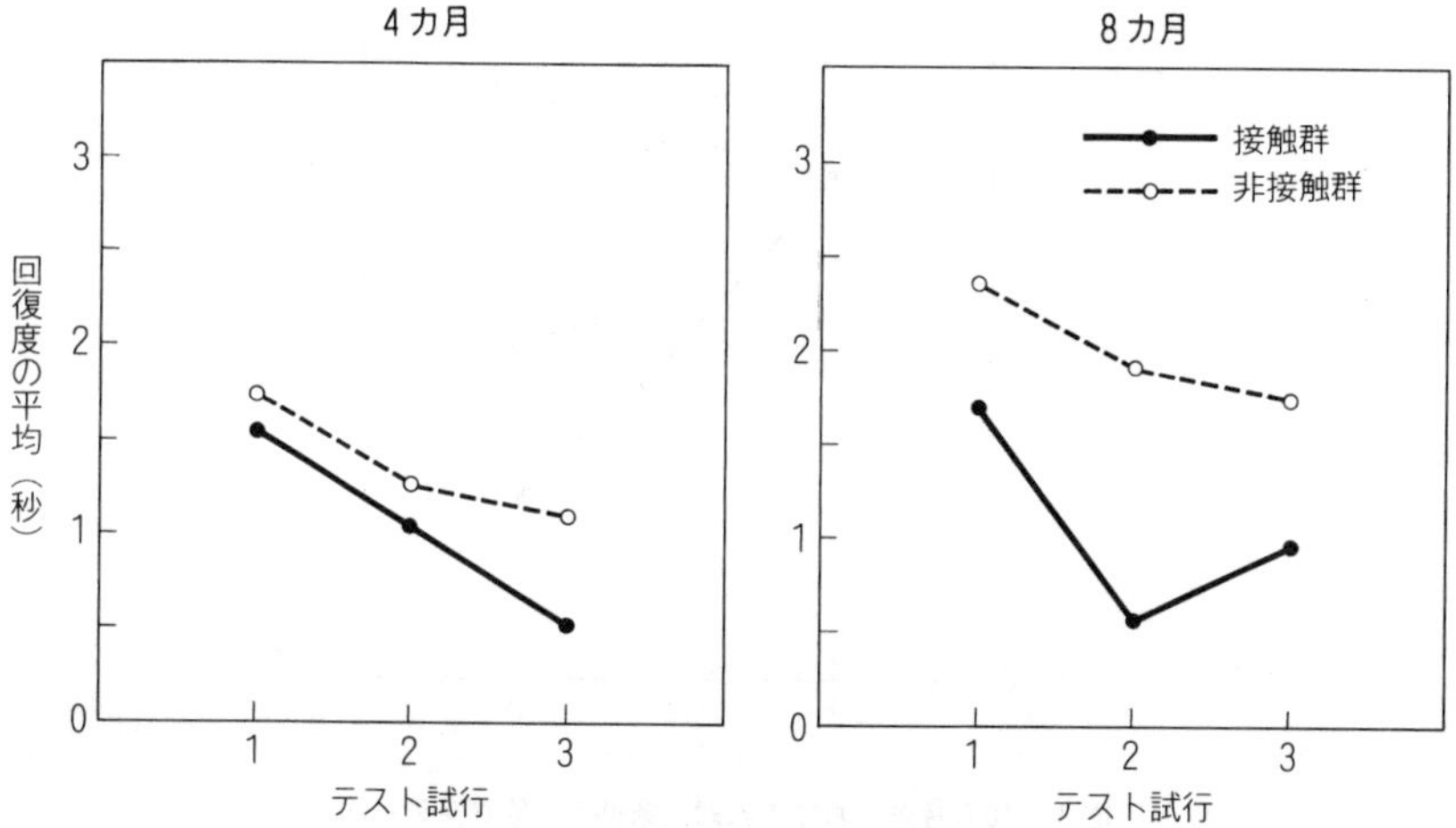

図 6　人非対面条件での回復度の平均

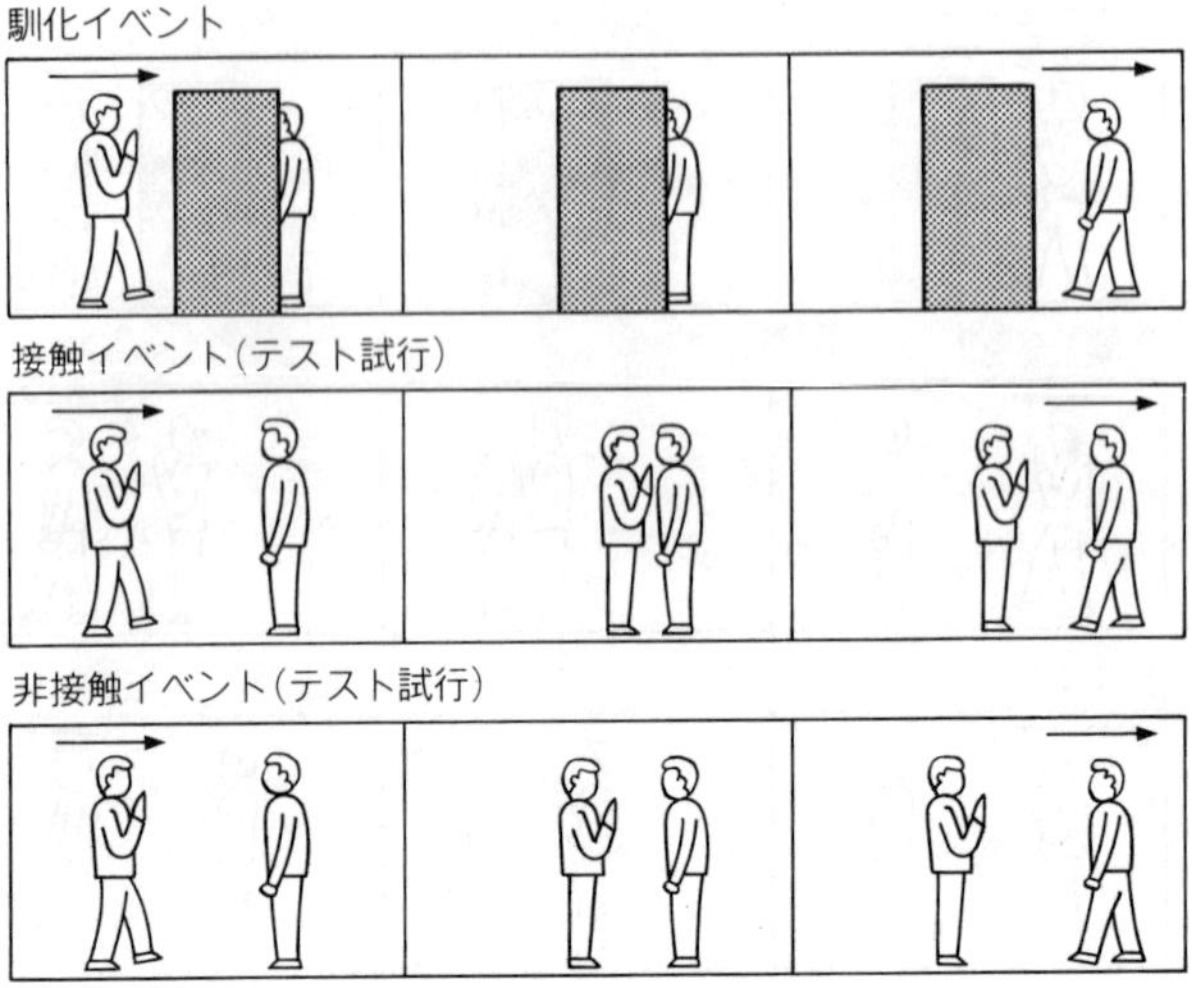

図7　人対面条件の刺激映像

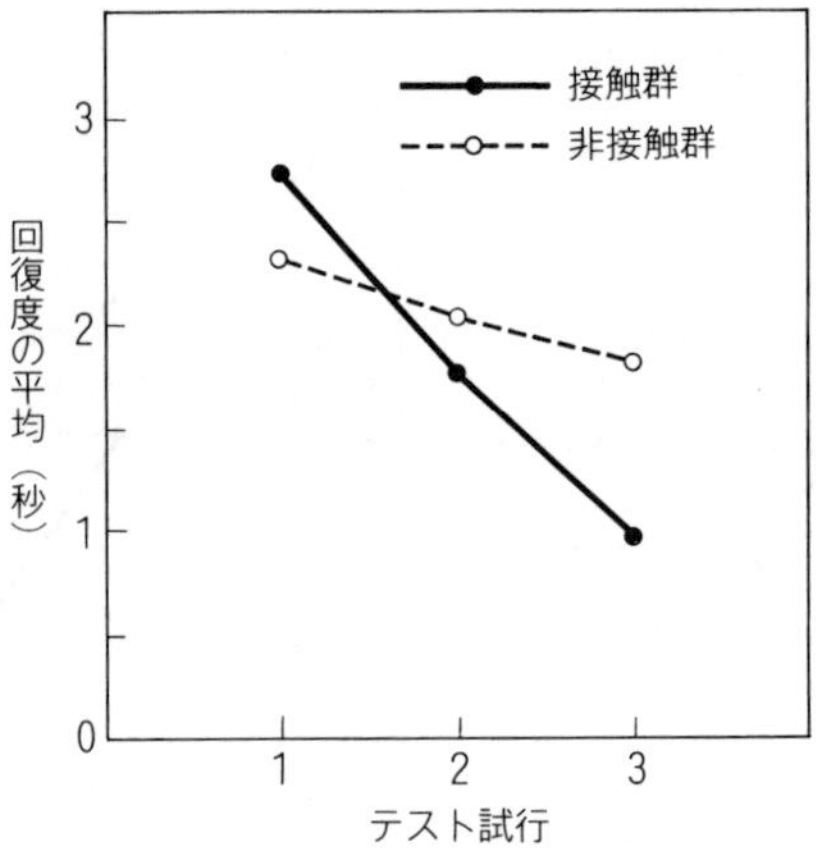

図8　10カ月児における人対面条件での回復度の平均

みられました。左から歩いてきた人が右側の人を動かすのは物理的な接触、すなわち衝突が起きているからだ、と8カ月児は理解しているわけです。4カ月ではまだ物理的な接触が物体（モノや人）を動かす原因であるということは理解できていないが、8カ月になれば物体が動いたのは物理的な接触があったからだという因果関係が理解できるようになったということなのです。

ところが、左から歩いてきた人が右側の人と顔を合わせるという対面条件で、この実験を10カ月児を対象に行ってみると、違った結果がみられました（図7、図8）。接触群、非接触群での回復度に有意な差がみられなかったのです。つまり、左から歩いてきた人が右側の人を動かすのは物理的な接触があったときだけにかぎらず、物理的な接触がなくても左側の人が右側の人を動かすことがあるのだ、と10カ月児が判断しているということです。

非対面条件での実験結果とあわせて考えると次のようになります。

8カ月を過ぎると、物体は物理的な接触によって動くということが理解できるようになります。そして、顔を合わせていない場合には人もモノと同じように衝突という物理的接触が原因で動くことも理解しています。ところが、モノと違って人は顔を合わせている場合には物理的な接触でも動かされるが非物理的な接触でも動かされるのだ、と10カ月児は判断しているのです。

ここでの「非物理的な接触」とは何でしょうか。顔を合わせていないときにはなくて顔を合わせているときにはあるもの、つまり視線によるコミュニケーションではないでしょうか。モノとは違って人は物理的な接触によってだけではなく、視線によっても動かされるのだ、ということを10カ月児が理解していることになるのです。

10カ月になると、乳児と大人とが視線を共有することができるようになることは先にも述べました。この実験では、他者どうしが視線を交わし合ってなんらかのコミュニケーションをしていることを第三者として10カ月児が理解している可能性が示されたわけです。

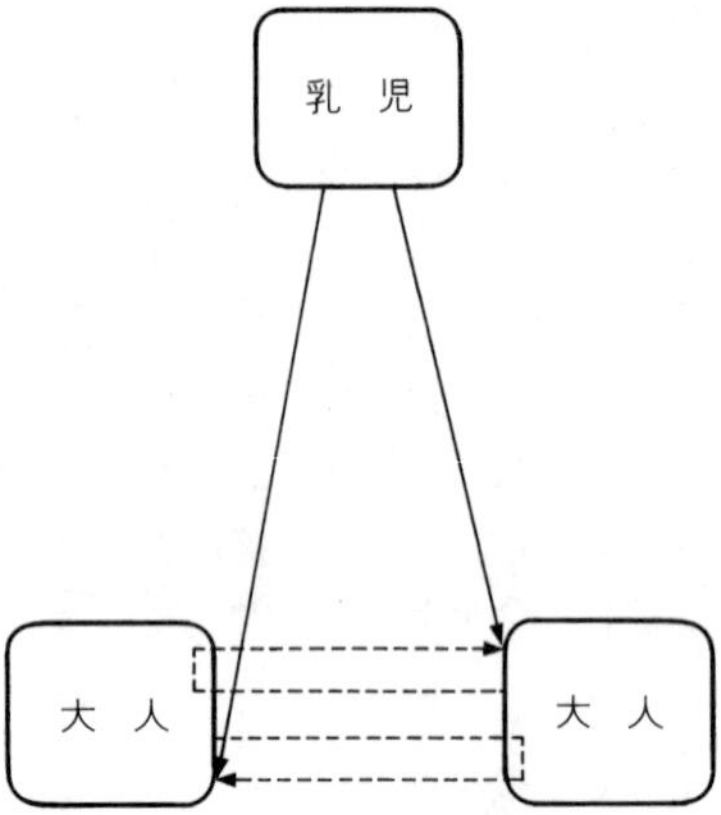

図9　9カ月以降の大人どうしの視線のやりとりの理解
実線は実際の知覚，点線は他者の視点のシミュレーション

トマセロ（Tomasello, 1995）は、「コミュニケーションの主体としての他者」を認識するのは生後12カ月以降であると述べていますが、この実験ではその時期がもう少し早まることが示唆されました。トマセロの図式では人がモノへ向ける視線のことをあつかっていますが、この実験ではそれぞれが意図をもつ主体である人どうしであるために、このように早まっているのかもしれません。

つまり、先に示したトマセロの図式に、このような図が加わるわけです（図9）。

観察データのなかからも、このような第三者どうしがコミュニケーションをしていると、自分がすでにもっていてこれまで大人とのかかわりに使っていたコミュニケーションスキルを用いて、コミュニケーションに参加（割り込み?）しようとすることがよくみられます。

【事例6　10カ月6日】

母と父がしゃべっているときに、母の顔をじっと見つめてから、片手をあげることが何度もあった。その三日前から、自分の名前を呼ばれたときに片手をあげて答えるということができるようになり、親や祖父母との間で何度も繰り返していた。

もっと大きくなると親の会話に割り込んでうるさがらせるわけですが、その原型はすでに10カ月にはみられていたのです。

そして、子どものこのような姿を見ることで、親はわが子がコミュニケーションの主体であるという実感をますます深めていくのです。

2　自分の世界を作り上げること

また、「コミュニケーションをとる主体」であるということは一人の人間が自分の伝えたいことをもっているということでもあります（発信者にあらかじめ発信すべき意図やメッセージがあるというコミュニケーションの交信モデルだけでは乳児期の原初的コミュニケーションはとらえられないという鯨岡〔一九九七〕の指摘は正しいと思いますが、ここでは親がもっている素朴なコミュニケーション理解は交信モデルであるとみなして話を進めます）。したがって、相手がコミュニケーションをとる主体であるとみなすには、その相手には固有の内的世界があることを仮定していなければなりません。もちろんその前提としては上に述べた「同じ世界の共有」があり、「異なる内的世界をもつ者どうしが同じ（外的）世界を共有する」ことがコミュニケーションを成立させる一つの必要条件となります。そして、このような、「子どもが自分の世界をもっている」と親が感じ始めるのもこの時期です。

それは子どものどのような行動にあらわれているのでしょうか。

一つの例として、高井・高井（一九九九）でとりあげている「自己指示─確定」行動をみてみます。

【事例7　11カ月1日】

この観察の1カ月前ごろより、型入れパズルで成功したとき、大人は「上手」と言いながら、両手を打ち合わせることをしていたが、この日一人でパズルをしているとき、うまくいくと自分で両手の打ち合わせを行った。はじめのうちは、他者を見ないでしていたが、しばらくして、打ち合わせをしながら母を見て笑いかけた。母が一度無視すると、それからは成功するたびに一人で両手を打ち合わせていた。

このような、いわば「動作でのひとりごと」のような行動はこの前後にいくつか観察されました。さらに、この時期からみられ始めた音声模倣によって獲得した発話も、ひとりごとの形で出しているところも観察されました。

【事例8　11カ月8日】
前日、購入したばかりの雑誌にパン屋のページがあり、大人が「パン」と言うと、そのときは「パ」と模倣していた。この日は自分からそのページを開けて、一人で「パーン」と言った。

【事例9　11カ月18日】
以前からずっと母が読み聞かせている本の中に「お口をアーン」という台詞があったが、この日読み聞かせているとき、「アーン」と模倣した。その後一人で本をめくっているときも「アーン」と言っていた。

すでにこれ以前に、手のとどかないところにあるものを「アッアッ」という音声とともに指さしをする、いわゆる要求の指さしと結びついた音声は出現していました。また、たとえば11カ月7日にはおなかがすいているときに食卓にすわらせると「ウマンウマン」と強い調子で声を出したりもしていました。つまり、音声をコミュニケーションの手段として使っていたわけです。そして、その一方で現実に目の前に相手がいるわけでもないのに出しているこれらの音声はどうとらえればよいのでしょうか。

次の観察も同じ問題としてとらえられます。

【事例10　１歳０カ月11日**】**

一人で絵本の羊の写真を見ているが、立ち上がって羊のぬいぐるみを持ってきて、その写真を直接さわって指さした。ここでは、母は隣室からようすを見ていたが、母に知らせようとしているしぐさはまったくみられない（この観察よりちょうど１カ月前、同じ写真を見て、母が「羊さんよ」とことばかけをすると羊のぬいぐるみを取りにいっていた）。

【事例11　１歳０カ月12日**】**

前日母と見ていたタヌキの絵のページを開けて、本棚のタヌキを取りにいった。この行動は一人でしており、人に知らせるしぐさはみられない。

高井・高井（一九九九）ではこれらの行動を記号＝象徴の獲得過程の一局面として検討しています。しかし、それだけでなく、親が介在しない、たぶん子どものなかで完結しているような印象を受けるこれらの行動をかいま見ることで、親は子ども一人だけの閉じている世界ができかけていることを感じるのではないでしょうか。

マンガ家の高岡（一九九〇）は、１歳４カ月の次女についてこのように描いています（図10）。子どもが自分の世界を作り始めていると感じることのできる例をもう一つあげてみましょう。それは、子どもが自分なりの判断の基準や意思をもって行動し始めているように感じとられることです。

【事例12　９カ月17日**】**

朝、なかなか起きようとしないのでＣＤをかけてみる。「美しく青きドナウ」の曲をかけると「ウーウー」となって

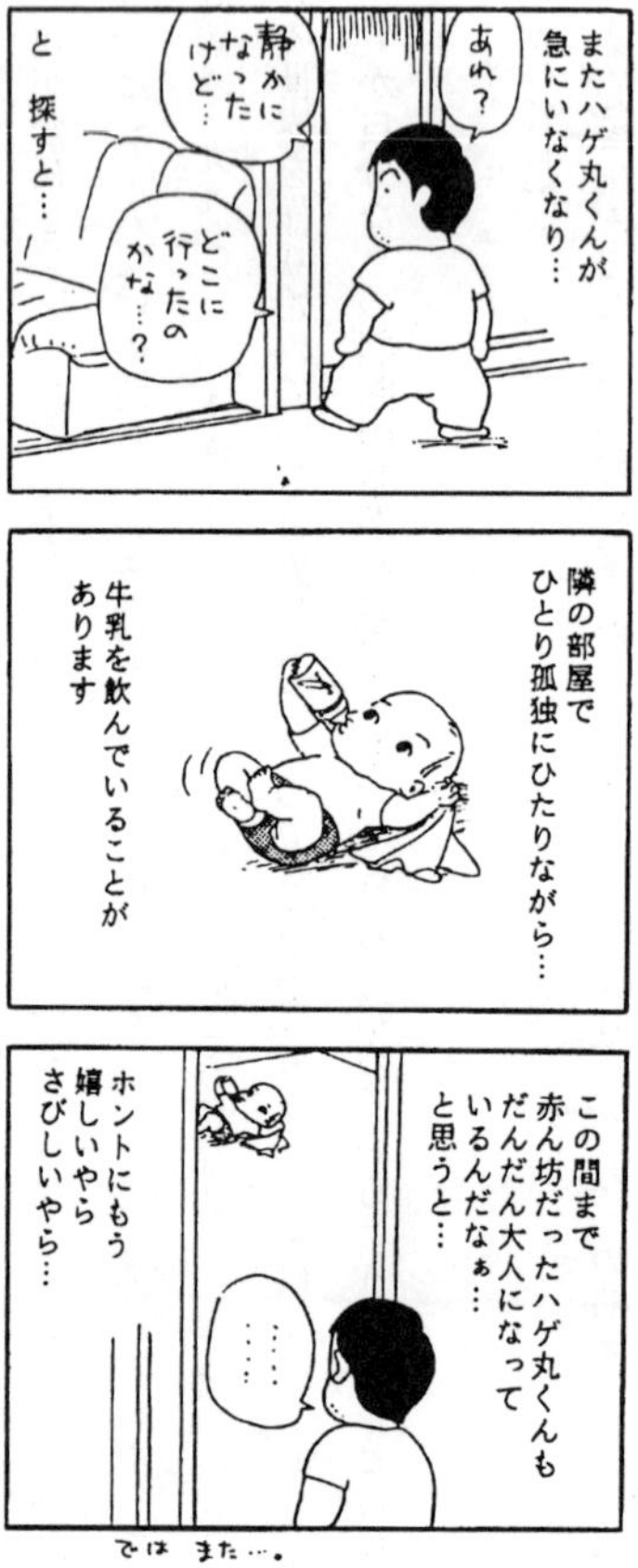

図10　自分の世界をつくりはじめる

（高岡，1990より転掲）

怒っているようす。「おかあさんといっしょ」の音楽に変えるとうなるのをやめて起きてくる。

見知らぬ人に対しての人見知りではなく、一応は愛着の対象である母親と父親とを比べて、より母親に対して強く愛着を示すといった、人の選択は8カ月ごろからはっきりしてはいましたが、このような音楽に対しての好みを示し始めたとき、親はいわば「個性」の芽生えのようなものを感じとり、以後の親のかかわりを規定することにもなってきます。

【事例13　9カ月22日**】**

最近何かをしようとしてうまくいかず、イライラとしていることがある（写真3）。エアコンのリモコンのカバーを開けたり閉じたりすることを何度も繰り返していたが、うまく開かなくなると怒って声を出す。

よく、「『つもり』がはっきりしてきた」などといわれるようになる行動ですが、自分なりの達成目標があって、うまく達成できると満足感を（【事例7】で上手にできると親が声をかけたりすることがなくても、自分で自分に手をたたくのもこういった満足感の表現でしょう）、達成できないと不満を表現していると親は解釈します。自分で目標を設定してそれに向かって行動していく、このようなことがあると親は子どもの自立をいやがおうでも感じざるをえなくなるでしょう。

こういった「つもり」はその後途中で行動が中断されても持続し、一貫した意思をもちつづけるようすがみられます。

写真3　事例13　不満の表現

【事例14　10カ月13日**】**

ぬいぐるみがいくつか入っているかごの中を探索しているときに排便。母が気づいておむつを換えようとするとばたばたと暴れる。持ちやすいおもちゃなどを持たせても暴れ、なんとか換え終わって解放すると、すぐに先ほどのかごのところへ行ってクマのぬいぐるみを引っぱり出して機嫌よく遊ぶ。

「意思をもった主体」であることを実感するには、その意思が状況を越えて一貫していることが必要条件でしょう。目の前から隠されてしまったものを探すという「対象の保存」ができるようになるといわれるのもこの時期ですが、認知的な側面からだけでなく、こういった意思の持続という面からもみていく必要があるかもしれません。

また、この意思は、大人の意思とは対抗するものであるということを充分にわかってはいながらも、主張せざるをえない場合もあるようです。

【事例15　11カ月22日**】**
父の顔を見ながら本物の電話をさわりにいく。父がとくにしからずにじっと見ていると、顔を見つづけながらさわる。父がまったく普通の強さでそっと「だめよ」というと、激しく泣きだす。

この電話についてはそれまでも何度かさわってしかられてはいたのですが、ここでは「しかる」という相手の反応を予測しながらそれでもあえてさわってみる、というこの子の意思の強さが親には感じられました。1歳児の親の実感のなかで「頑固になった」という回答がありましたが、このような行動を通じて得られたものでしょう。

3　1歳の変化の意味

ここで述べてきたような二つのできごと、「人と同じ世界を共有すること」と「自分の世界を作り上げること」は一見すると正反対のことのように思えます。

しかし、「自分の世界を作り上げること」のなかであつかった「自己指示—確定行動」や【事例15】などは、単に自分のなかで閉じた世界を作っているのではなく、自分のなかでの、いわば「内的な他者」との対話としての行動が成立している可能性が示唆されます。「自己指示—確定行動」でいえば、指示する主体と指示を受けとる主体とが同じ自分であるということになります。また、【事例15】では「叱る」父と「叱られる」自分をあらかじめシミュレートしているとも考えられます。

とすると、同じ世界を共有する他者（現実の他者）と自分の世界のなかの他者（内的な他者）とがほぼ同じ時期に成立しているということになるのかもしれません。

さて、このような内的な他者が成立する過程のモデルとして考えられてきたのは、いうまでもなくヴィゴツキーの内化モデル（internalization model）です。「子どもの文化的発達においては、あらゆる機能は舞台に二度登場する、つまり、二つの平面であらわれる。最初に社会的平面で、のちに心理的平面で、すなわち、最初は心理間カテゴリーとして人々の間で、のちに心理内カテゴリーとして子どもの内部で」（ヴィゴツキー、一九七〇）というテーゼであらわされるものです。この場合に適用すれば、同じ世界を共有し現実に対話を交わすことができるようになった他者が、そういった対話を通じて子どもの内部に内化される、ということになります（ヴィゴツキー自身はこのような単純な外的決定論をとらず、またそのような誤解が生じないように「内〔面〕化」を使わずに「転回」という用語を用いていることは中村〔一九九八〕が指摘しています）。確かに、「ひとりごと」ともとれるような動作・行動を見ると、まさに内化が進行しているとも考えられます。しかし、現実の対話もそれほど積み重ねられていない時期であることなども考えあわせると、このような内化モデルでとらえることが妥当かどうか疑問が生じてきます。

マツソヴ（Matusov, 1998）ではヴィゴツキーの内化モデルとロゴフ（Rogoff, 1990）の参与モデル（participation model）とを比較検討しています（図11、図12）。

参与モデルでは、

＊社会的平面と心理的平面はお互いに構成し合うもので分離することはできない。これらは文化―社会的活動の二つの様相であり、個人の参与のしかたの違いである。

＊自立した個人・単独の活動が心理的発達の頂点であるとみなす見方は近代西洋の産業社会の価値観への偏りであり、文化

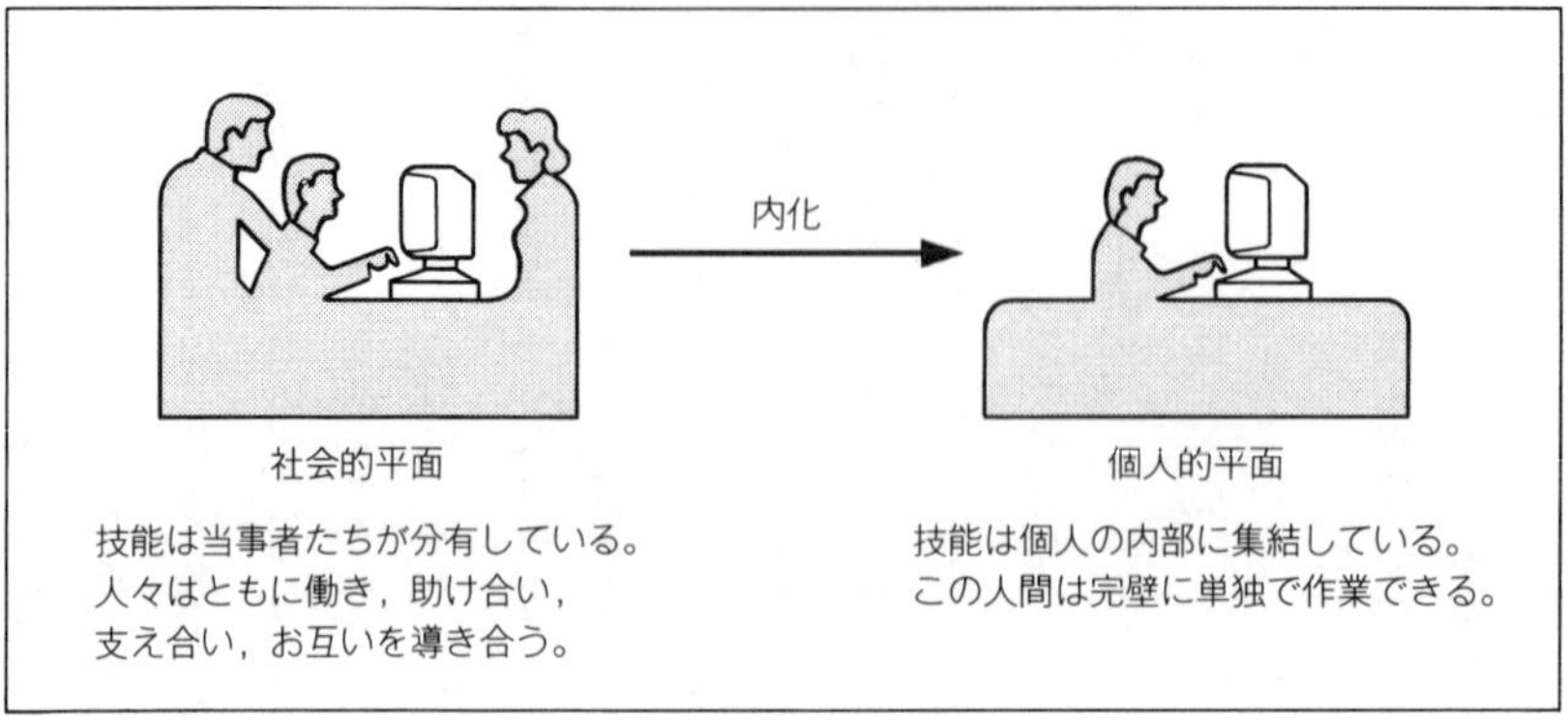
内化
社会的平面
技能は当事者たちが分有している。
人々はともに働き，助け合い，
支え合い，お互いを導き合う。
個人的平面
技能は個人の内部に集結している。
この人間は完璧に単独で作業できる。

図11　内化のモデル

（Matusov，1998）

—社会的活動は一人の個人による単独の心理的機能には還元されないものである。

などが主張されます。

つまり、単独の活動であるとされているものも広い意味では文化—社会的活動の一つの姿である、ということです。

このように考えると、「人と同じ世界を共有すること」と「自分の世界を作り上げること」が同じ時期に成立することも実は一つの活動、すなわち「人と共に生きる世界の構築」の二つの側面なのかもしれません。

鯨岡（一九九八）は、「繋合希求性（他者とともにあることを求め、共にあることができれば幸せを感じるという欲望）」と「自己充実欲求（おのれの「思い通り」にすることで快を得、自己充実したいという欲望）」との矛盾・対立を人間存在の根源的両義性としてとらえています。「人と同じ世界を共有すること」を「繋合希求性」と、「自分の世界を作り上げること」を「自己充実欲求」と考えると、この対立がある面では重なり、ある面では拮抗する「もっと複雑な両義性をはらんでいる」と述べていることがまさにこの時期に成立しつつあることになるのでしょう。

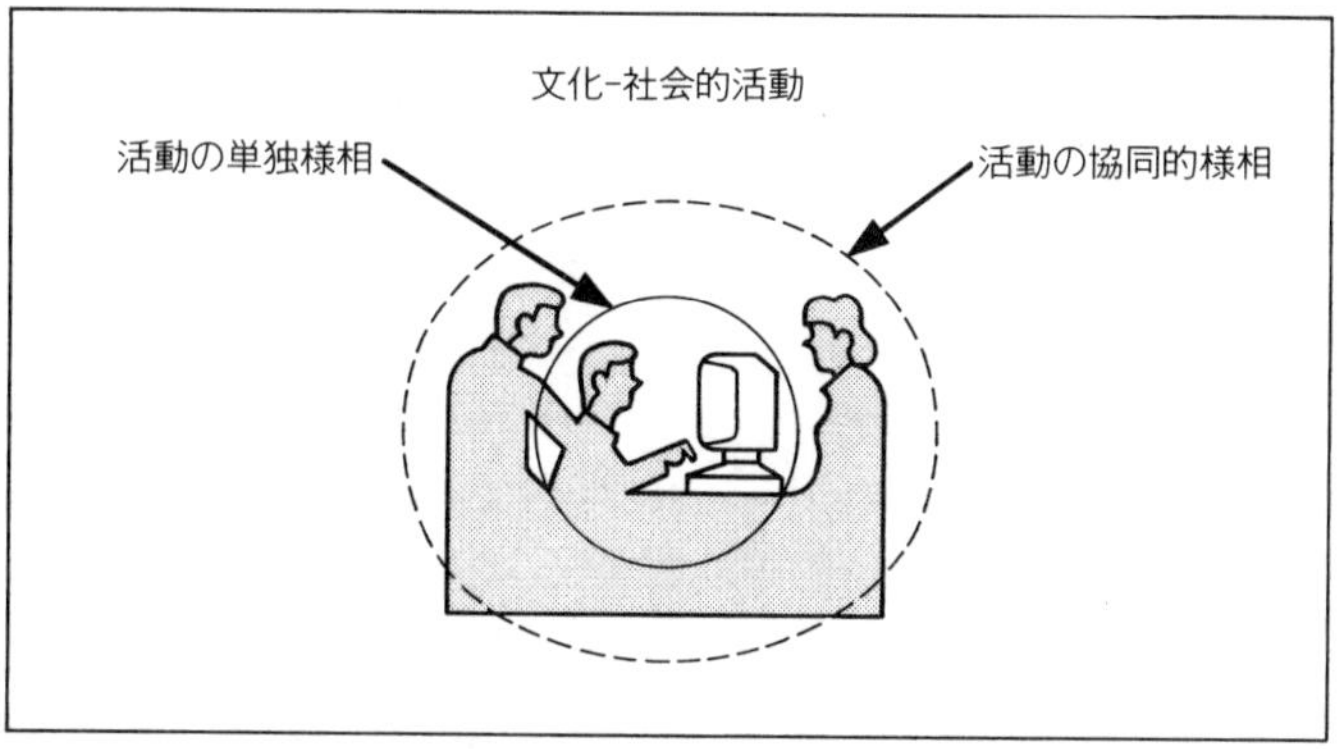

図12　参与モデルにより文化―社会的活動の二様相

（Matusov, 1998）

おわりに

ここでもう一度1歳という区切りがどのように親、そして子どもに影響を及ぼすか考えてみましょう。

まず、親はわが子が1歳を迎える前に「1歳児」に対するひとまとまりのイメージをもちます。これらのイメージは、自分の過去の経験、自分の親から教えられたこと、昔からの伝承、本やテレビなどのメディアからの情報、近隣の人々の口コミなどによって形成されます（今回はとりあげませんでしたが、上の子を育てた経験もかなり強くはたらきますが、正確な記憶ではなく変容しながら影響していくはずです）。

これらは広い意味での育児文化と呼ぶことができますが、決して頑強な硬直したものではなく、柔軟なものです。

そして、実際にわが子が1歳に近づくにつれてみせる行動の変化を感じとる枠組みが作られます。たとえば、そろそろ1歳だから親の言っていることがわかってくるのだろうなと期待しながらわが子の行動を見ると、それらしいようすがみられる、そこでさらに頻繁にことばや動作でのはたらきかけをしていく、このようなことがなされていきます。それ以前にも出していたけれども親の側に受けとめる枠組みがないために見過ごされていた行動もあるでしょう。また、枠組みに合わずに親をとまどわせるような行動もあるでしょう。

実際のわが子の行動とあらかじめ親がもっていた枠組みとがこのように緊張を保ちながらお互いに形成し合って、一般的な発達観ではないわが子の発達観を作り上げていくのでしょう。

これまで紹介してきた調査や観察、実験では、親のもっていた枠組みが変わっていくようすとその変化を導く子どもの側の発達、そして親の期待を受けとめることができるようになる子どもの変化についてみてきました。しかし、親の枠組みの変化と子どもの行動の発達とが絡み合っていく過程を直接探ることはまだできていません。さらに、先にあげた育児文化というものも、文化が各メンバーの枠組みを規定するだけでなく、メンバーが各人の個人的な体験にもとづいて変容させた枠組みをもちよってまた文化を変えていくという双方向の影響がありえますが、こうして文化全体が変わっていく過程もまだ解明できてはいません。

これらの有機的なつながりをとらえる方法論がどんなものになるのかを探るうえで、「歳」という文化的区切りは非常にいい例題になるのではないでしょうか。

最初にも述べましたが、「歳」というのは所属する文化に依存するいわば恣意的な枠組みです。このような文化的・恣意的な枠組みが、自然現象としての人間の成長をはじめて規定するのが1歳という区切りなのです。

1歳の初誕生を社会への参加とみなすかつての習俗にはこのような意味があるのです。

ところで、枠組みが文化的・恣意的であるということには、異なる文化のなかでは根拠がはっきりしないものを押しつけるという側面もあります。

先にも述べましたが、1年という単位があまり意味をなさない社会では1歳、2歳という区切りとは違う単位の区切りがなされるでしょう。

あるいは、大多数の子どもとは違ったペースでの成長をたどる子どもたちとその親にとっては、その子にとっての根拠が少ない「歳」という区切りは抑圧的にはたらくこともあります。「1歳になったのに～できない」「もうすぐ1歳なのにまだ～」といったことばがどれほど多くの親と子を苦しめてきたかを考えると、「歳」という区切りが本来恣意的で相対的なものであることと、「歳」という区切りを使う多数派の文化と別の区切りを使うマイノリティの文化との共存のための智恵を磨くことの必要性を忘れてはならないはずです。

引用文献

麻生武　一九九二　身ぶりからことばへ：赤ちゃんにみる私たちの起源　新曜社
麻生武　一九九五　人生における乳幼児期の意味　麻生武・内田伸子（編）　講座生涯発達心理学2　人生への旅立ち：胎児・乳児・幼児前期　金子書房　pp. 1-33.
Churchland, P. M. 1979 *Scientific realism and the plasticity of mind.* Cambridge University Press.（村上陽一郎・信原幸弘・小林傳司〔訳〕　一九八六　心の可塑性と実在論　紀伊國屋書店）
細谷亮太　一九九九　はじめての育児百科　主婦の友社
飯島吉晴　一九九一　子供の民俗学：子供はどこから来たのか　新曜社
池上貴美子　一九八八　乳児期の口の開閉と舌出し模倣に関する刺激要因の検討　教育心理学研究　**32**-**2**　117-127.
池上貴美子　一九九九　模倣することの意味　正高信男（編）　ことばと心の発達1　赤ちゃんの認識世界　ミネルヴァ書房　pp. 75-114.
鎌田久子・宮里和子・菅沼ひろ子・古川裕子・坂倉啓夫　一九九〇　日本人の子産み・子育て：いま・むかし　勁草書房
小杉大輔　一九九九　乳児における因果性の理解：コミュニケーションの基盤の観点から　京都大学文学部修士論文
鯨岡峻　一九九七　原初的コミュニケーションの諸相　ミネルヴァ書房
鯨岡峻　一九九八　両義性の発達心理学　ミネルヴァ書房
Matusov, E. 1998 When solo activity is not privileged: Participation and internalization models of development. *Human Development*, **41**, 326-349.
Meltzoff, A. N. 1990 Foundations for developing a concept of self: The role of imitation in relating self to other and the value of social mirroring, social modeling, and self practice in infancy. In D. Cicchetti & M. Beeghly (eds.), *The self in transition: Infancy to childhood.* University of Chicago Press. pp. 139-164.
Meltzoff, A. N., & Moore, M. K. 1977 Imitation of facial and manual gestures by human neonates. *Science*, **198**, 75-78.

毛利子来　一九八七　ひとりひとりのお産と育児の本　平凡社
中村和夫　一九九八　ヴィゴーツキーの発達論：文化―歴史的理論の形成と展開　東京大学出版会
岡本夏木　一九九七　発達の記述における「歳」の問題　発達　**70**　1-5.
Rogoff, B. 1990 *Apprenticeship in thinking : Cognitive development in social context.* New York : Oxford University Press.
猿島町史編纂委員会(編)　一九九三　猿島町史民俗編
澤田英三・鹿島達哉・南博文　一九九二　母親の素朴な発達観の特徴と構造について：事例研究　広島大学教育学部紀要第1部（心理学）　**41**　89-98.
下條信輔　一九八八　まなざしの誕生：赤ちゃん学革命　新曜社
高井弘弥　一九九四　個性のあらわれ：ゼロ歳児から2歳児まで　岡本夏木他(編)　講座幼児の生活と教育3　個性と感情の発達　岩波書店　pp. 195-212.
高井弘弥・高井直美　一九九九　初期シンボル化過程における自己確定期の検討　心理学評論　**42**（**1**）　23-34.
高岡凡太郎　一九九〇　ムスメ日記二　竹書房
Tomasello, M. 1993 On the interpersonal origins of self-concept. In U. Neisser (ed.), *The perceived self.* Cambridge University Press. pp. 174-184.
Tomasello, M. 1995 Joint attention as social cognition. In C. Moore & P. Dunham (eds.), *Joint attention : Its origin and role in development.* Lawrence Erlbaum Associates. pp.103-130.
ヴィゴツキー、L. S.・柴田義松・森岡修一(訳)　一九七〇　精神発達の理論　明治図書

1歳と2歳

他者の意図に従う力・逆らう力

麻生　武
伊藤典子

はじめに

3歳という時期は、自我が芽生える時期であり、反抗期であるといわれています。この時期、子どものさまざまな技能や能力が育ち、子どもの「ああしたい」、「こうしたい」という気持ちが大きくなり、親の意図や思いとぶつかり合うことが多くなります。周囲の者との摩擦によって、子どもはますます自分の「つもり」を意識するようになり、「反抗」とか「強情」と呼ばれるような態度で、自分を主張し始めるといわれています（園原・黒丸、一九六六）。しかし、決して3歳になって急に自我が芽生え、このような反抗期が突然出現するわけではありません。ヒトは、きわめて未熟な状態で生まれ、実に長い期間大人に保護され養育されることによって、はじめて一人前の成人になるという、他の哺乳類にはないきわめてユニークな特徴をもっています。大人から保護されかつ大人からいろいろなことを学ぶためには、なによりも子どもは、大人の指示に対して「すなお」で「従順」である必要があります。ところが、いつまでも「すなお」で「従順」であるだけでは、いつまでたっても大人のように指示する側の立場に立つことはできません。子どもたちは、大人の指示に従うことを学びつつ、大人の指示から自由になることを学ばなければならないのです。この二つの目標は、矛盾しているといってもよいでしょう。大きくなるということは、この矛盾に立ち向かうことなのです。1～2歳の子どもたちですら、すでにそのような矛盾と格闘し始めています。3歳児の〝自我の芽生え〟とは、その意味で、長い〝自我の成長史〟のなかの単なる多くの通過点の一つにすぎないということができるでしょう。

1　大人への従順さ

一般に、生後9カ月〜10カ月ごろから、子どもが大人のことばを理解していることを示す兆候がしだいに増えてきます。それらは、最初、純粋なことばの理解というよりは、他者のことばや身ぶりを含む状況の理解であることが多いといえます。子どもは、大人が「ちょうだい」と言い手を差し出すと、自分のつかんでいるモノを大人の手のひらの上にのせてくれたり、大人が「ばいばい」と手を振ると手を振ってくれたりするようになります。この時期にしばしば、「ちょちちょち、あわわ。おつむてんてん。いないいないばー」などの芸が教え込まれたりします。一般に子どもたちは、自分たちに理解できる範囲で、大人のこれらのリクエストに熱心に応えようとします。このような傾向は、子どものことばの理解が進むにつれて、いっそうはっきりしてきます。次の事例は、筆者の一人が「子どもは、なぜこんなに喜々として大人の指示に従うのだろうか」と当時おおいに感動したエピソードです。

【事例1　大人の指示に従う喜び】

乳児Uが1歳3カ月9日のことです。昼食の準備をしている母親が「ご飯ができたら…」ということばを耳にするや、浴室にいたUはつたい歩きであわてて台所の流しの前に行きます。母親のじゃまになるので、父親が「こっちにおいで」と呼びますが、いくら呼びかけても父親の方にはやってきません。そこで、父親が「U君、オムツ取って、オムツ取って」と指示するや、Uはすぐさまつたい歩きで隣室の六畳まで行き、そこから高這いでタンスのところまで這っていき、そして、自分でオムツの入れてあるタンスの二段目の引き出しを開け、中から布オムツを引っぱり出し、うれしそうに後ろからやってきた父親の方にオムツを差し出します。そこで、父親はUにオムツを当てたトレーニングパンツをはかせてやります。

レインゴールドら（Rheingold et al., 1987）は、生後18カ月児と生後24カ月児に興味深い実験を行っています。母親同席のもとで、実験者がバッグから立方体一個を取り出し、「ここに積木があるね、じゃー、○○ちゃん、これをあそこのトラックに乗せてきて」と子どもに言います。課題は計七つあります。彼らは、子どもたちが実験者の命令を正しく遂行するか否かだけでなく、そのさい喜んでてきぱきと熱心に命令を遂行しているか否かという点も調べました。その結果、18カ月児も24カ月児も、ほとんどの課題を命令に従って遂行し、しかも、両年齢群とも、てきぱきと実験者の次の命令を予測して熱心に命令を遂行したのです。そこに年齢差はありませんでした。さらに興味深かったことは、休憩をはさみ、今度は実験者が、「○○ちゃん、ほら、ここに積木があるよ」と単に積木を見せるだけで、具体的な命令を与えなかった第二セッションにおいても、子どもたちが第一セッションの命令にマッチするように自発的に行動したことです。レインゴールドら（Rheingold et al., 1987）は、「なぜ子どもは命令に従うのか」という問いに対して、次のような解答を提出しています。子どもは、「他者のことば（命令）」に「自分の行動」をフィットさせることそれ自体に喜びを感じるのだというのです。言語獲得期にあるこの時期の子どもたちは、「他者のことば」を「自分の行為によって現実化」することに喜びを見出しているのだ、というこのレインゴールドらの仮説は、それなりに説得力があるように思われます。しかし、忘れてはならないのは、誰であれ大人というものが、子どもにとって圧倒的なパワーをもった超人のようにみえていることです。大人は「自分のことば」を「現実化する」力をもっています。大人には「トラックに積木を積もう」と言って、トラックに積木を積むことのできるパワーがあります。子どもが、身につけたいと願っているのは、この大人のパワーです。したがって、大人の命令に従っている子どもたちは、ある意味で、大人を模倣しようとしているのだと考えることができるかもしれません。大人の「ことば」に従う子どもたちは、「ことば」に「対応した大人の行為」をいわば先取りして模倣しているのだというわけです。力のある大人のまねをして、大人の承認のもとで自分を大人に近づけることが、子どもにとって喜びであるのは当然だといえるでしょう。

ケラーとコップら（Kaler & Kopp, 1990）は、生後12カ月～13カ月、14カ月～16カ月、17カ月～18カ月の子どもたち、それぞれ一〇名ずつ計三〇名について、母親あるいは実験者が子どもに「私にボールをちょうだい」、「お人形さんにキスをして」、「その電話を椅子の上に置いて」などの要求をして、子どもが要求を正しく理解しているか（名詞と動詞の理解をチェック）という点と、子どもが要求に従おうとしているかという点を、それぞれ独立に採点して、両者の関係を吟味しました。その結果、17カ月～18カ月の子どもたちには、他の二群の子どもたちに比べ、要求に従おうとし、しかも要求を理解している（「従順―理解」）反応が、有意に多いことがわかりました。しかし、子どもたちが要求を理解した場合にのみ注目してみると、その場合の七三％（12～16カ月群）～七七％（17～18カ月群）の要求に対して、子どもたちがそれに従おうとしており、三つのグループにほとんど差はありませんでした。つまり、いずれの年齢においても、子どもは大人の要求を理解しさえすれば、それに従う傾向が強いのです。このケラーとコップ（Kaler & Kopp, 1990）の研究も、レインゴールドらの研究と同様に、生後二年目の子どもたちの「大人の指示に対する従順さ」を例証しているといえるでしょう。

1歳から3歳にかけての子どもたちと家族とのやりとりを縦断的に観察したダン（Dunn, 1988）の研究によると、母親の禁止に子どもが従う平均回数（二時間の観察時間中に）は、子どもが14カ月から3歳になるまでの間にほとんど変化しません。このようなデータも、子どもというものが、基本的には、大人の指示に従順な存在であることを示していると考えられます。これに対して、母親の禁止に対する抗議や反抗の回数は、子どもが生後18カ月から24カ月の間に、約二倍に増大します。エムデとブーフスバウムら（Emde & Buchsbaum, 1990）は、中産階級の三三組の家庭を調査し、ダン（1988）の研究とは少し異なる角度から、この時期の親の禁止と子どもの従順さについてのデータを示しています。それによると、生後二年目において親の禁止の回数は、生後18カ月をピークとする逆U字カーブを描き、親の禁止に対する子どもの従順さは、生後二年目の終わりに向けてしだいに上昇していくというのです。いずれにせよ、子どもの理解能力や活動能力の飛躍的に増大する生後二年目が、子どもにとって「親への従順さ」と「自分のつもり」とがせめぎ合う時代の幕開けであることは間違いないといえるでしょう。

2　有能な自己へ

子どもは一般に1歳の誕生日前後に、他者と同じことをしようと意図して意識的に模倣することができるようになってきます。この時期に、子どもは他者と基本的に同型的な存在として自己を組織化できるようになると考えられます。このように自分が基本的に他者と同じだと認識し始めると、子どもはますます他者（周囲の大人）のやっていることを自分でもやってみたくなるようです（麻生、一九八九、一九九二）。次のエピソードは、生後11カ月9日の乳児Uが、父親のしていることをまねようと数回努力して、結局できず、いらだち始めたときのようすを示しています。

【事例2　〝できない〟ことへのいらだち】

U（11：9）の前に、ふたが一辺一五センチの正方形の形をした菓子の空缶があります。父親がこの缶にふたを軽くはめてUに手渡すと、Uはすぐに缶のふたを手で持ち上げます。そして、自分で缶のふたをはめようとします。ふたが縦になったり、歪んだりしてうまくはまりません。Uはふたを父親の方に差し出して「アッ、アッ」と訴えます。そこで、父親はまたふたをはめて缶をUに返します。Uはふたを開けたものの自分でははめられずまた父親に差し出します。このようなパターンを繰り返し、三回目、またふたを開けて次に自分でふたをしようとするができず、また父親に差し出すかと思うや、そうはせずにUはふたを口にあてがうようにしてむずかり始めます。

（麻生、一九九二　p. 378）

ここには、有能な他者である大人と同じようにものを操りたいと懸命になっている子どもの姿があります。望ましい行動とは、手本となる大人の行動や、大人が誉めてくれる行動です。大人が誉めてくれたのがわかると、子どもはその行為をもう一度やってみせ、再び大人に誉めてもらおうとすることがよくあります。そして、ときには大人の拍手を先取りしたかのように、自分から拍手することさえあります。私たちの一人が観察したN（麻生、一九八七）は、生後11カ月30日のときに、Nがカイグリカイグリの芸をしたので大人が拍手をして誉めていると、すぐまたカイグリをして自分から拍手したりしています。Nは、1歳1カ月10日のときは、四苦八苦してようやくソファーによじ登り、「うまくできたよ」とでもいうかのように、近くの祖母を見つめ微笑んでいます。この時期のNは、何をすれば大人が誉めてくれるのか、すでにかなり把握しているといえるでしょう。Nは、大人の評価を内面化しつつあるのです。1歳前半の子どもたちが大人の指示に喜々として従うのも、指示に従ってうまく行動すれば誉めてもらえることを理解しているからだと思われます。それだけに、この時期の子どもは、指示通りに行動できなかったり、大人と同じように行動できなかったりすると、深く傷つきいらだちを示すことが多くなります。

Nは、1歳2カ月ごろからモデリングや指示に従って課題を達成しようとし、うまくいかないと怒りやいらだちを示すようになっています。そこにはすでにある種の課題意識の芽生えがあるといえるでしょう。

【事例3　課題意識の芽生え　1】

Nが1歳2カ月10日のことです。母親が菓子の空き缶に積木を入れふたをしたり、積木をNに差し出したりして相手をしている場面です。Nは何度か母親のまねをして缶のふたをはめようとするのですがうまくいきません。しかし、積木をカチカチ打ち合わせたり、積木の絵を指さしたりして遊べるためかふたができなくてもいらだったりはしません。ところが、Nがふたをし損なってふたを手放し、母親がふたを指さして「ちゃんとふたをしてください」と指示したときのことです。Nはすなおに指示に従って再びチャレンジしますが、先ほどと同様に正方形のふたの角度を缶に合わせられず、うまくふたができません。すると、このときはNは「ウー」と甲高いうなり声を上げていらだちふたを放り投げています。単に自分の意図どおりに行為できないことだけでなく、母親の意に添えていないことが、Nの自尊心を傷つけたといえるでしょう。

【事例4　課題意識の芽生え　2】

事例3と同じ日、Nの伯父であるAがNの相手をしている場面です。Aは、水平に置いた長方形の積木の上に長い板状の積木を塀のように立て、その上に三角の積木を屋根にしてのせ、簡単な積木の家を作ってやります。これを見て、Nはすぐに作品の前にやってきてすわります。手を出したため作品が壊れると、Nはすぐに水平な積木の台の上に先ほどと同じように板状の積木を縦に置きます。さらに三角の屋根をのせようとすると、作りかけの作品が倒れてしまいます。母親がこれを見て、Nの側にやってきて、かわりに積木の家を作ってやろうとすると、Nは「キャァーゥ、キャァァーウ…」と甲高い小さな声を出しヒステリックに母親の作りかけの作品を手で払い破壊してしまいます。自分にはできないことを母親がいとも簡単にやってのけることが、Nの自尊心を傷つけているようです。

生後1歳4カ月を過ぎると、Nは他者の評価行動（誉める）をある程度内面化し、かならずしも他者が実際に誉めなくても、自分自身で自分を誉めること（これは近くにいる大人の賞賛を促すことでもあるのですが）によって、目標に向かって努力できるようになってきます。そのプロセスは、以下に示すような一連のエピソードから理解できます（麻生、一九八七）。1歳4カ月15日、Nは床にネジ三本を立ててはうれしそうに拍手し母親を見つめます。一本倒れると怒りすべて払い倒してしまうものの、またアタックし、うまくできると母親をうれしそうに見つめ拍手します。1歳4カ月19日ごろ、Nは机の上に長い積木などなんでも立てて、近くにいる人を見つめ、拍手して誉めてくれと催促することが何度もあります。1歳5カ月18日には、Nはコップで水を飲み、こぼさずにうまく飲めるとコップをテーブル上に置き、自分から拍手します。そして、再度コップから飲むのですが少しこぼれてしまうや、コップの水をすべてこぼしてしまいます。１歳５カ月22日には、石を投げ水たまりの中にうまく入るとうれしそうに一人で拍手し、失敗すると再度一人でアタックします。これらのエピソードから、１歳６カ月未満の子どもたちであっても、自分の意図する目標を達成するために努力し、目標を達成すると喜びを感じ、達成できないとフラストレーションを感じたりするということが理解できます。

３　葛藤と矛盾を生きる子どもたち

幼い子どもたちが自分の「つもり」との関連でフラストレーションを感じる状況には次の三つのタイプが考えられます。

一つ目は、子どもの行為とは無関係に、世の中が自分の思ったとおりにならないことから生じるフラストレーションです。空腹なのに欲しいお菓子をもらえない。外出したいのに外が雨で公園に連れていってもらえない。このようなフラストレーションは、多くの場合、周囲の養育者に単純にぶつけられることが多いようです。これらを、田中・田中（一九八二）は「ダコネ」と名づけ、生後15カ月以前に多くみられるタイプの自己主張であるとして以下のように特徴づけています。子どもは自分の要求がいれられないと、相手の意図には関係なく要求を直線的・一次元的に押し通そうとダダをこねるのです。たとえば、上で紹介したＮは、１歳２カ月24日に、雨で外出できないと右手をバタバタ振って怒り、母親にかみついたりしています。まるで、雨が降ったのも母親が悪いと訴えているかのような自分本位な自己主張です。

二つ目は、他者の意図と自分の能力や意図が食い違うために生じるフラストレーションです。他者の意図つまり他者の指示を理解しそれに従おうとしても、それが能力的に自分に可能でなければ、子どもはジレンマに陥ってしまうことになります。たとえば、先ほどの【事例３】（生後１歳２カ月10日のＮのいらだち）などをその例とみなすことができるでしょう。また、親（大人）の禁止や指示と自分のやりたいこととがぶつかり合う場合にも、子どもはある意味で引き裂かれることになります。なぜならば、子どもは親（大人）の禁止や指示にも従いたい、親（大人）に認められたいという強い欲望を自分のなかにかかえているからです。このことは次の例からもよく理解できます。

【事例5　誉められることをして親の機嫌をとる】

Nが1歳9カ月13日のときのことです。Nは近ごろ暴力団のように棒を振り回したり、モノを投げたりすることがあります。この日も、モノを投げ、それが母親の目に当たってしまいます。母親が厳しくしかりますが、Nは離れたところでフンといった感じで立っています。母親がそれを無視して洗濯物をたたんでいると、少しして、Nは床のゴミを拾い隣室の台所のくず入れにそれを捨てにいきます。そして、ゴミを捨て、自分から拍手をしつつ居間にいる母親の方に歩いていきます。母親が「そんなことやってもあかん」と言うや、Nはワーンと泣きだします。

Nなりに気まずい事態を打開しようと母親の意図を先取りしたつもりだったのに、母親に否定され、自分をもちこたえられなくなってしまったのです。とはいえ、ここには他者の意図と自己の意図とを調停させようとする試みがあることは間違いありません。田中・田中（一九八二）は、生後18カ月を過ぎると子どもは自分の要求がいれられない場合にはからだ全体で抵抗したりするものの、その事態から「〇〇デハナイ〇〇ダ」というように気持ちを可逆的にふくらませ、葛藤から立ち直ることができるようになると述べています。

三つ目は、自分の意図したことと自己の行為の結果との食い違いから生じるフラストレーションです。【事例2】（生後11カ月9日のUのいらだち）や【事例4】（生後1歳2カ月10日のNのいらだち）などは、その例とみなすことができるでしょう。ダン（Dunn, 1988）の研究によると、自分の「つもり」が達成されずにいらだつといったことは、生後14カ月から生後21カ月にかけて増加します。バルロックとリュッケンハウスら（Bullock & Lütkenhaus, 1988）

の研究によると、生後20カ月までに、子どもは自分が結果を生み出していることに注意を払い、そのことに喜びを示し始めます。それ以前の生後18カ月未満の子どもたちは、行為すること自体に喜びを示すものの、自分の行為がその結果を生み出していることに喜びを表出することはあまりありません。その結果を引き起こしたのが自分であると明確に理解できるようになってこそ、誇らしかったり、悔しかったりするのだといえるでしょう。彼らは、生後19カ月から生後22カ月までの者が、もっとも自分のやりたいことと自分のやれることの間に大きなギャップがあり、もっとも大きなフラストレーションを抱いているのではないかと考察しています。ケーガン（Kagan, 1982）も、2歳の誕生日前後に、子どもは自分の意図した課題をやりとげ「うまくできた」と一人でほくそ笑む（mastery smile）ようになると指摘しています。「恐るべき2歳（terrible two）」ということばがあるように、2歳前後に、子どもの「やりたいこと」と「やれること」とのズレがピークになり、子どものフラストレーションが爆発しがちだという指摘はうなずけるものがあります。ダン（Dunn, 1988）も、子どもたちの怒りが生後24カ月にピークになるというデータを紹介しています。

子どもたちは、以上のようなさまざまなフラストレーションを味わいつつ大きくなります。そもそも子どもとして生きることは、ある種の矛盾を生きることにほかなりません。たとえば、他者の模倣をすることのなかにも矛盾があります。他者に並ぶような有能な自分自身になるためには、まず子どもは、他者を手本にしなければならないのです。他者の模倣をすることの目的は、他者といわば「平等条約」を結ぶ対等な存在になりたいからです。しかし、実際に他者の模倣をすることは、他者といわば「不平等条約」を結ぶことにほかなりません。さらに、屈辱的なことには、その「不平等条約」すら結んでもらえないような事態がしばしば生じます。つまり、手本をまねようと意図しているのに、いっこうにうまく模倣できないという事態は、子どもたちが日ごろ頻繁に味わうことです。また、大人の指示に従順であることのなかにも矛盾が潜んでいます。従順さは、子どもたちが大人の庇護を受けつつ大人からいろいろなことを学んでいくための重要な資質です。子どもたちが従順であるのは、大人から多くのことを学び受け継いでいくためなのです（麻生、一九九六）。当然、子どもたちの学ぶことがらのなかに「子どもたちに指示を与えている大人の振る舞いや態度」も入ることになります。子どもたちは、大人の指示に従いつつ、指示する大人の行動を手本として学習しているのです。よって、「他者の指示に従う従順さ」は、常に「他者に従順さを求める」自己主張に反転する可能性を秘めています。とりわけ、〝自己〟と〝他者〟とが象徴的なレベルで交換可能になる2歳すぎ（麻生、一九九五）になると、そのような可能性はしばしば現実のものとなります。たとえば、Nは2歳3カ月2日のときに、おりあるごとに母親を見つめ指を立て「メンメッ」と言い母親をしかったり、台所の水が少し自分の頭にかかったさいなど母親に「ゴメンネ（は）、ゴメンネ（は）」と言い「ごめんね」と言って謝るように母親に要求しています。

1　葛藤場面におかれた子どもたち

今までの議論から、1歳から3歳にかけての子どもたちが、大人に対して基本的に従順でありつつも、大人のように有能になろうとして懸命にそのまねをし、何度も失敗を味わいながらも、果敢に新しい課題にチャレンジする疾風怒濤の時代を生きていることがある程度理解していただけたと思います。子どもたちには、生活のなかでたくさんのストレスがかかっています。自分の意図したように行為できないスキルの未熟さや無能さ、自分の意図（要求）と他者の意図（親の禁止や指示）とのぶつかり合い、思うようにならないまわりの環境、それらにとりまかれつつも、子どもたちはめげずにたくましく成長していきます。

私たちが知りたいと思ったのは、そのような子どもたちのたくましさです。それを知るために、私たちは簡単な

HK君(1歳7カ月)
①どうするのかな?

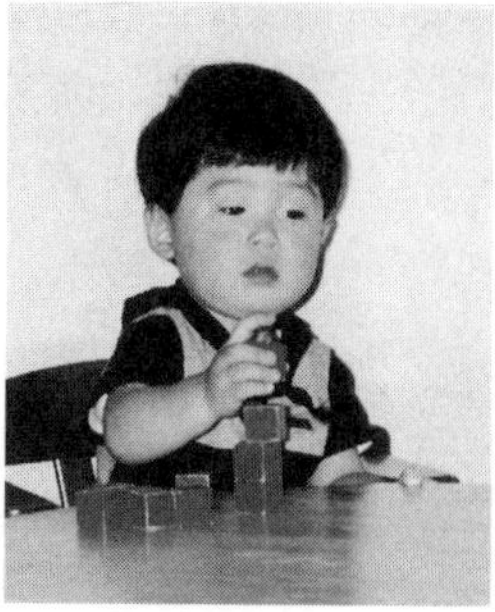

②こうするのかな?

課題の繰り返しや、むずかしい課題、提示者との間で楽しい思いを共有する課題など、いろいろな課題を子どもたちにやってもらうことにしました。母親同席とはいえよく知らぬ場所で、見知らぬ他者にいろいろな課題を要求されたとしたら、子どもたちはいったいどのように対処するのでしょうか。

私たちは1~2歳の子どもたち三九名(1歳前半〔~1:6〕一〇名、1歳後半〔~2:0〕一三名、2歳前半〔~2:6〕七名、2歳後半〔~2:11〕九名)に六つの課題をやってもらいました。六つの課題は、拍子木課題、コップ課題、積木課題、描画課題、タワー課題、トラック課題の順で、母親同席のもとで個別に施行されました。子どもたちへの課題の提示は、筆者の一人(伊藤)が行いました。

これらの課題の大きな特徴は、どれもお母さんが見守るなかでの、子どもと課題の提示者とのやりとりの上に成り立っているということです。私たちはそのなかで子どもが示してくる微妙な表情や動作を手がかりに子どもの気持ちを読みとることに努めました。子どもの方も、私たちの声援の気持ちを受けとめているようです。そのようなやりとりのなかにこそ、子どもたちの、自己の意図と他者の意図の調整のあり方が示されるのでしょう。その際、私たちがとくに配慮した点は、子どもたちが示す微妙な拒否のサインを敏感に受けとめ、臨機応変にスムーズに課題を終了することです。また、全部の課題を終了した後に、やりとりの一部始終を見守っていたお母さんと、お母さ

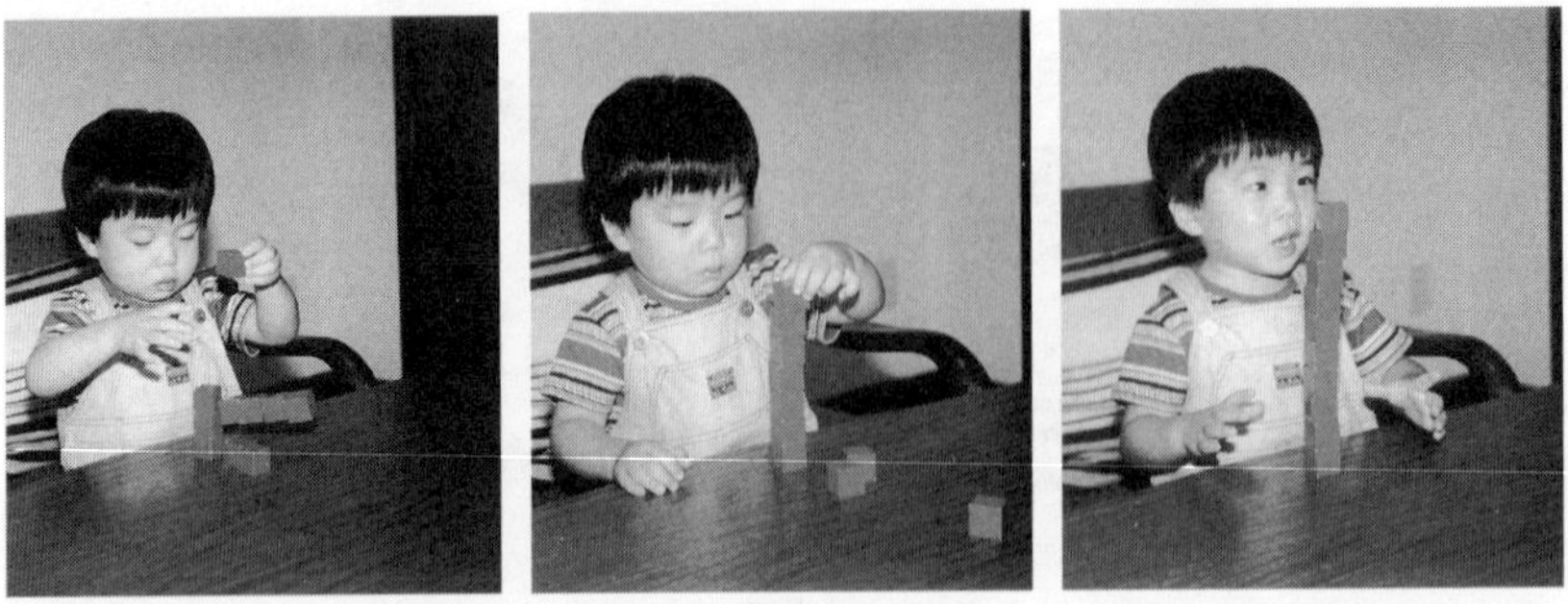

ＡＵ君（２歳５カ月）①失敗！　②再度挑戦　③完成！

んの感想や、私たちの子どものようすについての解釈を話し合いました。他者とかかわるわが子のようすをじっくり見て、新鮮な驚きと感動をもたれたお母さんが多かったことが、私たちには印象的でした。

そのときの子どもたちのようすについては、すでに一部を紹介したことがあります（伊藤・麻生、一九九七）。今回は、六つの課題中とりわけ子どもたちの反応が興味深かったタワー課題と拍子木課題に絞って、子どもたちの反応のしかたや振る舞い方を、よりトータルにくわしく紹介したいと考えています。自分たちにはできそうもないむずかしい課題を要求されたとき（タワー課題）、あるいは、単調な課題を何度も繰り返し要求されたとき（拍子木課題）、子どもたちはいったいどのようにしてこの事態を切り抜けようとするのでしょうか。子どもたちが、他者（課題の提示者）の意図と自己の意図をどのように調整していくか、子どもたちの個性や年齢にしたがって、実にさまざまな調整のあり方が観察されました。

1　タワー課題

タワー課題というのは、（新版K式発達検査の）立方体の積木を一〇個積む課題です。ちなみに、新版K式発達検査（生澤他、一九八五）では2歳2カ月で五〇%の者が、八個の積木の塔を作れることになっています。提示者がまず「〇〇ちゃん、見ていてね」と一〇個の塔を作ってみせて、次にその積木を子どもに与え「○○ちゃん、どうぞ」、「○○ちゃんの番よ」と促します。原則としては子どもが失敗しても成功しても、このプロセスを三回リピートすることにしていたのですが、そのときの子どものようすに応じて、提示の回数は1～3回にしました。自分にはむずかしい課題を繰り返し要求されたら、子どもたちはどう対処するのでしょうか。ケーガン（Kagan, 1982）は、二歳の誕生日ごろになると自己が誕生し、子どもたちは手本を見せられてもそれが自分にはできそうもないと判断すると、手本のように行動することを拒否するようになると主張しています。はたして、そのような行動は観察されるのでしょうか。三九名の子どもたちのデータをみていくことにしましょう。

1　課題の理解について

子どもたちのなかには提示者の意図をまったく理解していないような者が六名いました。その多く（五名）は1歳6カ月以下の子どもたちでした（表1）。1歳3カ月のDSちゃんの例を紹介しておきます。

【事例6　課題をまったく理解せず】

DSちゃん（1：3）はモデリングは、最後までしっかり見るのですが、提示されると机上で積木を両手でかき回して遊びます。途中で、お母さんに「高い高いする？」と促されると、積木を持った手を上にあげます。三試行とも同じようなようすです。提示者が積木をコップに片づけ始めると、DSちゃんも手伝い、全部入れ終わると、「アッ」と提示者に笑いかけました。

まだ、塔を作らせようとしている提示者の行為の意図を理解していないようです。提示者に情動の共有は求めていますが、自分から提示者にはたらきかけようとする意図はまったく感じられません。提示者の意図を理解しないというよりは、他者の意図より自分の意図を優先し、自分流に遊んでしまう子どもたちも同じく六名いました。1

歳半までの二名と1歳半から2歳までの四名です。その例が、以下の1歳7カ月のMS君と1歳8カ月のOSちゃんです。

【事例7　課題より自分の意図を優先　1】

MS君（1：7）は、モデリングが始まると、すぐにモデリングのための積木を取って、提示者と一緒に積みますが、ある程度の高さになると、わざと倒して喜びます。提示者は、三回モデリングを試みましたが、毎回同じようすで、モデリングが成立しません。MS君は、提示者がしていることを見ようとしないで、自分勝手に「積んでは倒す」という遊びをしています。

【事例8　課題より自分の意図を優先　2】

OSちゃん（1：8）は、モデリングが始まっても見ようとしないで、提示者が積んだ積木を倒し、残りの積木と一緒に両手でかき回します。次のモデリングも、お母さんの膝から必死で逃れようとして、見ようとしません。声をかけられると、完成した塔をしっかり見てから倒し、提示者に笑いかけます。OSちゃんの前に積木が提示されると、お母さんに積木を全部渡してしまいます。お母さんが積木を机上に戻すと、今度は両手で積木を抱えて戸口に行ってしまいました。呼ばれても知らん顔です。OSちゃんは、最初から課題をすることを拒否しているようです。

このような子どもたちと比べて、提示者の意図あるいは課題をなかば理解しつつあるのだろうなと推定できるような子どもたちが七名いました。うち六名は1歳代の子どもたちです（表1）。「なかば課題を理解している」と判断できるのは、「2個以上の積木を積む」という行為が出現することです。そこには、「積木を積むことを要求している」という提示者の意図を漠然とであれ感じとり、それに応えようとしている子どもの姿があります。しかし、

表１　タワー課題における課題の理解状況　　人数（%）

状況／年齢	課題を理解せず	課題よりも自分の意図を優先	なかば課題を理解	課題を理解	計
1：1〜1：6	5 (50)	2 (20)	3 (30)	0 (0)	10 (100)
1：7〜2：0	1 (8)	4 (31)	3 (23)	5 (38)	13 (100)
2：1〜2：6	0 (0)	0 (0)	1 (14)	6 (86)	7 (100)
2：7〜2：11	0 (0)	0 (0)	0 (0)	9 (100)	9 (100)
計	6	6	7	20	39

注　１：１（１歳１カ月）

このレベルと判定される子どもたちは、積木の塔が途中で倒れても自分から再度積もうとしなかったり、挑戦するたびに塔が倒れても途中であきらめてしまいます。また、倒れても、うまく積めたときと同じような笑顔を見せたりします。彼らには、失敗や成功といった意識はまだないようです。たとえば、１歳９カ月のＰＳ君がその典型例です。

【事例９　なかば課題を理解する】

ＰＳ君（１：９）の前に積木が提示されると、すぐに四個積んでからうれしそうに塔と提示者を見ます。お母さんに「もっともっと積める？」と言われると、もう一個積み、お母さんと提示者を見ます。このように、四個積んだあと、一個ずつ励まされながら、八個目を積んだときに、塔が倒れてしまいました。すると、ＰＳ君は、声をあげて笑います。「失敗した」という意識はないようです。第二試行でも、同じようなようすでした。第三試行では、三個積んで提示者とお母さんに笑いかけたあと、それまでの試行と同じように、一個ずつ積んでいきます。ところが、五個の塔ができあがったところで、またお母さんに励まされると、残りの積木を見てから、笑顔でお母さんに「ナイナイナイ」と手を左右に振りました。

PS君は、積むことを要求されていることは理解しているようです。しかし、八個目で倒れても声をあげて笑っていますので、失敗の意識はないようですし、まだ積木を全部使って一〇個の塔を作ることを要求されていると理解している気配はありません。次の例のUS君の課題の理解は、先のPS君の課題理解より一歩すすんでいるように思われます。

【事例10　課題を理解】

モデリングが始まると、US君（1：11）も提示者と一緒に積みます。塔が高くなってくると笑顔で「オッ、オッ」と提示者に話しかけます。塔が倒れそうになると、提示者も「怖い、怖い」と言ったりして、二人で共同して塔を作っていくという雰囲気です。最後の一個はUS君が積み、笑顔で提示者を見ました。提示されると、四個目を積みながらさっき提示者が言ったように「コワイコワイ」と言います。六個目からは積む前に「オバチャン」と提示者に順番を回そうとしますが、「US君」と言われると自分で積みます。八個の塔までがんばって一人で積んだところで塔が倒れてしまいました。一個を拾って「ドースンノ?」とお母さんにたずねます。「『また積んで』って」と言われると、机上の積木をくちゃくちゃにしてから次々と投げつけました。次の試行でも同じようなようすでした。

US君は、一〇個の塔を作ることを要求されていることはほぼ理解しているといえるでしょう。このように「課題を理解している」とみなせた子どもは、1歳から1歳半までの子ども一〇名中0名、1歳半から2歳までの一三名中五名、2歳から2歳半までの七名中六名、2歳半から3歳までの九名中九名でした。タワー課題の課題理解のデータを表1に示しておきます。これをみると、2歳の誕生日前後を境に、タワー課題の理解つまり「この課題に関する」他者の意図理解が急激にすすむことが理解できます。それはおそらく、この課題が2歳前後の子どもたちにしてはじめてスキル的に可能な課題にみえてくるからだと思われます。

表2　タワー課題における課題のむずかしさの理解

人数（%）

年齢＼状況	むずかしさを理解したとは判定できず	むずかしさを明確に理解	計
1：1～1：6	9 (90)	1 (10)	10 (100)
1：7～2：0	7 (54)	6 (46)	13 (100)
2：1～2：6	1 (14)	6 (86)	7 (100)
2：7～2：11	3 (33)	6 (67)	9 (100)
計	20	19	39

注　1：1（1歳1カ月）

2　課題のむずかしさの理解について

課題それ自体を理解していなかったり、課題のむずかしさをいっこうに理解していないようにみえる子どもたちが、三九名中二〇名いました（表2）。その大半（一六名）は1歳代の子どもたちです。2歳後半の子ども三名も、課題のむずかしさをまったく感じていないようだったのですが、それは事実彼らにとってこの課題がもはやむずかしくはなかったためと思われます。次の例に示すように、1歳5カ月のHS君は「なかば課題を理解」しているようですが、課題のむずかしさはとくに意識しているようにはみえません。1歳11カ月のWS君も同様です。

【事例11　課題のむずかしさを理解せず　1】

HS君（1：5）ははげましを必要としながらも八個目までうまく積み、「アー」と喜ぶのですが、九個目を積もうとして、全部倒れてしまっても、やはり「アー」と笑顔で発声しています。積まなければならないと思ってはいますが、倒れても、いっこうにそれを気にするようすはありません。

【事例12　課題のむずかしさを理解せず　2】

WS君（1：11）は提示されると、すぐに積み始めます。三個積んだところで、うれしそうに提示者を見て、さらに積みつづけます。七個目を積もうとしたところで倒れてしまいますが、すぐにまた積み直します。三個積んで、うれしそうにお母さんを見てから四個目を積み、今度は、わざと倒します。また積み直しますが、四個積んだところでお母さんがWS君の姿勢を直そうとしたはずみに、塔が倒れてしまいました。それを見て、WS君は笑顔を見せます。その後は、積木でトラックのような形を作って動かしたり、四個の塔を作ったり並べたりと、自分の遊びを楽しみます。

課題のむずかしさを理解するには、課題をある程度理解し、かつ、自分の課題遂行能力についてメタ的に認識している必要があります。また、課題のむずかしさを理解するレベルにもいろいろあります。次のRSちゃん1歳9カ月は、二個積んだところで急に一〇個積むことのむずかしさに気がついたようです。

【事例13　課題のむずかしさを理解　1】

RSちゃん（1：9）は、提示者が積むのを目を輝かしながら見、一〇個の塔ができると笑顔で拍手します。次に、自分の前に積木が提示されると、にこにこしながら積み始めます。二個をきれいに積んで、三個目で突然持っていた積木を離し「イヤ」と言い両手を振って提示者に訴えます。次のモデリングでは、提示者が九個目を積みかけると「イヤ」と言って、やはり両手を振ります。そこで提示者はモデリングをやめ、RSちゃんの前に積木を提示しました。RSちゃんはもう一度「イヤ」と言いながら手を振り、積木を全部提示者の方へ押しやりますのでその気持ちをくんで終了にしました。

次に紹介するAT君2歳1カ月は、RSちゃんより自分のスキルに自信があるようです。モデルを見るときにも興味津々です。見ているときから課題のむずかしさをすでに理解しているようです。

【事例14　課題のむずかしさを理解　2】

ＡＴ君（2：1）はモデリングが始まると「フッ」と提示者に笑いかけます。じっとモデルを見、最後に近づくと笑顔で提示者を見ます。一〇個の塔ができあがると、笑顔で塔と提示者を見ます。提示されるとすぐに積み始め、途中で一個落ちると提示者に笑いかけてから積み直します。慎重に、倒れないように工夫して積みます。一〇個を積みきると、目をまん丸にしてうれしそうに提示者を見ます。第二試行も同じようなようすでした。第三試行では、モデリングが始まると、何度も大きくうなずきながら見つめ、最後に近づくと、一個積めるごとに「オー」と提示者に笑いかけます。提示されると何度も大きくうなずきながら真剣に積み始めますが、途中で倒れてしまいました。すると、ひとりごとのように「アー」「ツブレター」「タオレター」のような発声をしながらすべての積木を横一列にきれいに並べてしまい、提示者の顔を見ようとはしません。積木が倒れる前と態度が一変してしまいました。そこで次の課題を提案すると、うれしそうにうなずき、次への意欲を示します。

課題のむずかしさを理解したとはっきり判断できた者は、1歳7カ月から2歳までの子どもたち一三名中六名、2歳1カ月から2歳半までの七名中六名と2歳7カ月から3歳までの九名中六名でした。これをまとめたものが表2です。この表2と表1とを比較すると課題のむずかしさを理解し始めることと、課題をはっきり理解することとの間に密接な関連があることがわかります。これは、「課題のむずかしさを感じ課題を拒否している」ようにみえた子どもたち（たとえば【事例10】のＵＳ君）を「課題を理解している」者と判断していることを考えれば当然のことかも知れません。また、そもそも、自分が何をすべきなのか課題をはっきり理解することと、それが自分にとってどれほどむずかしいことなのか理解することとの間には、本来的な関連があると考えることもできます。【事例14】のＡＴ君は、自分自身がかろうじて10個の塔を作る能力をもっていたがゆえに、モデルを見ているときにも、検査者の行動のむずかしさを自分の身に引きつけるように共感的に理解できたといえるでしょう。

表3　タワー課題におけるマスタリー・スマイル

人数（%）

年齢	マスタリー・スマイル　あり		マスタリー・スマイル　なし	積木を10個積めた者
	笑顔	じっと眺める		
1：1〜1：6	0 （0）	0 （0）	0 （0）	0 （0）
1：7〜2：0	1 (100)	0 （0）	0 （0）	1 (100)
2：1〜2：6	1 (33)	0 （0）	2 (67)	3 (100)
2：7〜2：11	3 (50)	3 (50)	0 (0)	6 (100)
計	5	3	2	10

注　1：1（1歳1カ月）

モデルと同じように一〇個の塔が積めたさい、子どもたちはどの程度、自分から大人に誉められなくても「うまくできた」というマスタリー・スマイルを示すのでしょうか。笑顔を見せなくても、完成した塔を少し距離を置きじっと眺める所作も、マスタリー・スマイルと同様の「うまくできた」といった自己認知・自己評価の証拠とみなすことができます。そこで、これも広義のマスタリー・スマイルとみなすことにしました。以下の表3に示すように、一〇個の塔を完成した一〇名中八名の者が広義も含めマスタリー・スマイルを示しています。示さなかった二名のうち一名は、完成したさいに大人から誉められ笑顔になっています。もう一名は、簡単に積めてしまったため感動がなかったようです。完成するや、「パンチ」と言って、すぐに自分で塔を破壊しています。

3　自己の意図と他者の意図との調整

表1に示したように「課題を理解した」者は二〇名、「なかば課題を理解した」者が七名いました。これらを合わせた二七名の者が、積木の塔を積むよう繰り返し要求してくる提示者にどのように対応し、このやっかいな局面を切り抜けようとしたのか、みていくことにしましょう。

〈1歳前半（～1歳6カ月）〉　1歳前半で課題を「理解」あるいは「なかば理解」した子どもは一〇名中三名いましたが、課題を理解する気配が認められるのがせいぜいで、提示者と駆け引きするようすはまったくみられません。このことは、【事例11】のHS君（1：5）のようすからも理解できるように思われます。

〈1歳後半（～2歳0カ月）〉　1歳後半で課題をなかば以上理解しつつある子どもは一三人中八名いました。提示者が何を要求しているのかはかなり理解しつつありますが、大部分の者はどうも自分に都合の悪そうな雰囲気になるとあっさり課題を拒否してしまうようです。【事例9】のPS君（1：9）は「ナイナイナイ」と言って、【事例10】のUS君（1：11）は積木を投げつけて、【事例12】のWS君（1：11）は別の遊びを始めて、【事例13】のRSちゃん（1：9）は「イヤ」と表現して、課題をストレートに避けようとしています。残りの四人のうち、一人は課題が困難とわかるとあっさり視線を回避し身をのけぞらして回避し、二人は提示者の問いかけを無視したり別なことを話しかけ課題をごまかそうとしています。自分の意図と提示者の意図をなんとか調整しようと、提示者の顔色をうかがったりしたのは次の1歳11カ月のVS君一人だけです。

【事例15　自己と他者との意図調整の萌芽】

VS君（1：11）はモデリングを真剣な表情で見ています。提示されるとすぐにうれしそうに積み始めるのですが、途中で塔が崩れてしまいました。とたんに顔色を変え、大急ぎで積木をかき集めて、全部机の下に隠してしまいます。最後の一個を隠す前と、全部を隠してから、VS君は提示者の顔色をうかがいました。第二試行のモデリングも真剣な表情で見ていますが、提示されると積もうとしないで積木を全部机の下に隠し、先ほどと同じように提示者の顔色をうかがいます。その後、VS君は自分から隠した積木をすべて机の上に出して、積木を積み始めます。途中で失敗しますが、すぐに積み直します。また失敗してしまいます。するとVS君は積木を机の下に隠してしまい、また提示者の顔色をうかがいます。その後もう一度、積木を机の上に出したのですが、ちょうど外で大好きなお兄ちゃんの声が聞こえ、課題から離れてしまいました。

このようにVS君は自分の気持ちを表現し拒否するものの、同時に相手の反応も気にしています。そこには、自分の意図を一方的に主張するだけでなく、自分の主張を受けとめる相手の気持ちを配慮する視点があります。後から、自発的に相手の意図に添って再び行動しようとしている点も、VS君が「他者の意図」を尊重していることを示しているといえるでしょう。

〈2歳前半（～2歳6カ月）〉　この年齢になると、課題を理解していない者は一人もいません。課題のむずかしさも、七名のほぼ全員がわかっているようです。例外は、一〇個の塔を簡単に作ってしまったGTちゃん（2：6）だけです。そのGTちゃんでも同じものをもう一度作るのは抵抗があるようでした。自分には「むずかしいこと」や「やりたくないこと」を大人に要求されている状況を、子どもたちはどうやって切り抜けようとするのでしょうか。

失敗し、積木を横一列に並べ、提示者の視線を避けている【事例14】のAT君（2：1）は、自分の行動が、「提示者の意図」に添ったものではないことを痛いほど感じているのです。以下に紹介する2歳1カ月のBTちゃんや2歳4カ月のET君をみても、「提示者の意図」を理解しその「意」に添おうとすることが、子どもにとってどれほど大変なことであるか理解できるでしょう。他者の意図がなまじわかるというのは、なかなかつらいことでもあるのです。子どもは「他者の意図・期待」に添ってうまく行動したいのに、しばしばそうできない自分自身に直面するのです。

【事例16　他者の意図に添えないつらさ　1】

BTちゃん（2：1）は、一度目は注意深く積木を積んでうまく一〇個の塔を作ります。二試行目は、二回とも八個目で崩れてしまいます。そこで提示者が促しますが、BTちゃんは積木を縦ではなく、横一列に並べ始めます。しかし、「提示者の意図」に添っていないことは充分に自覚しているようです。途中で手を休め提示者をじっと見つめ、次に、途中まで並べた積木の列を崩し、また提示者を見つめます。そして、すーっと机から離れ、提示者から顔を背けてしまいました。

【事例17　他者の意図に添えないつらさ　2】

モデリングが始まるとET君（2：4）は「イヤダ」と積木の塔を倒そうとしますが、「見ててね」とことばで制止されると、最後まで見ることができます。一〇個の塔ができあがると、笑顔で倒します。積木を提示されるとすぐに積み始めますが、四個目で倒れてしまいます。すぐにまた四個の塔を作りますが、残りの積木は横一列に並べます。そのさい手が触れ四個の塔が倒れてしまうと、その積木も加え長く一列に並べ、それらを九〇度転がし、両手をお腹に重ねうつむきます。次のモデリングでは、三個の塔が積まれたところで「タカクナイ」と言ってお母さんにくっつきます。提示者がさらに積んでいくと、モデルから視線を外します。積木を提示されると、すぐに二個の塔を二つ作るのですが、そのどちらも倒し全部の積木を両手でくちゃくちゃにしてから、その中の二個をきちんとそろえ、指をくわえお母さんにくっつき、提示者を見ます。第三試行のモデリングが始まると、指をくわえたまま、片手でお母さんの髪の毛をつかみ、横目で提示者を見て、塔は見ません。提示されると、うつむいたままで、お母さんになにやら訴え、積もうとはしません。積木を両手でもてあそびながらさかんになにか言いますが、お母さんにも聞き取れません。「ET君の番よ、どうぞ」と提示者に促されると、指をくわえ、お母さんの髪の毛をつかみ、お母さんにくっついてから「デキナイ」と言い、お母さんを見ます。提示者に、「できないの？　いいよ」と言われ、やっと提示者を見ました。

ＡＴ君やＢＴちゃんやＥＴ君のように、なまじ相手の意図を理解して窮地に陥ってしまうのなら、最初から「相手の意図」をわからないふりをするのも、難局を切り抜けるよい作戦かもしれません。2歳1カ月のＣＴちゃんは、提示者のモデリングは三回ともしっかり見るのですが、積木を提示されるたびに眠ったふりをして、相手の意図を知覚していないふりをしています。ＤＴ君2歳2カ月は、自分が積もうとしているさいに、偶然積木が机から落ちそれを提示者に拾ってもらったことをきっかけに、「積木を落とす、それを拾ってもらう」といった遊びに提示者を誘い、課題状況を自分の都合のよいように変えてしまおうとしています。2歳5カ月のＦＴちゃんは、二回試みて失敗すると三試行目は、「あなたは、私が二回やって失敗したことを見てるんだから、もうなぜ私がやりたくないのかわかるでしょ」とでも語るかのように提示者を見つめ、積木から手を引いています。「他者の意図」を理解したうえで、「自分の意図」の理解を他者に求めているかのようにみえます。2歳6カ月のGTちゃんは、一度目はすなおに一〇個の塔を作りますが、二試行目は、積木を提示者に見せ、「コレ・チョコベビー」などと提示者と母親を象徴遊びに巻き込んでしまいます。

以上でみてきた、眠るふりをしたCTちゃん（2：1）、積木拾いの遊びを始めたDT君（2：2）、ノンバーバルに自分の意図の理解を求めたFTちゃん（2：5）、象徴遊びを始めたGTちゃん（2：6）の四人は、提示者の意図をそれなりに理解しつつも、それぞれの流儀で、「他者の意図」の重圧をかわし、相手を「自分の意図」の流れに引き込む工夫をしているといえるでしょう。二歳児は、「他者の意図」の重圧をもろに感じる力があるだけに、その重圧から逃れるために、もてる力を精一杯利用しているようにみえます。このようなようすは、1歳代の子どもたちには観察されなかったことです。

〈2歳後半（～2歳11カ月）〉　2歳後半になると2歳前半の子どもたちにみられなかった、新たな駆け引きの様相が二つ出現してきます。

一つ目は、課題を変形して、「他者の意図」と「自己の意図」との折衷をはかるような作品構成が観察されるようになることです。2歳9カ月のJT君は、繰り返し一〇個の塔を作ることに失敗すると、四個の積木で正方形の台を作り、その上に六個の塔を作りました。これが、モデルの作品とは違っていることは充分承知しています。その証拠に六個の塔を作り終わると、ちらりと提示者の顔をうかがい、そのまま押して積木を提示者の方に返そうとして、途中で塔が倒れてしまうと、提示者に笑いかけています。同じく2歳9カ月のKT君は、一〇個の塔を作るのを失敗すると、笑顔で積木をかき集め、再度塔を作るのを促されて五個の塔を二つ作っています。二試行目は五個の塔を二つ作り「モウ、アッチイク」と宣言しています。

二つ目は、ことばが自己と他者の意図調整に大きな役割を果たし始めることです。ことばが双方の意図調整に機能し始めることの影響は、相反する二つの方向において観察されます。一つは、子どもの意図が子どものことばによって明確にされ、子どもがイニシアティヴを握る方向で二人の意図調整が行われるようなケースです。たとえば、2歳7か月のHTちゃんは一回目は「モーイイヨ」と言いつつ四個目を積もうとし、それに失敗するや残りも塔も破壊し「イッパイシタ」と言いその場を去りかけ、第二試行では、一〇個目を積むのに失敗し、笑顔で「オワッタ」と言いその場を離れています。「オワッタ」ということばは、単純な拒否のことばではありません。事態に対する認識を示すことばなのです。このことばで、HTちゃんは、「他者の意図」と「自己の意図」との両者の顔を立てているといってもよいでしょう。2歳11カ月のPTちゃんは、「PTチャンハ　チッチャイ」と言って自分の前に四個の塔を作り、「ママハ　オオキイ」と言いながら母親の近くに六個の塔を作ります。第二試行では、「PTチャンハ　オネエチャン」と自分の側に八個の塔を作ってから、「ママハ　チッチャイ」と母親の前には二個の塔を作ります。PTちゃんのいろいろな発言で、一〇個の塔を作るはずの課題が、別の遊びにずれてしまいます。PTちゃんは、ことばで提示者の意図をはぐらかしてしまったといえるでしょう。

もう一つの方向は、逆にことばによって子どもが説得され、子どもの意図より大人の意図が優先されるような事態が生じることです。良くいえば、子どもが我慢強く融通がきくようになるともいえますし、悪くいえば、子どもがそれだけ抑圧されるようになるともいえます。たとえば、2歳10カ月のNTちゃんは終始硬い表情で、自分の義務を果たすといったようすで3回とも淡々と課題を遂行しています。同じく2歳10カ月のMTちゃんは、初回一〇個の塔を作った後、二回目のモデリングをしつつある提示者に「クレヨン」と要求していますが、提示者に「ちょっと待っててね、後からいっぱい描こう、先にこれをしよう」と言われるとうなずき、課題を大急ぎで遂行してから、自分の要求を満たしています。次の例に示すOT君は、いったんは「イヤ」と拒否したものの、母親に「一緒に積もうか」と誘われると、課題を遂行し始めています。

【事例18　母の支えで困難にチャレンジ】

OT君（2：11）は一度目はモデリングは見るものの、提示されると「イヤ」と身をくねらせ拒否します。二試行目も同様に、積木を提示されても、積木に触れようとはしません。ところが、お母さんが「一緒に積もうか?」と一個積むと、続いてすぐ一人で積み始めます。笑顔で、注意深く、しっかり調節しながら積みます。OT君はお母さんの持っている積木も取って、一人で積みます。高くなるにつれ、表情も真剣になっていきます。最後の一個を積み終わると、恥ずかしそうなてもうれしそうな笑顔を見せます。そして、少し後ろに下がり、満足げに完成した塔を眺めます。

OT君は、母親の支えで、つまり「母親の意図」に添うかたちで助走することを通じて、ようやく「提示者という他者の意図」に添って行動してみる勇気が湧いてきたようです。課題をやらせようとする「他者の意図」と楽しく遊びたいという「自己の意図」とをみごとに調整していたのが次に紹介する2歳8カ月のITちゃんです。彼女は家から持ってきたクマさんを課題に参加させるという抜群のアイデアを考え出しました。

【事例19　自己と他者の意図のみごとな調和】

ITちゃん（2：8）は、モデリングを笑顔で楽しそうに見、提示されると「タアイ（高い）」と言いながら手早く積んでいきます。途中で倒れてもすぐに積み直して一〇個の積木を積みきり、後ろに下がって自分の作品をうれしそうに眺めます。第二試行も、同じようなようすでした。そのあと、ITちゃんは家から連れてきて自分の横に座らせているクマちゃんになにやら話しかけています。モデリングが始まるとクマを机の上に出してきて、クマが喜んでモデリングを見ているような感じに動かし、だんだんモデルに近づけていきます。そして提示者が一〇個の塔を完成させると同時に「ウワー」と声をあげクマに塔を倒させ、提示者の顔を見て楽しそうに大声をあげて笑います。積木を提示されると、すぐにクマを横に座らせ、ITちゃんが積み始めます。途中で積木を一個クマの方へ示してなにやら話しかけながら、一〇個の積木を積みきります。そして、またクマに塔を倒させ、ぴょんぴょん跳ねさせ、大声で笑い喜びます。

2 拍子木課題

拍子木課題というのは、(新版K式発達検査の)立方体の二つの積木をチョンチョンと水平に拍子木のように打ち合わせる課題です。両手に持った立方体を打ちつけ合ったり押しつけ合うというのは、生後8カ月の乳児の五〇%に観察されることです(生澤他、一九八五)。よって、提示者が二つの積木を打ち合わせるモデルを示し、次に子どもにそれを模倣させるこの拍子木課題は、1〜2歳児にはいささか簡単すぎる課題であるともいえます。私たちは、子どもたちの課題遂行能力を調べようとして、拍子木課題を行ったわけではありません。私たちのねらいは、この簡単すぎる課題を反復して何度も何度も子どもたちに与えると、子どもたちがこのような大人の要求にどのように対処するのかを調べることにありました。簡単な要求でも、繰り返し繰り返し同じ要求をされると、いいかげん嫌になります。大人の指示に基本的に従順と思われる1〜2歳児が、どのように工夫して、あるいは自己主張して、この局面を切り抜けようとするのでしょうか。「他者の意図」と「自己の意図」とがぶつかり合う葛藤場面で、どのように双方の意図の調整をはかるのでしょうか。検査できた1歳から3歳までの三七名の子どもたちのデータをみていくことにしましょう。

1 広い意味での拒否的な反応

この拍子木課題は、初回の課題だったということもあり、広い意味で拒否とみなせるような反応が予想外に多く観察されました。子どもたちは、提示者がモデリングをして積木を提示しても、積木に手を出さなかったり、提示者に背を向けたり、バイバイをしたり、持ってもすぐに母親に渡そうとしたり、積木を積んだり別の反応で応じたりするのです。そのような反応をした子どもは、1歳1カ月～1歳6カ月の九人中七名、1歳7カ月～2歳0カ月の一三人中七名、2歳1カ月～2歳6カ月の六人中三名、2歳7カ月～2歳11カ月の九人中三名であり、合計二〇名でした。

そのような反応のなかにも、「自己の意図」と「他者の意図」とのズレを意識したような微妙な興味深い反応がみられたりします。ここでは、そのような反応を一つだけ紹介しておくことにします。

【事例20　バイバイが示す微妙な意図調整の意識】

US君（1：11）は、一回目、提示された積木を見て、そして笑顔で提示者を見つめ、元気よくバイバイします。提示されると、かならずバイバイの動作をするのですが、回を重ねるうちに、ようすが変化してきます。第三試行では、提示者と積木を見比べ、笑顔で提示者を見つめてから下の方で小さな動作でバイバイします。そして、もう一度提示者と積木とを見比べます。第四試行では、提示しても笑顔は見せず、うっかりすると見落としそうなほど小さな動作で机の下で提示者に向かってバイバイをします。それから、提示者と積木とを笑顔で見比べます。第五試行になると、もう積木を見ようとしないで、お母さんにくっつきうつむいてしまいました。そこで提示者に「ちがう遊びをしようか？」と言われると、また元気な笑顔が戻りました。

回を重ねるにしたがって、笑顔が少なくなりバイバイがしだいに小さくなっていく点が、US君の微妙な意図調整の気持ちを表現しているといえるでしょう。大人に対して拒否をすることが、しだいに遠慮深いようすになり、最後には舞台から身を引き母親に事態を委ねるような態度になっています。

2　応じるが、反応がしだいに変化：さまざまな意図調整

私たちが拍子木課題をやってもらった三七名の子どもたちのなかで、少なくとも課題に一度は応じるような反応をした者は計一七名いました。本当は、その一人一人の反応が興味深いのですが、残念ながら紙面の都合でそれらをすべて紹介しくわしく分析することができません。そこで、今回は、実に興味深い反応を示した三人の子どもたちのデータに的を絞って紹介することにしたいと思います。本論の最初にふれたように、子どもは基本的に大人に対して従順な存在です。しかし、従順であるということは、考えようによっては実に大変なことです。生活のなかでは大人たちが一方的に難題をふっかけてくることは珍しいことではありません。そのさいには、従順さだけでは対処しかねることが多々あります。子どもたちは、臨機応変に大人たちのさまざまな要求や指示に立ち向かわなければなりません。しかし、問題は単に拒否すればよいといった単純な課題ではありません。子どもにとって、できることなら、大人（他者）に従いつつ、しかも大人と友好関係を保ったまま事態を解決したいのです。「他者の意図」に無条件に「従う」のでもなく、かといって、無条件に「逆らう」のでもなく第三の道をどのように歩んでいくのか、子どもたちは日々そのような試練に立たされているといえるでしょう。次のＭＳ君1歳7カ月は、提示者の指示に従うというフレームの内側にとどまりつつ、懸命に、提示者の意図と「もうやめたい」自分の意図との調整をはかろうとしているようにみえます。

【事例21　自己と他者の意図調整の萌芽（指示に従いつつようすをみる）**】**

ＭＳ君（１：７）は、積木を与えられるとすぐにモデルのように打ち合わせます。二回目のモデリングが終わると、「次はぼくの番だよね」というように「エヘッ」と提示者に笑いかけます。第三試行では、横のお婆ちゃんにうれしそうに積木を見せてから、一〇回打ち合わせ「ハイッ」と机に置きます。第四試行では、一二回打ち合わせたところで積木を一個だけ机に置き、提示者をじっと見つめます。それまでのように「ハイッ」とは言いません。第五試行では七回打ち合わせてから、

手を机の上に置き提示者を見つめます。第六試行では、すぐに四回打ち合わせて、次にゆっくり大きな動作で斜めに一三回、さらに虚ろな表情で一一回打ち合わせてからやめます。そして、うかがうような表情で提示者を見つめます。目を合わせニヤリと笑ってから、積木を見て再び課題を遂行します。だんだんゆっくりになりつつも、一二回まで打ち合わせます。そして提示者に照れ臭そうに笑いかけます。提示者も、機械的に課題の反復を求める実験者にはなりえません。「よくがんばっているね」という笑顔を返してしまいます。続いて第七試行です。これもMS君はがんばります。そしてついに、第八試行で自分の気持ちをはっきり表現します。つかんだ積木を打ち合わさずに真剣な表情で机の上にそろえて置き、そしてできるだけ遠くへそれらを押しやります。笑顔を浮かべてはいるものの、提示者から視線をそらしています。ここでMS君が遂行を拒否したと判断し、課題を終了しました。

ＭＳ君は第三試行までは喜んで指示に従っていたようですが、第四試行あたりから、何度も繰り返し要求されることに、どうも変だなと感じ始めたようです。提示者を見つめ提示者の意図を探るようなようすを見せ始めます。第六試行では、「ぼくが何回チョンチョンしたら、おばちゃん満足するの?」と問いかけるように計五〇回も積木を打ち合わせています。興味深いのは、そのときのさまざまな〝ゆらぎ〟を伴った表情や態度です。ＭＳ君にとって提示者の意図を拒否することがどんなに大変なことなのか、この回のようすからも理解できるように思います。これに対して、次の事例のＤＴ君2歳2カ月は、なかなか指示に従ってはいません。しかし、提示者の指示を理解していないわけではありません。その証拠に繰り返し要求されていると、譲歩するように四試行目に部屋の隅で二回打ち合わせています。ＤＴ君は、わざと提示者の意図をはずし、提示者に意地悪をすることによって課題場面を「からかい遊び」の場面へ変換しようとしているようなのです。

【事例22　自己と他者の意図調整（からかいによる駆け引き）】

ＤＴ君（２：２）は，毎試行モデリングはしっかり見ます。一試行目は，積木を持ちますが，お母さんのところへ這っていき机に積木をそろえて置きます。二試行目は，積木を持ったものの，はじめの笑顔がだんだん消えていき，積木を机に置き提示者を見ます。三試行目は，手にした積木をもてあそび，それらを机の下に隠し，笑顔で提示者を見ます。提示者の「ちょうだい」には応じます。四試行目は，提示者とお母さんが話を始めると積木で遊んでいますが，提示者がＤＴ君に注目すると積木を机の下に隠し，提示者に背を向けます。「ちょうだい」に対しては，わざと提示者の手の届かないところへ移動させます。提示者が取りそうになると，また積木を移動させます。提示者が「ちょうだい」と言うと，視線を机の下の方へ移し「ナイ」と答えます。それでも提示者が積木を取ろうとすると，自分が先に積木を取り，部屋の隅へ行って自発的に二回打ち合わせ，積木をそろえて机に置き提示者を見ます。五試行目には，少し躊躇してから積木を持ち，うつむいてこすり合わせ，その途中で提示者を見ます。そして積木を積みます。六試行目は，笑顔で見ていますが，モデリングが終了すると，提示者の積木の提示をブロックするかのように，いつもの積木の提示場所に手をのばします。それでも提示されると，それらの積木を自分の膝の上にそろえて置き，手を後ろにやり，提示者を見ます。提示者が取ろうとすると，わざと足で遠くへやるなど，提示者をからかうようなことをしばらく行ってから，積木を持ち，動きを止めて提示者をじっと見つめます。これにより「やりたくない」という気持ちを察知して，課題を終了しました。

提示者の指示にすなおに従い，提示者の土俵の内部で自己と他者との意図調整を試みていたＭＳ君とは対照的に，ＤＴ君は自分の土俵の内側で，双方の意図調整をはかろうとしているといえるでしょう。それが，一方的な課題の拒否ではなく，コミュニカティヴな意図調整の試みであることは，ＤＴ君が途中で積木をこすり合わせていることや，提示者を見つめるようすから理解できます。次のＧＴちゃん2歳6カ月の自己と他者との意図調整のあり方には，先に紹介したＭＳ君やＤＴ君にはなかった，新しい特徴がいくつかみられるようになっています。

【事例23　自己と他者の意図調整（局面打開のためのいろいろな工夫）】

ＧＴちゃん（２：６）は、積木を与えられると、それらを少し探索操作した後、水平に三回、斜めに一回打ち合わせ、そして机の上で二つをくっつけ「メメ」とつぶやきます。「目」に見立てたようです。ＧＴちゃんは、このように手本通りの形で打ち合わせるだけではなく、斜めに打ち合わせたり、こすり合わせたりなどのいろいろな変化をつけながら自分なりに楽しんで課題を遂行します。四試行目からは、モデリングが終了すると、肩をすくめて提示者に笑いかけたり、あきれたように口を大きく開けたまま笑顔でじっと提示者を見つめたりして、「まだやるの？」という気持ちを提示者に伝えてきます。そのようすをお母さんは笑顔で見守ってくれていますので「もう少しがんばってみて」と心の中で願いながら、今少し課題を続けることにしました。八試行目、課題を遂行後に、積木を机に置いて「メメ」と言った後、提示者と視線を合わせようとしません。九試行目にはモデリングをしっかり見て、目に力を込めて提示者を見つめます。「何度もやったのに、どうしてまだやるの？」と言っているようです。それでも提示されると三回打ち合わせます。一〇試行目にはモデリングは見ずどこか一点を見つめ、何か考えているようなそぶりを見せた後、課題を遂行しました。一一試行目は遂行せずに、「メメ」と二つの積木をくっつけてから、積木の近くでやさしく手を動かし、さかんに積木に語りかけてから、自分の口に人さし指を当て、「シーッ」と言うようなしぐさで提示者に笑いかけます。積木を赤ちゃんに見立て、寝かしつけているようにみえます。一二試行目では、提示された積木をくっつけて、「シーッ」のしぐさで笑顔で提示者を見つめるのですが、だんだん横目になり、笑顔が消えていきます。一三試行目のモデリングは見ません。けれども提示されると、うなずきいったん積木をそろえてから、それらを自分の目に当て、提示者に「ダレダ」「バッ」と話しかけます。そして「カアサンモ　メメ　ヤッテゴラン」と、お母さんにも同じことをやらせてから、モデル通りに二回、次に変化をつけ上下に二回、打ち合わせます。お母さんと提示者を相手に少し遊んで、またモデル通りに打ち合わせ、机に積木を置き、その上に顔をふせてしまいます。少しして、自分から「アッ」と顔を上げ、「ミエタ」「シャシン（写真）」「ワタシハ　ダレダ」「イナイ　イナイ　バア」などと言ってお母さんや提示者にはたらきかけてきます。そしてまた積木をそろえ、その上に顔をふせます。提示者に「（積木を）ちょうだい」と言われても、顔をふせたままです。今度は起きあがる気配はありません。これがＧＴちゃんなりの精一杯の拒否の表現と判断して、ここで終了することにしました。「よくがんばったね。これでおしまいにしよう。また違う遊びをしようか?」と言うと、GTちゃんはすぐに顔を上げ、目を輝かせて大きくうなずきました。

意図調整の新しい特徴の一つは、積木の打ち合わせ方に斜め打ちといった〝ゆらぎ〟的変化をつけ、GTちゃんが課題の単調さを克服しようとしていることです。このような打ち合わせ方に〝ゆらぎ〟的変化をつけることは、【事例21】のMS君（1：7）にもみられましたが、GTちゃんの場合はそれが〝遊び〟としてなされているように感じられることが新しい点です。JT君2歳9カ月にも、同様の変化に富んだ打ち合わせ方が観察されました。二つ目は、指示に従い課題遂行しつつも、そこに二つの積木を「目」に見立てるという象徴遊びを紛れ込ませていることです。これは提示者を別の遊びに誘う意図調整の巧妙な方法といえるでしょう。提示者の土俵のなかで、象徴遊びを紛れ込ませているという点では、タワー課題における【事例19】のITちゃん（2：8）と似ているともいえます。ITちゃんは、タワー課題のみならず拍子木課題でも、クマのぬいぐるみを参加させ課題を遂行する合間に自分の楽しみを確保しながら辛抱強く、第二四試行までも課題を遂行しています。最後は、提示者からくるりと身体を横に向け、クマさんに向かって積木を小さく縦にチョンチョンするので、提示者が小さな背中を見ていじらしくなって課題を中止しました。三つ目は、積木を「赤ん坊」に見立て寝かしつけるというさらに本格的な象徴遊びによって、提示者に「この課題はもうやめて別の遊びをしよう」という積極的なはたらきかけを行っている点です。それが通じないと、GTちゃんは、表情やことばを用いて、ますます積極的に自己のメッセージを表現し始めています。相手の出方によって徐々に、〝ゆらぎ〟を与えつつ訴え方をエスカレートさせていくこのGTちゃんの方法は、彼女の高度な意図調整能力を示しているといえるでしょう。また、提示者の土俵のなかから出て、自分の土俵に提示者を誘っている点では、【事例22】のDT君（2：2）と似ているともいえますが、ことばや象徴を介して積極的にゲームに誘っているところがGTちゃんのパワーです。

2 〝ゆらぎ〟つつ複雑化する自己

子どもたちが成長するということ、つまり子どもが歳をとるということは、いったいどのような変化が子どもに生じることを意味しているのでしょうか。一般に考えられている変化は、次の四つの変化です。一つ目は、体重や身長の伸びに代表されるような生理身体的変化です。脳の神経組織の成長やホルモン分泌の変化なども、これに含めることができます。二つ目は、認知能力や情報処理能力の変化です。とはいっても、どのような質的あるいは量的変化があるのかについてはいろいろな議論があります。それが一般的な変化なのか領域固有の変化なのかといった点でも議論が分かれるところです。三つ目は、具体的な行動にあらわれる変化です。歩けるようになる、バイバイができるようになる、二語発話が可能になる、ボタンがはめられるようになるといったスキルや操作能力などがこれに該当します。四つ目は、子どもと周囲の人たちとの関係の変化です。両親との関係や仲間との交流のしかたにもさまざまな変化がありえます。子どもの育つ文化や環境によって詳細は異なりますが、子どもの成長につれて子どもにとっての社会関係が大きく変化することは一般的にいえることでしょう。

ところが、私たちが本論で描こうとしている子どもたちの変化は、以上のような四つのカテゴリーの枠内にぴったり収まるものではないのです。もちろん、今回私たちが行ったタワー課題や拍子木課題は、「子どもたちがうまく積木の塔を作れたか」、「拍子木をモデル通りに打ち合わせられたか」といった判定基準でとらえるならば、対物操作能力の発達水準をとらえるための検査課題にほかなりません。そして、そのような課題の遂行水準が、脳神経システムと身体運動操作の発達や、またなんらかの認知・情報処理能力などと、深く結びついていることもいうまでもないことです。

私たちが本論で問い直したいと考えたことは、子どもの遂行を「成功」・「失敗」のカテゴリーでとらえてしまうことの危険性です。成長する子どもたちの姿を「進歩」・「発達」といった一次元的な軸でとらえてしまうと、見失われてしまうものがあります。それは、子どもたちの反応の複雑さと不規則性と予測不可能性です。生命あるものも生命のないものも、ありとあらゆる生成する現象には〝ゆらぎ〟があります。宇宙が〝ゆらぎ〟から始まった（佐治、一九九四）とすれば、それは当然のことかもしれません。子どもはロボットではありません。また、提示者もロボットではありません。提示者は、自分がモデリングをして一〇個の積木を積むとき、子どもの関心や注意を惹きつけようと微妙にまなざしの強度や姿勢や声を調節しています。子どもも大人である提示者に基本的に従順であろうとしつつも、提示者の意図や状況を読もうと側の母親のようすをモニターし、微妙な〝ゆらぎ〟を示しています。そこには、かならず、ときには共振し合ったり反発し合ったり、すれ違ったり誤解し合ったりする、さまざまな駆け引きがあります。それが、自己の意図と他者の意図の調整です。本論が記述しえたのは、そのような自己と他者の複雑な意図調整のごく表面的な様相の一部にしかすぎません。しかし、このような簡単な素描でも、意図調整の多彩さと複雑さが充分に理解できるように思われます。

一人の子どものなかにも、たくさんの〝自己〟と〝他者〟が存在しています。子どもの目の前にいる一人の提示者もまた、決して一人ではありません。子どもにすれば、その他者の視線や表情のなかに感じられる意図の数だけ、たくさんの〝他者〟がいるのです。そして、その一人一人の〝他者〟に対して、それに「従おう」とする〝自己〟や「逆らおう」とする〝自己〟といった複数の〝自己〟があるといってよいでしょう。確かに、年齢による違いといったものがないわけではありません。2歳前後を境にして、子どものなかにそれまで以上のたくさんの〝自己〟と〝他者〟が生まれてくるのが、タワー課題や拍子木課題からもみえてきます。とくに2歳半を過ぎると、大人の意図に従うにしても逆らうにしても、子どもの意図調整は、象徴的な活動やことばを媒介にして、より微妙に複雑なものになっていきます。しかし、忘れてはならないのは、年齢によって簡単に区分できないほど、複雑で多様な個性の違いが存在していることです。「他者の意図」を自分の枠内に取り込もうとして、それらを微修正しつつ自分のなかに深く複雑に織り込んでいく、けなげで「優等生的」な子どももいれば、相手に譲歩を迫るようにさまざまな手を繰り出して、自分の土俵のなかで意図調整をはかろうとする「自己優先的」な子どももいます。ある意味で、相手の意図がわかるということはつらいことです。また逆に、相手の意図がわからないこともつらいことです。前者には他者に飲み込まれてしまう危険性、後者は孤立につながる危険性があるのです。これらのリスクは、「能力」の「発達」や「進歩」によって単純に消し去ってしまえるような簡単なジレンマではありません。子どもが成長するというのは、この自他の根本的なジレンマに個性的に対処していくことだといえるでしょう。そこには、豊かで美しい多様性が存在しているのです。

付記

本論文の1は伊藤典子の奈良女子大学大学院文学研究科の平成九年度修士論文のデータに基づいて執筆されています。改めて、研究にご協力いただいた子どもたちやお母さまがたに心からお礼申し上げます。

引用文献

麻生武　一九八七　行為の共同化から対象の共同化へ：生後11～20か月における乳児Nの〝人〟としての成長　相愛女子短期大学研究論集　**34**　87-135.
麻生武　一九八九　身体と世界の共同化：模倣の発達　京都国際社会福祉センター紀要　発達・療育研究　**5**　31-67.
麻生武　一九九二　身ぶりからことばへ：赤ちゃんにみる私たちの起源　新曜社
麻生武　一九九五　人生における乳幼児期の意味：私たちのセルフの起源　麻生武・内田伸子(編)　講座生涯発達心理学第二巻　人生への旅立ち：胎児・乳児・幼児期前期　金子書房　pp. 1-33.
麻生武　一九九六　私たちの起源　佐々木正人(編)　心理学のすすめ　筑摩書房　pp. 25-50.

Bullock, M., & Lütkenhaus, P. 1988 The development of volitional behavior in toddler years. *Child Development*, **59**, 664-674.
Dunn, J. 1988 *The biginnings of social understanding*. Harvard University Press.
Emde, R. N., & Buchsbaum, H. K. 1990 "Didn't you hear my mommy ?" autonomy with connectedness in moral self emergence. In D. Cicchetti & M. Beeghly (eds.), *The self in transition : infancy to childhood*. The University Chicago Press. pp. 35-60.
Geppert, U., & Küster, U. 1983 The emergence of 'wanting to do it oneself ' : A precursor of achievement motivation. *International Journal of Behavioral Development*., **6**, 355-369.
生澤雅夫・松下裕・中瀬惇　一九八五　新版K式発達検査法：発達検査の考え方と使い方　ナカニシヤ出版
伊藤典子・麻生武　一九九七　1歳と2歳：他者の意図を知り悩む年頃　発達　**70**　ミネルヴァ書房　6-12.
Kagan, J. 1982 The emergence of self. *Journal of Child Psychology and Psychiatry*, **23**, **4**, 363-381.
Kaler, S. R., & Kopp, C. B. 1990 Compliance and coprehension in very young toddlers. *Child Development*, **61**, 1997-2003.
Rheingold, H. L., Cook, K. V., & Kolowitz,V. 1987 Commands activate the behavior and pleasure of 2-year-old children. *Developmental Psychology*, **23**, **1**, 146-151.
佐治晴夫　一九九四　ゆらぎの不思議な物語　ＰＨＰ研究所
園原太郎・黒丸正四郎　一九六六　三才児　日本放送出版協会
田中昌人・田中杉恵　一九八二　子どもの発達と診断2　乳児期後半　大月書店

2歳と3歳

群れ始める子どもたち：自律的集団と三極構造

山本登志哉

1　3歳：幼稚園に入る年

3歳といえば、日本では三年制の幼稚園で幼児教育が始まる時期です。この入園年齢は日本の幼稚園第一号である東京女子師範学校付属幼稚園（一八七六年創立）以来のことで、欧米の制度を模して定められたものです（文部省、一九七九）。私が研究フィールドの一つとしている中国でも同様に2歳までが託児所、3歳からは幼児園という区分になっています。(1)

歴史的にみれば、近代社会の教育システムのなかで幼稚園は就学前教育の場という位置を与えられていますが（黄人頌、一九八九）、3歳という年齢がここで一つの転換点として浮かび上がってくることになります。保育園でも、2歳児クラスから3歳児クラスへの移行にあたっては、保母さんの配置などの点で大きな転機が訪れます。それまで子ども六人に一人以上の保母が必要とされたものが、二〇人に一人以上でよいとされるのです。(2)それはなぜでしょうか。こんな例から考えてみます。

私が発達に遅れのある子どものための通園施設で発達相談の仕事をしていると、お母さんからの相談や先生たちとのディスカッションのなかでしばしばこういう問いが出てきます。「来年の春からこの子を一般の幼稚園か保育園に入れても大丈夫でしょうか？　それとももう一年ここで療育を続けた方がいいのでしょうか？」

この問いには、実際はたくさんの要素が絡まり合っていて、決して単純に公式的な解答が存在するわけではありません。そういう多くの要素を考慮したうえで、私が自分なりの判断を行うにあたって、手がかりとしている大事なポイントがあります。それは「園における他の子どもの存在が、その子にとってどんな意味をもっているだろうか」ということ、それから「集団生活、集団活動がその子にどういう意味をもつだろうか」ということです。

もしその子どもにとっては先生と一対一でじっくり遊べるかどうかが大事な課題であると考えられた場合には、私は保育園に移ることを積極的に勧めることはありません。というのも、その子にとっては他の子どもの存在は「背景」となる刺激にはなっていても、それ以上積極的に自分のモデルになったり、かかわりの対象となったりすることは少ないからです。それよりもその子の遊びや生活に大人がゆっくりとつきあって、それを支えてあげられる環境を優先して考えます。

逆にいえば、他の子どものやることを興味をもって見たり、それをその場でとかあるいは後になってまねしたり、他の子に積極的にかかわっていくことが大事になってきている場合には、保育園に移ることを積極的に検討するわけです。

幼稚園という選択肢になると、もう一段階慎重になります。それぞれの園の方針によっても具体的には異なりますが、一般的には幼稚園の場合、保育園とは違って「教育のための場」という性格が強くなります。そこでは「クラス」という、大人が組織した「集団」のなかに入って、集団のきまりや活動、基準といったものに自分自身の力で合わせていかなければならない、という面が大きくなるのです。それが苦手な子どもの場合には、集団の動きから取り残されるばかりになるかもしれません(3)。

まとめると、保育園という場は保母さんとのかかわりに加えて「友達とのかかわり」が重要な意味をもち、さらに幼稚園の場合は、ある程度自立して園での集団生活を送り、集団としての友達関係に入ることが大事になる。そういう認識が私の判断の背後にあるわけです。もちろんそういう認識を私がもつことには現実的な根拠、すなわち幼稚園という近代的な社会機構の性格があるはずです。

幼稚園という機構は、子どもに自律的な集団生活が可能になり、そのなかで成長していくことを期待する、あるいはそのことを基準として成り立っているのです。そしてそのような社会的な期待に対応する年齢が、すなわち3

歳であると考えることができます。

なぜ2歳児クラスでは六人の子どもに一人以上の保母さんがつくのに、3歳児では二〇人に一人なのか。本稿は「子どもはいかに園の集団的な活動に加わり、あるいは自分から集団を自律的に構成するようになるのか」という問題に焦点を当てて、子どもにかかわるさまざまな事例を分析していくことにしましょう。そしてそれは、親の目を離れたところで子どもたちが作り上げていく、最初の世界についての物語になるでしょう。

2 集団境界の形成

「子どもが園の集団活動に加わり、あるいは自律的に集団を構成する」ということは、発達心理学的にいうとどういうことなのでしょうか。子どもはどうして集団活動に加わることが可能となり、あるいは自律的に集団を構成することができるようになるのでしょうか。それができるまでに子どもたちはどのようなプロセスをたどり、そしてそのプロセスのなかで2歳と3歳というこの年齢はどう位置づけられ、何が変化するのでしょうか。

以下、とりあえず子どもたち自身が自律的に形成する集団の問題について議論を進めますが、この問題を論ずるにあたり、そもそも子どもの日常の姿のなかで何を「集団の構成」とみることができるのか、ということから始めたいと思います。

まずは次の事例から。

【事例1　（T37・38）[4]**】**

隆（男、2歳7カ月：以降2：7と略記）が階段から二段飛び降りる遊びを始める。A先生は「上手ね」などと言う。啓二（男2：0）もすぐにまねを始めるが、二段飛びにはならず、ふつうに降りるときのように片足を先に出して一段降りる。聡（男1：7）が加わり、前に倒れ込むような感じで一段を降りる。そのあと、隆が金切り声で「あー！」と言う。啓二もすぐに「あー！」と言い始め、隆が続いて「あー！」。山本が「うるさいよ」と言うが止まらず、さらに聡が啓二と一緒に「あー！」と言う。

これは私が保父をしながら採録した事例の一つです。大きい子どもがおもしろそうなことを始めると、小さな子どもたちがそれを次々にまねしていきます。誰かが始めた遊びが、とくに誘い合わせることもなく拡がっていくような展開は、2、3歳の子どもたちにはきわめて頻繁に生じることで、次節でくわしく検討しますが、私はこれを「遊びの伝染」と呼んでいます。あるいは「伝播」という言い方（荻野、一九八六）や、相互模倣という見方（無藤、一九九七）にも連なるものです。もう少しさかのぼれば、パーテン（Parten, 1932）の古典的研究の「並行遊び」がこれに重なります。

ここでは隆と啓二と聡の三人が、少なくとも結果として同じ遊びをしています。またここでは隆が階段飛びから金切り声へと活動を転換させ、それに啓二と聡が従っているわけですから、一時的ではあれ、簡単なリーダー＝フォロワー関係も成立していることになります。さらには聡と啓二が声を合わせて「あー！」と叫んでいるわけですから、お互いの活動の相互調整の契機も存在しているわけです。その意味で、これを「初歩的な集団的活動」とみることができます。

実際、とくに意識的な統制もない状態で、ある人の気分や行動が、他の人に伝染していくということは、人間でいえばパニック時の群衆の行動や流行現象、動物でいえば魚群の運動や鳥の群れの飛行など、原初的な集団的行動のなかに実に広範に見出される現象です。というより、このような「伝染」こそがわれわれ人間の大人社会を含めたあらゆる集団現象の基礎にあると考える方がよいでしょう。この点、一人遊びから成員間の内部調整を伴う連合遊び・共同遊びへの過渡的形態と考えるパーテンの並行遊びの位置づけは誤まりです。

とはいえ、上の事例にみられる「集団的活動」は、やはり人間の集団的活動としては非常に初歩的なものであることは間違いありません。その理由を考えるために次の事例をみてください。

【事例2（A17）**】**

お帰りの挨拶の時間。みんなが手をつないで歌を歌っているが、孝司（男3：0）は走り回っている。孝司が近寄ってきたとき、翠（女2：9）が手をつかんで孝司を止める。孝司は翠と浩美（女3：6）の間で手をつないで歌を歌う。そこに淳（男3：5）が割り入って手をつなごうとするが、孝司は手を離さず、淳を入れない。

【事例3（A33）**】**

自由遊びの時間。紀一（男2：11）と翠（女2：9）が積木で遊んでいるところに3歳児クラスの和志（男4：7）がやってきて、翠の横にしゃがみながら「これやっていい？」と聞く。翠は首を縦に振りかけたが、自分たちの積木を守るように和志の前に手を出して遮り、「だめ」と言う。和志はそれを聞いてすぐに去り、翠は究に「だめやもんな。ぜんぶだめやもんな」と言う。積木を続けていた紀一はとくに翠を見ることもなくうなずく。

この二つの事例はいずれも子どもたちが同じ活動をしている点では【事例1】と変わらないのですが、決定的な差はそこに誰かを排除するという要素が入り込んでいることです。とくに【事例3】の場合は翠が和志を排除したあとで、そのことについて究の同意を求めています。すなわちここでは「誰がこの遊びの正当な参加者であるのか」というメンバーシップについての明確な意識を見出すことができるわけです。

ここでメンバーシップ意識に注目することがなぜ重要であるかといえば、それは子ども自身の意識のなかに、集団の内と外という境界線が存在していることの一つの証であるからです。この境界が意識されることによって集団は凝集性を増し、それ自体が一つの意識的な主体となって機能し始めます。また、お互いがある集団に属しているか否かということについて相互に了解が成立しているということは、そこにある種の「社会的役割」が成立していることを意味します。メンバーであるか否かによって、相手に対して期待される行動が異なってくるからです。

誰かを共同で排除するという行動がいつごろ発生するのかについて、そのこと自体をテーマとした組織的な観察は行っていませんので、ここではまだ明確にすることはできません。本稿が検討対象として用いている子どもの相互作用に関する一七三三事例（対象年齢は1歳から4歳）(5)のなかでは、2歳6カ月の女児の事例（E217）が相手への確認を伴う明確な共同的排除を含む、最初の事例になっていますが、もう少しそれをさかのぼる子がいても不思議はないようにも思います。

このような集団の境界に関する意識、あるいはメンバーシップに関する意識は、ままごとや鬼ごっこなど、役割によって構造化される種類の遊びにとってはとくに重要になります。なぜなら構造化された遊びというものは、それに参加する子どもたちの間に、遊びの内容や役割分担などについて、相互了解が成り立っていることが要件になります。その遊びに他児が勝手に入ってしまえば、それまでに作られた遊びの構造を根底から崩してしまうことにもなりかねないからです。それゆえ、集団のなかには外部に対するある種の防衛的な力が発生しやすくなります。

遊びに加わろうとしている子の側から見ても、何をどう遊んでいるのか、そこにどうかかわることができるのかについての了解が成り立たなければ、集団内の相互了解にもとづくやりとりにうまく入っていけず、また他の子に相手にしてもらえなくもなります。それゆえ、遊びがそのような構造をもつようになればなるほど、遊びに加わる側の子どもが遊びの構造を理解し、相互了解のシステムに意識的に参入する必要が出てくるわけです。【事例3】の和志が年下の翠たちに「これやっていい？」と聞いているのもその例になります。

この許可を受けるという行動は日本では儀式化され、独特のイントネーションをもつ「よせて」「いいよ」という応答パターンを形成しています（地域や園によって「よせて」は「入れて」とか「まして」などのヴァリエーションをもちます）。私はこれを「よせて儀式」などと呼んでいますが、知るかぎり、中国にはそのような特別の言い方はないようですし、ドイツなどでもみられないようで、今のところ日本以外にそのような例を知りません。

この「よせて儀式」は保母さんがしばしば子ども間のトラブルを予防・解決する手段として、2歳前後の子どもから教え始めるものですが、他児の遊びへの参入プロセスにおいて、遊びの内容やルールの共有手続きよりも、まずことさらに境界を意識化し、儀式化されたパターンによってその境界を操作する手続きを強調すること自体、集団のあり方についての日本的特質をあらわす可能性がある現象として、とても興味深いものがあります。この「よせて儀式」も、いつごろ子どもが自発的に始めるかは確定的には言いがたいところがありますが、3歳代から観察事例がいくつかみられ始め、2歳代の例は今のところ手元にありません（3歳以降の事例についての組織的な検討は植田・無藤、一九九〇：倉持・無藤、一九九一a、b：倉持、一九九四などを参照されたい）。

儀式化されているか否かの問題はさておき、次の事例はそのような他の子どもたちの遊びへの参入をめぐる争いと、それへの先生の指導の例です。

【事例4（A46）】

自由遊びの時間。B先生が大きな段ボールの囲いを作り、中に浩美（女3：7）、淳（男3：6）、祥子（女3：5）、有美（女2：10）、紀一（男2：10）が入っている。孝司（3：1）がプレートにカップ類をのせ、「これどうぞ」と言いながら中に入ろうとするが、浩美に拒否されて怒る。B先生が「ピンポーンってしてごらん。どこでしたらいいのかな」と言うと、孝司は自分の前の囲いを指でさわり「ピンポーン」と言う。浩美も同じ場所を指さす。祥子は別の場所を指さして「ここから、ここから」と言う。B先生が「あ、ここだって」と言うと孝司もそこに行って「ピンポーン」とする。すると祥子は「はいどうぞ」と答え、孝司は囲いの中に入る。浩美も続いて「どうぞ」と言う。

この段ボールの囲いは、子どもたちのなかでは「お家」を意味するようになっています。浩美の観察事例にしばしばそれをめぐるやりとりが出てきますが、この「お家」に入るにはお家のメンバーの了解が重要になってきていて、それをめぐるトラブルも当然発生します。最初孝司はそこに飲み物の配給に来た人の役割で入り込もうとするのですが、宅配サービスのつもりなのか、お父さんが家族にジュースを配ろうという話なのか、知り合いの人がたずねてきておすそ分けでもしているのか、その行動をどう意味づけてよいか判然としない、その意味で中途半端な入り方です。そして孝司のこのはたらきかけは、どちらかというと少人数でのお家遊びで場を仕切りたい気持ちの強い浩美に拒絶されます。

B先生の「ピンポーンってしてごらん」という助言はここで二つの意味をもちます。一つはこの場に対するはたらきかけ方としては不適切な孝司の行動を修正し、「誰かがお家にたずねてきた（あるいは帰宅した）」という文脈を与えるという意味です。そのことによって孝司は「お家ごっこ」という文脈のなかで比較的安定した役割を獲得する可能性が出てきます。もう一つは、遊びのなかで他の子どもを拒否するような関係を作らせず、相互に承認する手続きさえ踏めば、遊びの輪に入れてあげるようなルールを形成するという意味です。本当はあまり入れたくはなかったらしい浩美も、先生のこのようなはたらきかけを拒絶するわけにはいきません。さらには祥子が先に「はいどうぞ」と言ってしまうことで、この流れは決定的になり、浩美も「どうぞ」と追随していくことになりました。

このように2歳後半以降、3歳を前後するころから子どもたちの間では、遊びの構造化とともに、集団の境界に対する意識がかなり明確になってきています。その境界線を意識的に守ろうとすることによって、自律的な集団が可能となっていくわけです。そういう時期にあるからこそ、その境界線の引き方（遊びへの参入のしかた）をめぐってさまざまなトラブルや駆け引きが発生していきます。このとき、先生という大人は「仲間はずれは良くないこと」という原則を背後にもちながら、その調整のしかたを子どもたちに伝授する役割、あるいは自ら調整役のモデルとして子どもの前にあらわれているのです。

3歳も後半になると、この集団境界への意識はきわめて明瞭になり、次のような事例も観察されるようになります。

【事例5】（E342〜344）

麻矢（女3：10）は砂遊びをしながら直子（女3：9）に、「あやちゃん来たら、よせたげる？　かたまり（砂を型にはめてかたまりをつくる砂遊び）」と聞く。直子はうなずいて「かたまり持ってきたらな」と言う。この後、萌子（女4：2）がかたまりを持ってやってきて、三人で一緒にかたまり作りを始める。麻矢は今度は萌子に「あやちゃん来たらよせたげる？」と聞き、萌子はうなずく。

これは3歳児クラスでの事例になりますが、一見して明らかなように、子どもたちの間にはメンバーシップの認識がはっきりしており、新たなメンバーシップの承認について、麻矢が他のメンバーに対する「根回し」さえ行っているわけです。ここで集団の性質は、その境界に関する相互了解が成立し、さらにはそれを自律的・意識的に調整可能であるようなまったく新しい段階に入ったと考えることができるでしょう。

3　伝染による遊びの展開

ここまで遊びのなかでの集団境界の問題に焦点を当ててきましたが、もちろん遊びというのは境界があってから遊びが成り立つのではなく、まず遊びの中身があって、それに境界が発生、ないし付随してくるわけです。遊びの発展こそが、集団構造の発達の内実です。(6)そこで次に子どもの集団的な遊びがどう展開するかという点を検討してみます。

前節の【事例1】では伝染遊びとその初歩的な発展の基本パターンを提示しました。ここではもう少し長期にわたって継続する、パターン化された遊びの展開例を示します。山本がある2歳児クラスに観察に入り始めた日、子どもから「お名前は？」と聞かれて「うーんと、ひげのおっちゃん」と答えたことから、子どもたちのなかに「ひげのおっちゃん」という呼称が定着しました。そしてその日から山本が来れば口々に「ひげのおっちゃん」と呼びかけてそれを楽しむ、挨拶とも呼びかけとも遊びとも判然としないような山本へのはたらきかけが繰り返されるようになりました。

また山本に対して「あーなたのお名前は？」とたずね、山本が「ひげのおっちゃん」と答えると大喜びするという、パターン化された単純な「お名前遊び」も観察初日から開始され、やはり週二回程度の観察日ごとに毎回繰り返されました。誰かがこの遊びを始めると、それを見た他の子が次々にやってきて同じパターンを繰り返すという遊びの伝染も、まったく単調に繰り返し続けられました。次の事例はそれから二カ月が経過したあとのものです。

【事例6 （A80）】

孝司（男3：1）が山本に寄ってきて「ひげのおっちゃん、ひげのおっちゃん」と言う。山本が「なに？」と聞くと、孝司は今度は「ひげのおばあちゃん」と言って「あーあ」と言いながらずっこけてみせる。

これはお名前遊びではなく挨拶の方ですが、この日はじめて単調なパターンからの逸脱が起こりました。相互に了解されているパターンを崩すということは、相手の期待（あるいは予期）をはずし、構えをズラすことです。孝司が最後におどけてみせているように、このようなパターン崩しは笑いの一つの基本形であるとともに、遊びの新たな展開の重要な契機ともなります。孝司の場合、「ひげのおっちゃん」と呼びかけ、「なに？」と聞かれると「ひげのおばあちゃん」と言って笑うというパターンが新たに定着し、この次の観察日にも繰り返されます。その直後に次の事例が発生しました。

【事例7 （A90）】

山本がノートを持って定位置にすわると紀一（男2：11）が寄ってきて「ひげのおっちゃん、ひげのおっちゃん」と言う。続いて紀一は「ひげのおちんちん、ひげのおちんちん」と言い、「ははは」と笑う。すると近くにいた孝司（男3：2）も「ひげのおちんちん、ひげのおっちゃんのおちんちん」と言い、「あははは」と笑う。

孝司のパターン崩しが紀一に伝染し、さらに新しい展開を生んで再び孝司に伝わったわけです。その次の観察日。

【事例8 （A94）】

山本が入室すると紀一（男2：11）がにこにこしながら「ひげのおっちゃん、ひげのおっちゃん」と言う。山本が「なに一?」と聞くと紀一は「ひげのおっぱい」と言う。山本「ひげのおっぱい?」。紀一はまた「ひげのおっぱい」と言い、さらに「ひげのおなか」と言い出す。近くにいた孝司（男3：2）が今度は「ひげのおへそ」と言う。このあと、孝司、紀一、浩美（女3：8）、幸子（女2：11）、翠（女2：11）、康司（男3：0）、淳（男3：0）が次々にやってきて山本に「あ一なたのおなまえは?」と聞く遊びを始める。

ここでは紀一が最初から新しいパターンを出してきています。そして「ひげの○○」の○○の部分に体の一部を入れ替えていくという新しいパターンを定着させました。この新たなパターンはすぐに孝司にも取り込まれています。さらに一〇日後、有美（女2：11）がこの日は誰も同じパターンでは遊んでいないにもかかわらず、お昼寝からさめてすぐに「ひげのおちんちん」「ひげのおっぱい」と紀一たちのパターンを再現しました（A123）。有美としてはこれがはじめてのことで、それまでお名前遊びの基本パターンを何度かしたほかは、ほとんど加わっていなかったにもかかわらず、いきなりこのパターンが出てきたのでちょっと驚きました。延滞模倣の例ともいえますが、直接遊びに参加していなくとも、他の子の遊びをよく吸収し、蓄えていることによって、集団内部に潜在的な遊びの共有状態が広く成立していることの証拠です。

以上はパターン化された遊びの形成と伝染、パターン崩しから新しいパターンの創出とその伝染・共有化といった基本的プロセスをあらわす例になります。さらには新しく魅力的なパターンを生み出した者が、結果としてはその遊びをリードする役割を果たし、無意図的なリーダー=フォロワー関係を生み出していることがわかります。(7) ここに同一のパターンの共有とその展開の共有、そして集団内での役割分化の萌芽という形で集団的遊びの原型を見出すことができるのです。

とはいえ、全体としては彼らのなかに意識的な集団が形成されているとまでは言いがたく、集合的な状態での展開にとどまっています。私たちの目に集団が見え始めてくるのは、やはり子どもどうしの間に相互的な意図の調整過程が見出される場合です。たとえばこのお名前遊びでは【事例８】の半月後に、孝司（男３：３）が名前遊びを始め、幸子（女３：０）に伝染したあと、孝司が「いっしょにいこう、いっしょにいこう」と幸子を誘い、そろってお名前遊びを繰り返しました（Ａ２０１）。これは初歩的な形ではあれ意図の調整過程を含み、そこに意識的なリーダーシップが成立し始めている例になります。

次は一人の男の子のリーダーシップによって、一つの遊びが次々に展開していく例です。

【事例９】（Ａ64～70）

翔（男３：５）が大型ブロックをＵ字型の道路状にずらっと並べ、山本にアピールしたあと、その上を歩いてわたる遊びを始める。翠（女２：10）がそのまねをしてあとから着いていくと、翔は振り向いて先ほど自分が足を踏み外した場所を指さし、「ここあぶないよ」と翠に注意する。さらにこの遊びは幸子（女２：10）や琢磨（男３：５）に拡がり、繰り返しブロックの上を歩いていたが、そのうち、誰かがその端まで行ってから跳び降りる遊びを始め、みんながそれをまねしていく。何度かそれが繰り返されるうちに、今度は翔がわざとブロックを踏み外して転び、笑うという遊びを始める。それを見ていた幸子はブロックのないところでわざと転んで笑う。

しばらくこれで遊んだあと、翔は今度は大型ブロックを壁状に積み上げ、「トイレットペーパーやさん」と言ったりする。琢磨や幸子もこれに加わり、最終的には○・八×一・三ｍほどの大きさになる。翔は「はしご！」と大きな声で言いながら、壁の手前に小さめのブロックを積み上げるといった展開をしている。他の子どもたちは無言でやっている。そのうち幸子がケーキの玩具を持ってきて壁の上に並べ始め、それを見たＢ先生は「ケーキやさん？」と聞く。するとその直後、翔は野菜の玩具を並べ始め「やさいやさん、いらっしゃーい」と言う。

このときできあがった「おみせやさん」はかなり立派で、先生たちが「すごいねえ。写真に撮っておきたいねえ」と言い合うようなものでした。翔自身もとても満足したらしく、このあと別の部屋に移動する必要が出てきたときには、「(壊さずに)そのままにしておくから」と説得をして連れていくのに苦労したほどでした(A73)。

さて、この事例の注目すべき点は第一に翔がほぼ一貫して遊びをリードし、展開させていることです。第二に、翔の「トイレットペーパーやさん」という見立ての宣言が、先生をも巻き込んでのあとの展開に、大きな影響を与えていることです。第三に、遊びの参加者に対して「ここあぶないよ」といった注意を翔が与えていることです。この三点において翔のリーダーシップは際立っています。

ここで大事なことはこのリーダーシップが、とくに第一と第二において基本的には「遊びの伝染」を通して発揮されているということです。2歳から3歳前半のころの子どもたちによる集団的遊びにおいては、その展開が「魅力的な遊びの創出」→「フォロワーへの伝染(模倣)」→「魅力的な展開の創出」→「フォロワーへの伝染(模倣)」という形で、他の子どもたちを意識的に統制したり、あるいは相互に調整し合ったりするという契機抜きで成立することを、この事例はよくあらわしています(二者関係での相互模倣による展開については、無藤、一九九七)。

そのような伝染的な集団的遊びのなかで次の展開を予示する質をもつ行動はやはり第二と第三のポイントです。第二の「トイレットペーパーやさん」といって遊びの全体を意味づけ、宣言するという行動は、この事例ではまだ伝染を通して他児に影響するのみですが、このころの集団的遊びにおいては重要な、そして質的にも高度な新しい展開であると考えられます。次の事例にはその新たな質がより明確にあらわれています。

【事例10 (A204)】

孝司(男3:3)と有美(3:0)が三輪車、真(男3:0)がブービーカーに乗り、この順にぴったり一列になって走っている。先頭の孝司が停まるとみんなも停まって長い間じっと待っている。そのうち孝司が「あ、あかや」と言う。有美が「あか？」と聞くと、孝司は再び「あかや！」と言う。それから有美となにか言葉を交わしてから走り出し、あとの二人は追う。そこに幸子（女３：０）と祐子（女３：10）がブービーカーでやってきて列に加わる。孝司は花壇のところまで来るとまた停まり、「ここ、こうじちゅうや」という。山本が近づいていって「ここ何？」と聞くと孝司は「ここ、こうじちゅう。おはなあるし（山本には了解不能）」と言う。すこし山本とやりとりしたあと、孝司はそこを去り、他の子もついていく。

これもリーダーのあとをまねしてついていく伝染的な集団的遊びをベースに展開しているものですが、そのリーダーシップは二つの点でより際立っています。一つは孝司がリーダーであるということが「先頭」というその位置によっても明示され、相互に了解されているようにみえることです。孝司は【事例９】の翔とは異なり、このころ他の子の行動を統制しようとするような行動を頻繁に示し始めており（Ａ２０１、２０３、２１１など）、そのリーダーシップはかなり意識的なものと考えられます。第二に孝司は「あかや」とか「こうじちゅうや」といった見立てによる場面の設定によって、全体の遊びを意識的に方向づけようとしているようにみえますが、さらに注目したいのは、ここで有美の「あか？」という、確認をとるフォロワー的行動が発生していることです。孝司の意識的なリーダーシップはこういう意識的なフォロワーシップによって現実化し、そのことによってこの遊びに新しい質をもたらしています。

やがてこのような意識的なレベルでのリーダーシップとフォロワーシップの交差や、あるいはリーダーシップ間の争いなどを通して、３歳後半以降の集団的遊びはさらにその自立性を高め、構造を複雑化させ、遊びの伝染のレベルを超えた高度な展開を可能にしていくことになります。次は集団間の対立の契機を含む高度な事例の一つです。

【事例11 (E350・352)】

明代(女4:5)と麻矢(女3:10)がままごとをしていて,しばらくして同じクラスの大介(男:年齢データ欠如)が遊びに加わる。これとは別に直子(女3:10)と萌子(女4:3)がままごとを始める。直子が麻矢たちの方に「だれかひとりおいで」と呼びかけると明代が「はい」と言って直子たちの方に行ってしまう。直子が今度は麻矢に「だれかもうひとりおいで」と呼びかけると,麻矢は「だいちゃんにいい(なさい)」と言って拒否する。直子は「だいちゃんあかん。いじわるしはるし。おんなのこだけやもん」と言う。それからしばらくして直子は麻矢のところに行き,「もうさんにんにしたしな!」と言い捨てる。この後,直子は麻矢に「あんたなんかとはあそばない」といった意味のことを何度か言っていたが,しばらくして突然麻矢のところに行き,「ただいま!」と言う。麻矢はすぐに「おかえり!」と応じ,直子は麻矢から犬のぬいぐるみをもらう。さらに萌子も加わって一緒にままごとをする。

ここでは二つのグループ間のメンバーの取り合いから特定の子に対する拒絶とその理由づけなど,リーダー間の争いが展開しています。「ただいま!」という新たな物語化によっていきなり対立関係を解消するテクニック,関係回復の証にか,ぬいぐるみを渡すという行動も興味深いものがあります。ここではすでに伝染によって展開するレベルを超え,意識的な相互調整ないしは交渉が,この集団的な遊びを強く色づけているわけです。

以上,検討してきたことを改めてまとめてみます。

発生的にみたとき,子どもが自発的に形成する集団的な活動は,伝染という形で成立し始めます。この伝染というものは,単なる活動の模倣というよりも,遊びの気分などの情緒的,情動的な側面も合わせもち,子どもを遊びに向かわせる動因を含みこむ全体的な性質をもつ現象です。この伝染的な集団的活動のなかに無意図的なリーダーシップとフォロワーシップが形成され始め,とりたてて意識的な相互調整的行動がなくとも,比較的高度な内容の展開を可能にします。

この意識的な意図的なリーダー＝フォロワー関係や相互調整的行動ぬきで、集団そのものをあまり相互に意識化する必要もなく、集団的な遊びが成立・展開するという事実は、ここでとくに強調しておきたいと思います。このような無意図的・伝染的な集団的活動に、意識化されたリーダーシップ・フォロワーシップと意識的な相互調整的行動が入りこむことで、集団遊びは新しい段階を迎えることになるのです。3歳という年齢は、まさにこの新しい段階に入り始める年齢であると考えることができます。

4　相互調整的行動の展開

ここで「集団的活動を新たな段階に導く相互調整的行動」とは、集団活動の目標やルール、その活動に参加している者の範囲など、参加者の間でお互いにその活動に関する基本的な了解事項を共有し、お互いの行動をうまくかみ合わせ、そこにズレが生じた場合には適宜調整を行っていく機能をもつ一連の行動です。ではこのような相互調整的な行動は、子どもたちのなかでどのように成立していくでしょうか。次にこの時期の子どもが他の子を統制したり、相互に調整をはかったりする行動について、その展開過程を検討しましょう。

相互調整的な行動の基本は、相手の反応を見て自己の行動を転換させ、事態を変化させることです。このような行動の切り替えはかなり早い段階から見出されます。ここではモノをめぐるやりとりを例にみてみます。

【事例12　（T14）】

聡（男1：6）がプラスチックの緑色のジープと赤のトラックを持って遊んでいると、隆（男2：6）がやってきて、いきなり赤のトラックをつかんで引っ張り「さとしくん、ちょっとちょうだいね」と言う。ことばはていねいだが、声の調子はきつく、強引に奪おうとする姿勢が明らか。聡は最初抵抗していたが、まもなく手を離し、不満そうな顔をする。ところが一瞬にしてぱっと笑顔になり、隆に残った緑のジープを差し出して「はい、はい」と言う。隆は受け取ろうと一度手を出すが、すぐに引っ込め、向こうに行ってしまう。

この事例で聡は「隆に車を奪われて腹が立つ」という状況を「車を自発的に喜んで提供する」という構図に転換し、場面の意味づけを変えてしまおうとしているようにみえます。相手が自分のものをもっていったのを見てもっとあげるという行動は、中国での観察においてやはり1歳6カ月の男の子にもっとも早い例が確認されていますが（R963）、その場合は最初に不満の表情が示されてはいないので、むしろ単に援助的なかかわりと考えた方がよいかもしれません。

「相手の人形をもらおうとして拒絶され、逆に自分の人形をあげる」（男1：8／R983・984）とか、あるいは「最初相手のぬいぐるみをいきなり取ろうとして拒絶にあい、手をのばして「ああ！」と声をかけて相手に改めて要求し、相手からもらう」（女1：11／R564）というふうに、より明確に相手の反応を見て行動を切り替える例は、早い子では1歳半ばごろにはみられるようになります。そして2歳を前後して、子どもたちの間には次々に調整的な行動の一種である交渉的な行動が行われ始め、原初的な交換的行動も出現するのです（山本・張、一九九七：山本、一九九八）。しかし、そのような調整的な行動が共同的な遊びに展開することはなかなか困難です。たとえば次の中国の事例。

【事例13　（R503）】

多（男2：1）はミニカーで遊んでいたが、隣の笑雪（女1：11）が持っているミニカーを見ていきなりつかみにいく。笑雪は多の手を振り払う。多が再びつかもうとし、笑雪が拒否するというやりとりが五回続く。このあと多は笑雪の腕の上で自分のバイクを走らせ始めるが、笑雪はやはり多の手を振り払い、その後は別々に遊ぶ。

ここで多が行動を転換させたことの意図はかならずしも明瞭ではないものの、対立的状況を遊びに切り替えていることは確かです。しかし多のはたらきかけはすべて拒絶されて終わっています。これに対して、次の事例はとても興味深いものです。

【事例14 （E85）】

自由遊びの時間。宏祐（男2：2）が昌志（男2：4）に玩具を取られ、怒って手に持っていたひっつき虫（服にくっつく植物の花）を投げつける。落っこちたひっつき虫を宏祐が拾いにいくが、そばにいた裕介（男1：11）が一瞬早く拾って逃げる。宏祐が両手を差し出しながら追うと、裕介は「いやあ」と言いながら逃げる。宏祐は追いかけながら「こうちゃんのあたま」と言って自分の頭をたたいて示し、それから裕介に向かって両手をさしのべる。裕介は立ち止まってにっこりし、ひっつき虫を宏祐に渡す。宏祐はそれを受け取って自分の頭にくっつけて見せ、裕介はそれを見て大喜びで笑う。

残念ながらひっつき虫を頭にくっつけるという遊びを、これ以前に裕介が経験していたか否かのデータがありません。しかし裕介の反応からすると、宏祐が「こうちゃんのあたま」と言ってたたいて両手を出すことで、「遊びに切り替えよう」という意図を示そうとしたことは裕介にも了解されたと考えられます。対立的な状況をとっさに遊びに切り替えていった宏祐の行動はたいしたものですが、このような調整的な行動の結果として、宏祐が演者で裕介が観客という簡単な遊びが成立したことになります。【事例13】とも合わせ、こういう共同的な遊びへの切り替えは、早ければ2歳前後にみられ始めるのかもしれません。そして2歳の後半ともなれば、たとえば次の事例のようなかたちで比較的頻繁にみられることになります。

【事例15】（A101）

少し前から淳（男3：7）とけんかをしていた紀一（男2：11）が1mほど離れたところから「あつしきらいよ！　あつしきらいよ！」と言う。続いて翠（女2：11）が「あつしきらいよ！」と言う。淳は白目をむいて変な顔をする。すると紀一は「あつしきらいよ…。あつしすきよ！　あつしすきよ！」と言って笑う。淳はとくに反応しない。

この場合は遊びにまでは転換しませんでしたが、対立的な状況を笑いで切り替え、遊びにもっていくという行動をこのころの子どもはしばしばとり始めます。次の事例は対立的状況の遊びへの切り替えのみごとな例です。

【事例16】（T99）

隆（男3：0）がおまるで用を足しながら、同じく用を足している啓二（男2：5）と物差しの取り合いをしている。山本は「こら、うんこしながらそんなんしたらあかんやないの。誰が最初に持ってたん？」と聞く。啓二は「けいくんが」と言い、隆は「たかし」という。山本「そんなら、どっちか貸してあげてよ。啓くん貸してあげる？」啓二「いやの」山本「じゃあ隆は？」隆「いや」山本「それじゃだめだわ」。このやりとりをもう一度繰り返し、山本「隆貸したげる？」と言うと隆は「貸したげる」と答え、山本は「わあ、ほんと。隆えらいなあ」と誉める。啓二は即座に隆に対して「ありがとう」と言う。隆は憮然とした表情をしている。山本「隆、ほんとにえらいねえ。お兄さんやねえ」と言う。すると隆は啓二の前にある手押し車の座席を指でさわりながら、啓二に「ここ（物差しで）ギーギーってし（なさい）」と言う。啓二が気づかずにいると、再び「ここギーギーってし」と言う。啓二が気づいて物差しでのこぎりをひくようにギーギーとひく。隆は次に別の場所を押さえ、「今度はここをギーギーってし」と言う。啓二がそれに応じないと、物差しを取ろうとするので、山本が隆を制止し、「ほら啓くん、ここギーギーってしてって」と言う。啓二がそれに従うと、隆は憮然とした表情のなかから笑みを作り、「そうそう、それでいいんや」とやや満足そうに言い、向き直って大工セットを見、「たかし、だいくさんしよっと」と言って大工遊びを始める。

ここでは山本の介入で実力による解決を拒まれた隆が、啓二に命じて自分のかわりに「ギーギー」とさせることで自らの欲求を代理的に満足させ、対立場面を克服しています。啓二の方も隆のそういうリーダーシップを受容して指示に従い、状況を切り抜けました。そして【事例4】の祥子（女3：5）の行動にもその兆しがみられたように、3歳も半ばころになれば、集団遊びのなかでの調整的な行動の事例もいくつか見出されています。

これは別のところ（山本、一九九六b）で紹介したことがある事例ですが、とくに3歳後半では驚くほど高度な調整を示す場合も出てきます。女の子二人でままごとをしていたところに、そのうちのフォロワー的な女の子（4：0）がいつも一緒に遊ぶ男の子（4：1）がやってきて、「よせて」と言いました。フォロワーの女の子はすぐに「いいよ」と許可したのですが、リーダー（3：11）は入れたくなかったようです。けれどもここで男の子を拒否すると、せっかく獲得したフォロワーが去ってしまうかもしれない。そういうむずかしい状況で、リーダーの女の子はとっさにこういう反応をしました。まず男の子に「なら○○ちゃん、お父さんになり（なさい）」と言い、男の子が承諾すると「ほんならお父さん会社へ行ってきて」と送り出し、やっかい払いをしてしまったのです。

調整的な行動それ自体はとくに集団的な遊びの内部でのみ発生するわけではありません。それはお互いの意図がずれたときに必要なものですから、生活のあらゆる局面で発生していきます。その意味で、この調整的行動は伝染的な集団遊びの展開とは一応独立した領域で発達し、のちに集団的な遊びにもちこまれていくのだと考えることができます。

では、一応別々に発生すると考えられる調整的行動と集団遊びをつなぐものはいったい何でしょうか。次の節ではこの問題にとりくみます。

5　自律的集団と三極構造

この章のはじめに「子どもはいかに園の集団的な活動に加わり、あるいは自分から集団を自律的に構成するようになるのか」という問いをたてました。前者は園あるいは先生が子どもたちに外側から与える枠組みである「集団生活」に子どもがどう入っていくかという問題で、後者は自分たちの力でどう集団を作り、維持するかという問題です。ここまでは後者の自律的な集団構成の方に中心を置いて論じてきました。ここではウェイトを前者の方に移します。とくに前節で論じた調整的行動の形成過程と集団の構造化という問題を考えるさいに、先生あるいは大人と子どもとの関係こそが、それを読み解くための最大のポイントとなると考えるからです。

ところで大人と子どもの関係ということを考えた場合、日本のそれと中国のそれは非常にはっきりとした対照関係をもっています。中国では教育に際して伝統的に大人の教育作用をきわめて重視し、子どもに原理原則を理解させることを大事にします（山本、一九九五、一九九六c）。このようなスタンスはアメリカに学び、それまでの封建的親子関係・師弟関係を否定して近代的な幼児教育を中国に導入した陳鶴琴などでも、基本的には変わることがありません（陳鶴琴、一九二五）。大人は子どもの正面に屹立します。これに対し日本では、伝統的に大人は子どもの背後で見守るようなスタンスをとり（山本、一九九七a）、その「気をくじく」ようなことのないような子育てをしてきたようなのです（小嶋、一九八九）。

表現こそ欧米の議論をとりこみつつ現代風に変わってはいるものの、今でも「子どもの視線の高さ」で「子どもの気持ちを充分に受け入れ、聞いてあげる」こと、「大人の考えを押しつけず、自分たちでいろいろぶつかり合いを経験しながら考えていく力を育てる」ことは、相変わらず日本の幼児教育のなかでとても重視されています。そういう日本的な目から見ると、あるいは子どもどうしのやりとりは、子どもたちが自律的に自分たちで試行錯誤しつつ作り上げていくというイメージが強くなるかもしれません。しかし、これは明らかに不充分なイメージです。

結論からいえば、子どもたちはそのように「背後から見守る」大人の視線それ自体をたっぷり意識して、その視線に応えようと相当の努力を払っており、その努力のもとでのみ、子どもどうしのやりとりも成立するからです。これは日本人の対人関係の特徴形成に直結する重要なポイントです。大人がはっきりと明示した形での強い主張を子どもにしないぶん、子どもは非常に小さいころから場の雰囲気によって大人の意向を読みとり、それに「自発的に」従う能力を育てていくのです。この能力は「大人の子どもへの自己主張」が強い中国人（漢族）や欧米人には育ちにくいもので、明確に意見を言わずに関係調整をする日本人の対人関係を彼らが理解できず、「日本人はわからない」という印象を生んでいる大きな原因となっているように思えます。

ですからあらわれ方は異なっても、いずれの場合も大人の存在が重要であることは明らかです。以下、第三者である大人の存在を、この年齢の子どもたちが他の子どもたちとのやりとりのなかにどのようにとりこんでいくか、事例を追っていくことにします。

【事例17　（R80）】

登（男1：8）と遠（女1：10）がテーブルでそれぞれブロックをはめて遊んでいる。登が身を乗り出して遠のブロックを取り、すわる。遠は登が自分のブロックをつかんだのを見てまずC先生の方を見、それから振り返ってブロックを見て奪い返そうと手をのばす。登は両手でブロックを抱きかかえ、C先生を見る。

子どもは他者が見たものを自分も見、注意の対象を共有するといった三項関係を10カ月前後に成立させ（山田、一九七七）、さらに親の対象に対する評価（驚いているか、笑っているかなどの表情）によって自分の行動を変えるといった社会的参照行動を1歳前後から成立させていきます（Sorce et al., 1985 : Walden et al., 1988）。そして1歳半前後からは、自分と他者とのやりとりに対する第三者の反応を気にした行動をし始めるのです（山本、一九九七b）。この【事例17】もそういう展開の延長上にあり、両者共に第三者である先生を気にし、あるいは先生に訴えるようなそぶりをみせ始めています。2歳代に入ると、意図はよくわからないものの、自分（女2：1）が他の子（男1：6）から取ったブロックを先生に差し出して見せてから返すといった行動も観察されていますが（R18）、次の事例は非常にわかりやすいかたちで第三者の視線をとりこんだ関係調整行動を示しています。

【事例18 （E307）】

洋（男2：5）が侑子（女2：3）の玩具に興味をもち、なにか話しかけながらさわろうとする。侑子は手で洋を払いのけて走り去り、振り返って洋の方をうかがう。洋は追いかけ、侑子は逃げるが部屋の隅に追い込まれて「あー」とうなり声をあげる。洋は強引に玩具を奪い取り、侑子は泣きだす。洋は玩具を持って去りかけていたが、戻ってきて「ゆうこちゃん…」といいながら侑子の頭をなで始める。しかし侑子はさらに声を大きくして泣き始める。洋は玩具を侑子に差し出して、侑子がそれを受け取ると、先生の顔をちょっと見ながら走り去る。

けんかをして泣くという行動は、1歳代の子どもの場合には、かえって相手の攻撃をエスカレートさせたりします。泣くという行動は、したがって相手との二者関係のなかでの効果よりも、先生を事態に巻きこむことで、当事者と裁定者を含む三極構造を作ることにこそ大きな意味があります。しかし、この【事例18】にあらわれているように、2歳を過ぎてくると、泣きによって相手がひるむといった場合が出てくるのです。これ以降、相手を泣かせてはならないという暗黙の了解が子どもたちの間に共有されていき、それを利用してか、自分に都合が悪くなるとすぐに泣くことで「勝つ」子も出てきます（山本、一九九一）。なぜ泣きによって相手がひるむのか、その理由の一つをよく示しているのがこの事例です。洋は自分の侑子に対する行為の結果が、先生のどういう反応を引き起こしうるかを充分に予想し、怒られないように努力しているのです。

自分の行為が「正しい」かどうかについて、子どもはときに非常に気を配り、大人に確認を求めることがあります。次の事例もそういうものの一つです。

【事例19】（T72）

隆（男2：9）が雄一（男0：11）のところへ行き、「おーいゆうくん、これかしてね」と言って雄一の持つ自動車に一度手をのばすが、すぐに引っ込め、その後もう一度「かしてね」と言いながらしゃがんで自動車を取る。雄一はすぐに手放して隆を見る。隆は取りながら雄一をのぞきこみ、もう一度「かしてね」「ちょっとかして、かしてね」と言う。それから自動車を持って向きを変え、そこで一度走らせようとしたあと、D先生のところへ行き、自動車を見せながら「こんなんゆうくんからもらってきた」と言う。D先生は「もらってきたん？　取ってきたんちゃうやろうな」と言い、E先生は「隆くん、ゆうくん貸してくれるってゆった？」と聞く。隆はE先生を見て「うん」と答える。E先生は笑いながら「よかったね」と言い、隆は「かしてくれるって」と言ってしゃがんで遊び始める。

日本では友達の玩具を使いたいときには「貸して」と相手の了解を得るよう、かなり頻繁に指導をしています。そこで2歳から2歳半くらいにもなると、およそ三割近い事例で「貸して」とことばで断るなど、なんらかのかたちで相手の意思を確かめるようになり、4歳前後ではもうそれが通常化しています。ところが中国の子どもの場合、「貸して」と言う能力は明らかにある子どもでも、そうする事例は二割に満たず、4歳前後でも三割強しかないのです（山本、一九九七b：山本・張、一九九七）。このような文化差があらわれる原因はやはり大人の対応の差だと考えることができます。実際、中国では大人でも友達どうしでちょっとしたものを借りるときに、いちいちうるさく

(?) 相手の許可を得ることは少ないのです(山本、一九九五b)。2歳代の子どもは明らかに大人の自分たちに対する態度を見、大人のしきたりをとりこんで行動し始めており、それが社会の差によるやりとりのしかたの差を彼らのなかに生み出し始めているのです。

さらに3歳にはいると、次のような事例が観察されています。

【事例20】(A200)

孝司(男3:3)が「プチプチ(丸い気泡の並ぶビニール製パッケージスタッフ)」を指でプチプチつぶしている。それから有美(女3:0)の方に行き、「ゆみちゃん、これプチプチ。これプチプチ」と言う。それから有美にというよりも横にいる有美の母の方を見るように「ゆみちゃんもこれプチプチし(なさい)」と言う。有美はそれを受け取って気泡をつぶし始める。孝司はちょっとの間そこを離れる(あるいは別のシートを探しにいったか)が、戻ってきて有美からシートを取り上げ、「ゆみちゃん、じぶんでさがし(なさい)」と言う。有美は母のところに行って抱きついて泣く。孝司はプチプチしながら再び「ゆみちゃん、じぶんでさがし」と言う。そのあとB先生が孝司の近くに来ると、別に有美の方を見ることもなくまた「ゆみちゃん、じぶんでさがし」と言う。

孝司は自分が有美にあげたものではあれ、自分の都合でまたそれを強引に取り上げて泣かしてしまったのですが、ここで彼は【事例18】の洋一のようにひるんだりはしていません。孝司はそもそもプチプチを貸そうとするあたりから、第三者のお母さんを充分に意識してそうしているようですが、有美に泣かれてひるむかわりに、来るべき大人からの非難に備え、「これはもともとボクのものなんだからキミは自分で探せ」という対抗論理を張って予防しているのです。このことは「じぶんでさがし」ということばがまったく有美を見もせずに言い放たれるばかりであること、またB先生が近づいたときに、おそらく怒られると思ったのかまた同じことばを繰り返したことからも推測できます。

大人が自分を説得するときに使う論理を他の子どもたちにも使うといった事例は2歳代でもしばしば観察されます（山本、一九九〇、一九九六b他）。しかし孝司の例はその一歩先を進んでいます。すなわち、子どもたちはこのころになると、大人が与えた論理を彼らなりにとりこんで、それを用いて逆に大人に対抗することを始めるのです。これが唯我独尊の時期（高浜他、一九八四：山本他、一九九八）とか、第一反抗期といわれるこのころの子どもの姿の重要な一面です。

以上は子どもたちが大人という第三者の存在を想定しつつ、子どもどうしのやりとりを成立させている例です。ここで次のことを強調しておくべきでしょう。当事者間のやりとりが、その当事者を越えた第三者の存在[8]に影響を受け、規定され、あるいはその存在の媒介のもとに行われるというこの構図は、人間社会における社会的行動の基本形と考えることができます（二重媒介的行為：山本、一九九七b）。そして1歳半ごろからその萌芽が見え始めた当事者と第三者との間の三極的な構造の基礎が、まさに2歳から3歳にかけて本格的に形成されていくわけです。

さて、これが非常に重要なことですが、ここでいう三極構造のなかで、子どもたちは決して当事者の位置に留まるわけではありません。彼らは積極的に調停者や裁定者としての第三者の位置もとり始めるのです。その第一歩は先ほど指摘した「大人の論理をとりこんで他の子どもたちに使う」という現象ですが、これはまだ自分が当事者でありながら、自分を有利にするために大人を勝手に味方にした（つもり）という構図です。しかし、次の事例はそのような構図を越えています。

【事例21　（T69）】

隆（男2：8）が手押し車に乗って遊んでいる。これを見て聡（男1：9）が山本に手押し車を取ってくれと要求するので山本が棚から下ろしてやると、すかさず啓二（男2：2）がやってきて先に乗ってしまう。聡は抗議のぐずり声をあげつつ返せと要求するが、啓二に無視され、啓二の頭をたたく。隆は横で見ていたが、自分の車から降りて怖い顔をして啓二のところへ行き、頭をたたいて「かしてあげなさい」と言い、また自分の車に戻る。それから急に笑顔になって山本に「たかし、おまわりさん」と言う。山本「え、隆おまわりさんなん？」等。啓二は車に乗り続ける。聡はだんだんあきらめてくる。しばらくして隆がまた車を降りて啓二のところへ行き「かしてあげなさい」と言いながら頭をたたき、車に戻って山本とA先生を笑顔で見ながら「たかし、おまわりさん」と言う。このあと、三度ほど「かしてあげなさい」「とんとんじゃないでしょう（啓二が足をとんとんさせていた）」等と言いながらたたくことを繰り返した。聡はもう別の遊びをしている。A先生が隆に「もうさとし君いいって言ってるからいいよ」等と言うが、隆はまったく聞かず、今度はずっと怖い顔を続ける。ややあって早苗（女1：8）と母が登園すると、隆はまた啓二のところに行って頭をたたき、「かしてあげなさい」と怖い顔で言ってから笑顔になって早苗の母を見、「たかし、おまわりさん」と言う。この間、啓二は車に乗って走りながらただたたかれるに任せている。

これ以前にも隆は2歳6カ月時、遊んで電気のスイッチを消そうとする啓二を大人が止めているのを見て、自分も啓二にそれをさせないようにするという行動をしていますが（T7）、【事例21】では一見して明らかなように、隆は自分の利害とは直接に関係のない事態について、第三者としてそれを「裁く」役割をとって遊んでいます。

【事例22】（A105）

帰りの準備の時間。淳（男3：7）が棚から玩具を出している。孝司（男3：2）がそれを見てB先生に「せんせい、おもちゃだしてもいいの？」と聞く。B先生が「いいの？　まだお帰りの用意してないよ」と言うと、孝司は淳のところへ行き「おもちゃだしたらあかんよ！」と言う。淳は無視。孝司は再びB先生に「おもちゃだしてる！」と言う。B先生は幸子（女2：11）の支度を手伝いつつ「まだお掃除してないよ」と言う。孝司はしばらく淳のしていることを見ていたが、やがて自分も一緒に遊び始めてしまい、そこに紀一（男2：11）も加わる。

これもわかりやすい事例ですが、大事なポイントが二つあります。第一に、孝司は先生に確認をとりながら、自分には直接に関係のなかった事態について、園のきまりを淳に対して守らせようとする第三者の立場（あるいは先生の立場）をとろうとしています。第二に、これは【事例21】と異なり、孝司にとっては遊びではありません。後半の展開に明らかなように、実は孝司自身が淳の行動によって、遊びたい気持ちを触発されていたのです。最初の「おもちゃだしたらあかんよ！」という彼のことばは、したがって淳に向けられていると同時に、自分自身に対しても向けられていると考えられます（自己回帰的なものとしての言語の基礎構造とその初期発生については浜田〔一九九九〕の議論が重要となろう）。

とくにこの二点目は、規範というものの性格を考えるときに、かなり重要な意味をもつと思います。「他者に適応されるべき規則は自分にも適応される」「自分に適応されるべき規則は他者にも適応されなければならない」という、規範の普遍性・平等性への要求がなぜに存在するのかということを考える手がかりを、この事例が提供してくれるからです。[9] そして3歳に入った子どもたちの間では、このような第三者の立場からの規範的な介入の事例が比較的頻繁に観察されるようになるのです。

もちろん自分の利害に直接かかわらない事態にかかわるという例は、上の二つの事例のように「裁定者」の立場をとるものに限られません。次の事例のような援助者としての立場もまた子どもたちはしばしばみせてくれます。

【事例23】（A115）

淳（男3：7）がブロックの車で遊んでいる。翔（男3：6）が「かして」と言うが淳は「あかん」と言う。翔は「かして！」と叫ぶ。淳はやはり「あかん」と言う。翔はまた「かして！」と金切り声をあげる。横でバスで遊んでいた祥子（女3：6）が「これあげる」と言ってバスを翔に差し出す。翔はそれを受け取る。

ただし、このような援助の事例は玩具を落とした子にそれを拾ってあげる（女1：8／R994）とか、玩具を取られた子に自分の玩具をあげる（男2：2／R38）といったかたちでは比較的早くから観察され始めます。ですから3歳代で目立ち始める裁定者的な役割と、この援助者としての役割にはかなり質的に異なるものがあると考えるべきでしょう。援助そのものは「当事者全員がこれを守らなければならない」といった性格のものとは違うわけです。

以上に明らかなように、中国の大人のように明示的なかたちで示そうとも、あるいは日本のようにどちらかといえば暗黙の視線のような形で示そうとも、いずれにせよ子どもたちは他者とのやりとりを行うさいに、第三者である大人の視線・存在をやりとりに組みこんでいきます。そしてときには大人の動きを見越してそれに対立しないような行動を工夫し、ときには大人の論理を利用して自分の立場を強化しようとし、ときには大人の役割をとって関係調整をしようとし、あるいは規範的に場を規定しようとする。そうやって彼らは集団を構造化するのに必要なやりとりのきまりや調整的行動を、三極構造のなかで形成していくのです。

幼稚園での集団生活にはさまざまなきまりがあり、クラスというものは先生という大人を核にそのきまりを現実化し、集団として成立しています。そこには子どもと子どもと大人という媒介的な三極構造が存在します。そのなかで子どもは大人の論理に従うことを覚え、さらにはその論理を使用して裁定や調停を行う媒介者となる能力をも獲得し、ついには自分の力で三極構造を生み出すことを可能とするにいたるのです。ここで子どもたちは自律的な集団を構成するための基本を獲得したことになるわけです。

6 役割・集団・共同世界

ここまで集団境界とメンバーシップの意識化、集団的活動の基本形としての伝染的遊びとその展開のしかた、高次の集団活動を可能にする相互調整的行動の形成、そして自律的集団を可能にする三極構造の形成という順で事例を検討し、議論を進めてきました。そのことを前提として、ここで改めて「2歳と3歳はどう違うのか」という本題に立ち戻りつつ、本章で論じきれなかった重要な問題についても補足的に議論を行いたいと思います。

谷村（一九九八）は、2歳初期に子どもが言語的観念の世界で他者と自己が共に主体としての地位を獲得し、中期ではその主体である自他の活動の理由、目的、原因などに関心を向け、あるいはその行動の背後のものについて他者と共通理解をもつ可能性を理解し始め、後期に大人からは独立した自己評価の基準をもち始めると述べています。そのようなプロセスのなかで、自我理想というものが社会的に位置づけられた望ましい社会的カテゴリーへの自己帰属として形成され、子どもをこの言語的に共有可能な大人の観念の共同世界に誘っていくというのです。そしてそれに続く3歳児を、仲（一九九八）は「人の原型としての3歳児」または「人の世へのデビュー」の時期と表現します。

谷村と仲が対象としている具体的現象や論理の展開はかならずしも同種のものではないにもかかわらず、両者は図らずも「共同世界」と「人の世」といった類似のタームでこの2歳と3歳の時期を意味づけているわけです。これをたとえば「人生という物語に子どもたちが参入し始める時期」という表現であらわしても大きくはずれることはないでしょう。ここでは個別の事例から検討する余裕はありませんが、子どもたちは表象世界の形成とともに他者と言語を媒介に共有可能な「共同世界」を創り上げ、この「人の世」を成り立たせている共同幻想という物語を紡ぐ一員となり始めるという見方が可能です（この問題について、浜田〔一九九九〕の議論も重要）。

本章の場合、この「共同世界」とか「人の世」ということばで表現されていることを、幼稚園ないし保育園という社会的なシステムのなかで「子どもはいかに園の集団的な活動に加わり、あるいは自分から集団を自律的に構成するようになるのか」という問いによって検討してきたということができます。私たち人間が作り上げる集団や社会というものは、この「共同世界」とか「人の世」といった、人間の観念過程の産物に媒介されてはじめて成立しうるものであり、逆にいえば子どもたちが作りつつある「集団」のあり方にこそ、この「共同世界」や「人の世」の実体的な側面がみてとれるからです。

手元の事例数が決して充分ではないため、年齢的な変化について、ここで結論的なことをいうことには慎重でありたいと思いますが、以下、本章で検討してきたことから、その「集団のあり方」の変化を大づかみにまとめてみたいと思います。

集団的な行動のもっとも基本的な形態は「伝染」を通して成立するものです。この「伝染」という現象は明確な意識化を必要とせずに成立し、またそこで成立した集団的な活動は個人間の意識的な調整過程を必要とすることなく展開していきます。そのもっとも原初的な例は新生児の共泣き（co-crying）といった情動レベルの伝染現象にまでさかのぼることが可能です。やがてこの情動的な状態の伝染・共有のなかに、自他の身体の分節化という契機を含む模倣活動という新たな伝染形態が入りこんできます。そしてこのような模倣という伝染を通して、やはり明確な意識的調整を含まないリーダー＝フォロワー的関係が子どもたちの間に成立し始めます。さらに2歳ごろ、延滞模倣というかたちでの、時空を越えて持続する伝染現象が展開されるようになります。

このような明確な意識的調整過程を必要としない子どもどうしの相互作用のなかに、身振りやことばを介した意識的な調整の契機があらわれ始めるのは1歳なかばごろからで、安定的にみられだすのはたぶん2歳を前後する時期であろうと思われます。このころ、子どもたちは相手の反応をしっかりと確認しながら、身振りやことばで相手との関係調整、あるいは意図調整をはかり始めるのです。

お互いの意図調整が可能になってくれば、そこに「共通の了解」にもとづく「共通の意思」というものが成立してきます。このような共通の了解や意思は、子どもどうしのやりとりに安定したシステムを形成させることになります。子どもたちの活動は、そのシステムの構成要素として機能し始めるのです。ここで個々人を越えた「集団的な意思」というものが実体化してくることになります。2歳半ごろからぼちぼちみられだす、遊び集団からの意図的な「他者の排除」、あるいは集団境界の明確化という現象はそのような集団の実体化を示すものとなります。さらに3歳を越えたころ、この集団境界自体がメンバーシップとして意識化され、「よせて儀式」のようにお互いのやりとりのなかで意識的に調整可能なものとしてあらわれ始めます。そして3歳も後半にはいれば、その場にいない子どものメンバーシップについて言語的に調整するほどに、この集団境界は意識的なレベルのなかで自立した力をもつにいたるのです。

調整的な行動は、「伝染」のレベルを超えて構造化され、意識化された集団を形成・維持するのに決定的な力をもちますが、それを可能とするものは三極構造です。この三極構造はもともと子どもどうしと、その間をとりもって関係を調整する大人という三者間の関係として成立します。1歳児の場合、モノの取り合いなど、盛んにぶつかり合って泣いたりするのを、保母さんはしょっちゅう調整しなければなりません。やがて1歳半ごろから子どもたちはお互いのやりとりのなかで、大人の視線を強く意識し始めます。そして2歳も後半になれば大人の調整の論理をとりこみつつ他者を説きふせようとするようになり、さらに3歳も近づくころには自分自身が大人の位置に立って、第三者として他の子どもたちの行動を統制し始めたりするのです。

3歳にはいるとこのような「規範的な他者の統制」が比較的頻繁に見出されるようになりますが、それは決して

「他者の統制」にとどまることなく、同じ論理で「自己」をも統制します。子どもは大人が自分たちに与える関係調整の論理（さまざまなきまり・規則や交渉の方法など）をとりこみ、大人の位置に立ってその論理を適応する主体となっていきます。このとき子どもは当事者としてある自分と、当事者どうしを平等に一つの原則で調整しようとする大人のかかわりとしての自分と、その両者に分裂していきます。ここで子どもたちは大人を媒介に子どもどうしの関係を支える三極構造を、子どもたち自身の関係の内にいわば内面化することになります。(10) そのことによって、彼らは大人にいちいち調整されずとも、自分たちの力で集団を形成、維持していく力を身につけるわけです。

さて、このように事態の展開を概括してみると、残されたもう一つの大事な問題がみえてきます。それは集団内における子どもの行動や相互の関係を構造化するシステムとしての「役割」の形成という問題です。谷村（一九九七）は2歳に入った子どもが自他の交わりのなかで表象レベルでの主体としての自己と他者を形成し、さらに2歳も終わりに近づくとそのような自己が他者との関係においてある社会性を帯び始めると述べています。そのように「社会化」されるプロセスとは、すなわち、子どもが他者の期待のまなざしのもとに、それに応える行動を可能にするプロセスでもあります。やりとりは、すべからくそのような相手の行動に対する期待や予期を含みつつ展開するのです（山本〔一九九七b〕ではこの問題を他者媒介的行動の展開として論じた）。そのような相互的な期待の関係が固定化し、制度化し、物象化することによって、そこに役割というものが発生します。(11)

手元の事例でも確認されますが、この役割のうち、性役割が子どもを規定し始めるのがやはり3歳前後といわれます（斎藤、一九八七）。しかしこのころの役割行動はまだ真の役割対を形成するまでにいたらず、ごっこ遊びなどでもみんな同じ役をやって平気だったりします。子どもに人形遊びをさせて調べると、ミード的な意味での社会的役割行動を人形にとらせることができるのがようやく3歳11カ月ごろのようです（Watson & Fischer, 1980）。このことは先に【事例16】に続いて紹介した、役割関係を自由に操作して自分の目的を達成する女の子の事例が4歳前であったことや、【事例5】の根回しの例等とあわせ、かなり重要な意味をもつはずです。ここに3歳児の発達の限界点とその後の展開方向が示されていると思われるからですが、具体事例を示さずに行う抽象論になってしまいますので、役割の形成という重大な問題についての議論はここではこの程度にとどめます。

3歳という年齢は、身辺自立を基本的に果たし、さらに大人から与えられた規範などの論理をとりこんでわがものとし、ついに大人から離れて他者との共同世界の構築へと一人で踏み出していく時期です。とはいえ大人からとりこんだ論理はあくまで自分の理解のレベルを超えることはできず、さもわかったように使ってみても、その用法はまるで無手勝流だったりします。それでも唯我独尊といわれるほどに自分への誇りを高くもちながら、果敢に人の世にこぎ出していく。本質的に文化的で社会的な存在としての人間の出発点を、私たちはこの3歳児の姿のなかに見出せるのかもしれません。

謝辞

本稿の作成にあたり、とくにご協力いただいた愛の園保育園の柴田園長先生、藤先生、大久保先生、それからへんな「ひげのおっちゃん」を受け入れてくれた子どもたちに、心より感謝します。

注

(1) 中国では清朝末期の一九〇三年に、日本人の先生を招請し、日本の制度をそのまま取り入れて最初の幼児教育機関が設立されている(何暁夏、一九九〇)。ちょうどこの年に政府から出された〝蒙養院章程〟に「蒙養院(幼稚園の当時の呼び方)はもっぱら3歳以上7歳までの児童を保育教導する」とある。この制度は一九五一年の〝関於改革学制的決定〟などで革命後も基本的に踏襲され、一九八九年に発布された〝幼児園工作規定(試行)〟にまで受け継がれて現在にいたっている。

(2) 児童福祉施設最低基準第五三条

(3) この点では保育園の方が集団の「基準」を満たさない子どもでも比較的緩やかに受け入れる可能性が大きくなる。ある子がある場所に受け入れ可能かどうかは、その子自身の内部にある「能力」によって一義的に決まるのではなく、あくまで周囲の環境との「関係」によって決まるものだということ、したがっていわゆる「障害」という概念は、関係のあり方によって変化する相対的概念であるということは、しばしば指摘されてきたとおりである。

（4）T（関西地区都市部乳児保育室）、A（同保育園）、E（同保育園）、R（中国北京市内託児所）は観察場所をあらわす。番号は原観察記録のもの。

（5）A：二一五事例（採録：一九九八〜九九年）、E：四一八事例（八六〜八七年）、T：一〇四事例（八五年）、R：一〇〇五事例（九五年）

（6）ここで集団といっているものは、そのときどきの遊びに成立する一時的な遊び集団のことであり、たとえば「遊び仲間」のような恒常的集団を問題にしているのではないし、ましてや大人の側の社会的要請から構成されている「クラス集団」のことでもない。2歳児といえども比較的よく遊ぶ相手、あるいは「なかよし」というものや、逆にどちらかといえばけんかが発生しやすい関係などが明らかに存在する。しかしながらそういった「仲間」が相互に恒常的に意識化され、はっきりと機能するようになるのはまだあとの話である。そういう排他的な「遊び仲間」が成立したあとでは、遊びの中身に先立ってまず境界が存在するという状態が成立する。

（7）人間の集団においてリーダーとなる資質は決して単純な暴力的強さではない。リーダーはフォロワーを獲得してはじめてリーダーとして機能するが、フォロワーはリーダーのなかになんらかの魅力を見出すからこそフォロワーとなるのである。伝染的な集団的活動の存在はそのことを明瞭に示しているといえる。実際、観察をしていると2〜3歳児の集団においても、力が強く乱暴だが他の子の面倒をみることがなかったり、遊びをおもしろく展開しない者はフォロワーを獲得することができない。人間における権力の発生ということを考えるさい、この点はきわめて重要である。

（8）この第三者は上の事例のように現前する具体的な大人であることもあれば、現前しない大人であることも、あるいはその大人から与えられた規則であることも、さらに一般化されて社会的な規範であることも、神のような超越的な存在やなんらかの理念が想定されることもある。いずれにせよ当事者どうしの具体的やりとりが、当事者を越えた存在によって媒介されるという構造がそこに存在している（山本、一九九七b）。人間の有する社会的観念もまたこういう媒介関係の内に成立するものである。たとえば近代的な私的所有の観念は所有者と非所有者と所有物の関係全体を媒介する、近代の社会関係の内ではじめて成立する（川島、一九八一）。

（9）逆に規則の不平等な適用を子どもに納得させるにはそれなりの論理が必要になってくる。たとえば「男の子だからだめ」「女の子だからいい」「あかちゃんはいい」「大人になってから」など、その理由を役割に帰属させるのである。【事例11】はそのような「論拠」を子どもが使用している例である。この「論拠」とそれによる納得のしかたも、人間社会の現実の不平等（差異）を合理化する重要な方法として、あらゆる社会に普遍的に存在している。

（10）もちろん、このような構図はフロイトの同一視による超自我形成の図式と重なるものである。しかしながら一般によくいわれるような、親という権力者に対する恐怖を媒介にする超自我形成の図式は、子どもの権威の内面化・三極構造の形成の実態をみるとき、あまりに個別的で特殊な関係に依存した狭すぎる図式である。子どもはほとんど生得的といってよいほどに、身近な年長者一般に対するあこがれをもっている。その点で、子どもにとっての権威世界は決して単極的に成立しているのではない。また、子どもは大人のまなざしのもとで自己を意味づけたいという強烈な欲望をもっている。それはときに従属への欲望とさえ感じられるものである。このあこがれや欲望を媒介に、彼らは大人を自己の内部にとりこむ。このあこがれや欲望がその裏面に大人という圧倒的な強者に対する恐怖の成分を紛れ込ませていたとしても、それによって事態が語り尽くせるものではなく、むしろそのような見方は人間における権力関係の本質を見誤らせかねない。人間の権力関係は、むき出しの暴力によってではなく、文化というそれ自体が魅力的な装置を媒介に成り立つ（藤田、一九九三によるポルポト問題の分析がこの点で興味深い）。当然、文化の源泉を恐怖にのみ求めることは不可能である。大人は子どもにとっては保護者としての生物学的魅力をもつ存在であるとともに、まさにそのような文化的魅力の源泉としての存在なのである。子どもの権力関係の展開は本来、大人を媒介とした文化的装置の獲得過程と独立でありえない。逆に大人との媒介関係が崩れ、文化装置が子どもたちの間にうまく形成されないところでは、相対的に暴力的関係が強まるであろう。いじめの問題はおそらくこの点と無関係ではない。

(11)　廣松渉（一九九六）は社会学がもっぱらあつかう対象であるこのような物象化された制度としての役割を、役柄というタームで表現し、役割というタームはより本質的な人間の共同主観的存在構造を示す概念として拡張する。この議論は非常に重要と考えるが、ここではとりあえず通例に従い、狭義の役割概念の用法にとどめる。

引用文献（中国人名は便宜のため日本読みのローマ字順で配列した）

陳鶴琴　一九二五　家庭教育：怎样教小孩　商務印書館（再版　一九九四　教育科学出版社）

藤田弘夫　一九九三　都市の論理　中央公論社

浜田寿美男　一九九九　「私」とは何か：ことばと身体の出会い　講談社

廣松渉　一九九六　廣松渉著作集第五巻　役割理論の再構築のために：表情現相・対人応答・役割行動　岩波書店

何暁夏　一九九〇　簡明中国学前教育史　北京師範大学出版社

郭斉家　一九九五　中華人民共和国教育法全書　北京広播学院出版社

川島武宜　一九八一　川島武宜著作集第七巻　所有権法の理論　岩波書店

小嶋秀夫　一九八九　子育ての伝統を訪ねて　新曜社

倉持清美　一九九四　就学前児の遊び集団への仲間入り過程　発達心理学研究　**5**(**2**)　137-144.

倉持清美・無藤隆　一九九一a　幼稚園の仲間入り(2)　日本発達心理学会第二回発表論文集　pp. 155

倉持清美・無藤隆　一九九一b　「入れて」「貸して」へどう応じるか：一時的遊び集団における遊び集団外からの関わりへの対処の方法　保育学研究1991　pp. 132-144.

黄人頌　一九八九　学前教育学　人民教育出版社

文部省　一九七九　幼稚園教育百年史　ひかりのくに株式会社

無藤隆　一九九七　協同するからだとことば：幼児の相互交渉の質的分析　金子書房

仲真紀子　一九九七　3歳と4歳：人の世へのデビュー　発達　**70**　ミネルヴァ書房　20-26.

Parten, M. B. 1932　Social participation among pre-school children. *Journal of Abnormal and Social Psychology*, **27**, 243-269.

荻野美佐子　一九八六　低年齢児集団保育における子ども間関係の形成　無藤隆・内田伸子・斎藤こずゑ（編著）　子供時代を豊かに：新しい

保育心理学　学文社
斎藤こずゑ　一九八七　性役割認知の発達とコミュニケーション：ワタシはボク？　國學院雑誌　**88**(11)　國學院大學　28-42.
Sorce, J. F., Emde, R. N., Campos, J., & Klinnert, M. D. 1985 Maternal emotional signaling: Its effect on the visual cliff behavior of 1-year-olds. *Developmental Psychology*, **21**,**1**,195-200.
高浜介二・秋葉英則・横田昌子（監修）　一九八四　年齢別保育講座：3歳児の保育　あゆみ出版
谷村覚　一九九七　2歳と3歳：自己への旅立ち　発達　**70**　ミネルヴァ書房　13-19.
植田清美・無藤隆　一九九〇　幼稚園における仲間入り　日本発達心理学会第一回発表論文集　p. 117
山田洋子　一九七八　言語発生を準備する一条件としての三項関係の成立(1)：指さし、Showing, Givingなどの出現経過　日本心理学会第四二回大会発表論文集　pp. 840-841.
山本雅乙・細倉ゆずる・坂本佳一・藤田良子　一九九八　3歳児の不思議な世界：しあわせな出会いを幼稚園で　明治図書
山本登志哉　一九九〇　幼児期のやりとりの変化をどう読むか：「意図」を鍵として　発達　**43**　ミネルヴァ書房　19-27.
山本登志哉　一九九一　幼児期に於ける「先占の尊重」原則の形成とその機能：所有の個体発生をめぐって　教育心理学研究　**39**　122-132.
山本登志哉　一九九五a　孔子の国の子どもたち1：人之初、性本善　発達　**63**　ミネルヴァ書房　72-73.
山本登志哉　一九九五b　パンを食べる心理学：リアリティーの根拠と〈資源〉の意味づけられ方　ら・るな　**2**　地球の子ども舎　106-113.
山本登志哉　一九九六a　孔子の国の子どもたち2：下町の幼児園　発達　**64**　ミネルヴァ書房　78-79.
山本登志哉　一九九六b　遊びの中の幼児のやりとり：観念化・個性化と集団形成　中島誠(編)　子どもは認知やことばをどう育てるか：健常児・障害児に共通な発達機制　培風館　pp. 62-70.
山本登志哉　一九九六c　中国で子どもが育つということ　発達　**67**　ミネルヴァ書房　30-36.
山本登志哉　一九九七a　子育ち的子育て論の系譜　花園大学社会福祉学部研究紀要　**5**　93-98.
山本登志哉　一九九七b　嬰幼児〝所有〟行為及其認知結構的発展：日中跨文化比較研究　北京師範大学研究生院（博士論文）
山本登志哉・張日昇　一九九七　一歳半到二歳半嬰児交渉行為与交換性行為的形成：中日嬰幼児〝所有〟行為的結構及其発展研究之一　心理科学　中国心理学会　pp. 318-323.
山本登志哉　一九九八　ヒトの所有の生物学的普遍性と文化規定性：普遍性としての「日本発」をめぐって　発達　**76**　ミネルヴァ書房　18-22.
Walden, T. A., & Baxter, A. 1989 The development of social referencing. *Child Development*, **59**, 1230-1240.
Watson, M. W., & Fischer, K. W. 1980 Development of social roles in elicited and spontaneous behavior during the preschool years. *Developmental Psychology*, **16** (**5**),483-494.

3歳と4歳

年齢というバイアス、理念と個人の姿

仲　真紀子

1　年齢と発達観

1　年齢や時間を変数とする発達観

私は語彙の獲得、対話、記憶の発達などを研究しています。最近は、2、3、4歳児が母親との対話のなかでどのように「枚、本」といった助数詞を獲得するのかを調査しました。また現在は5、6歳児が母親と話す場合、よその大人と話す場合、子どもどうしで話す場合にそれぞれどのような語彙を用いるのか検討しています。対話のダイナミクス（話す相手により、対話行動はどのように異なるのか）や語用論的な知識（どういうことばを使えばうまく伝わるか、意味が通じないときにはどうするか等の知識）の発達を調べるためです。なぜ、このように年齢ごとに資料を収集するのか、本当のところ、私はあまり深く考えたことがありませんでした。幼児は時間とともに語彙や文法、そして言語運用能力を獲得してゆく、これは確かだと思います。図1は大久保（一九八七）による語彙数の発達的変化です。時間とともに語彙数が増えていくのがわかります。このような資料から類推し、時間軸にそって調べれば発達の他の側面もとらえることができるだろうと、私は暗黙のうちに仮定していたのかもしれません。

しかし、はたして本当に、このような方法で真の発達の姿に迫ることができるのでしょうか。まず、なぜ年齢という単位で時間を区切るのでしょう。時間よりも重要な変数はないのでしょうか。また発達を時間の関数でみていくにしても、一年ごとの区切りにどれほどの意味があるのでしょうか。それに、たとえば対話のダイナミクスや語用論的知識は、年齢に伴い増加すると仮定してよいかどうかも疑問です。また、そもそも「対話のダイナミクス」とか「語用論的な能力」といった「抽象的なにものか」を仮定してよいのかさえ、疑わしく思えてきます。

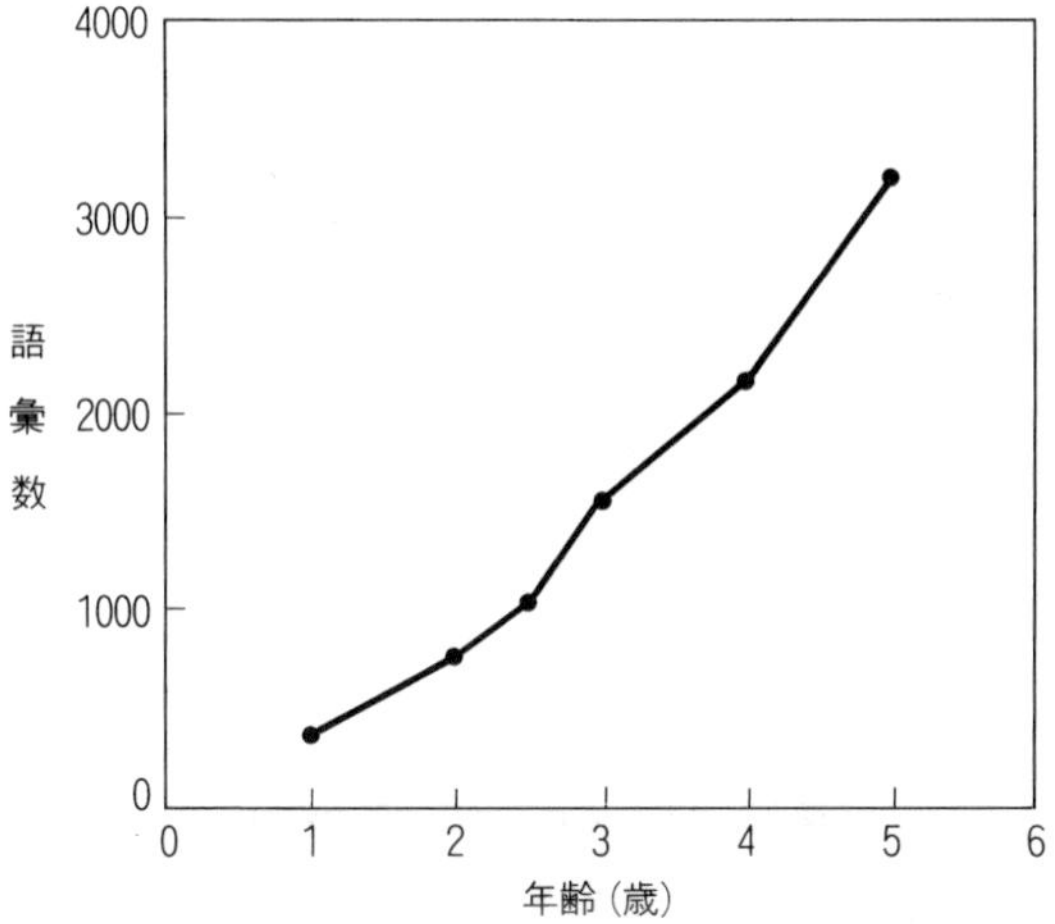

図1　語彙数の発達的変化

（大久保，1987より）

このように考えてくると、私のアプローチは知らず知らずのうちに①「対話のダイナミクス」とか「語用論的な知識」という抽象的ななにものかを想定し、②それが年齢とともに増加すると考え、③しかも子どものようすを一年区切りで観察すれば、その変化をとらえられると勝手に仮定している、ということになるのかもしれません。このような暗黙の仮説が正当でありうる発達モデルは、図2のようなものでしょう。語彙数と同様、知識や能力が年齢とともに単調、または段階的に増加していくと考えるモデルです。

「いや、年齢で区切ってみてゆくというのはあくまでも近似です。もっと短い単位でみてゆく必要があればそうしますし、より長い単位でみてゆく方が効率的に変化をとらえられるのならば、二年、三年と期間をおいてみてゆくこともします」。このように釈明することもできるかもしれません。そこで、重要な変化はかならずしも年齢と同期して生じるものではないと仮定するならば、上のモデルは図3の段階モデルや波型モデルのように書き換えられるかもしれません。段階モデルでは、年齢に伴う量的変化ではなく、質的な変化に重点がおかれています。また波型モデルでは、時間とともに優位な方略が変化するとい

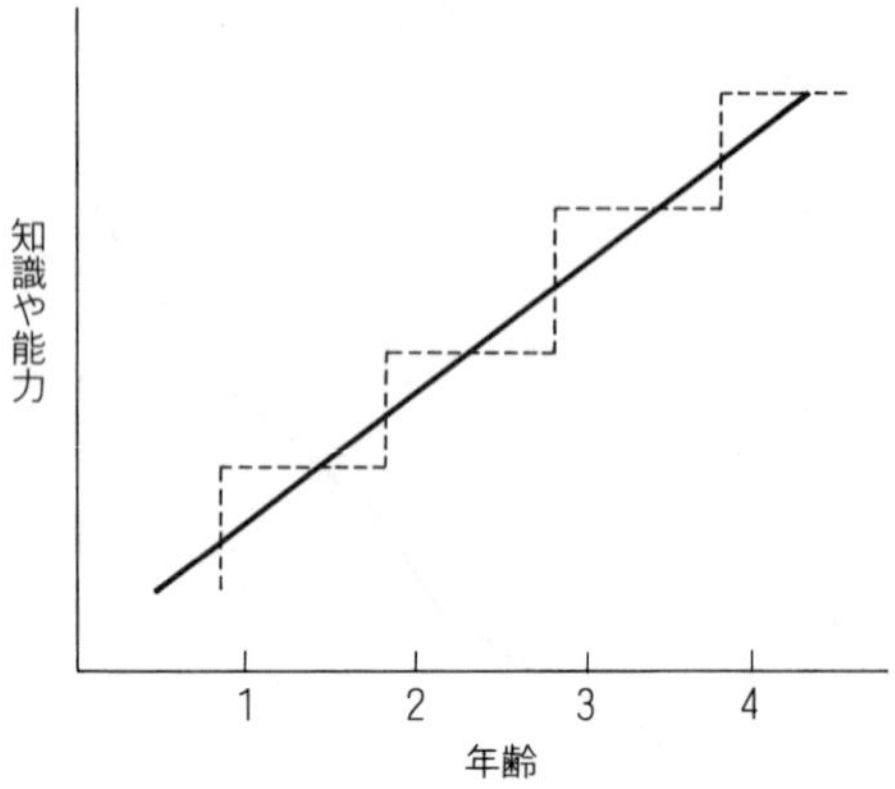

図２　年齢に応じた知識や能力の増加

うところに力点があります（Siegler, 1995）。しかしいずれにしても、これらのモデルでは、発達の時間的変化が強調されているといえるでしょう。

これに対し、年齢や時間軸を切り口にしない発達観もあります。たとえば初期知識に関する進化論的な見方や社会・文化的な発達観においては、時間軸はさほど重要ではないように思えます。

２　初期知識に関する進化論的説明

乳幼児は発達のごく初期から、個物の動き、人の動き、数、地形等について、領域固有の知識をもっているらしいことがわかってきました。たとえばスペルキー（Spelke, 1995）は、乳幼児が個物の運動に関して①一貫性（個物どうしがぶつかっても融合することはない）、②連続性（個物が運動するときには連続した軌跡を描く）、③接触による運動（二つの事物は接触したときにのみ、互いに影響を及ぼす）といった知識をもち、一方で④慣性（個物は妨害されるまで動き続ける）や⑤重力（個物は支えを失うと落下する）はもっていないといいます。またスペルキーの紹介によれば、ハーメイヤ（Hermaer, 1993）は幼児に目隠しをして位置をわからなくさせたあと、幼児が何を手がかりに自分の位置を再定位するか調べました。その結果、幼児は部屋の壁の色（一方は青で他

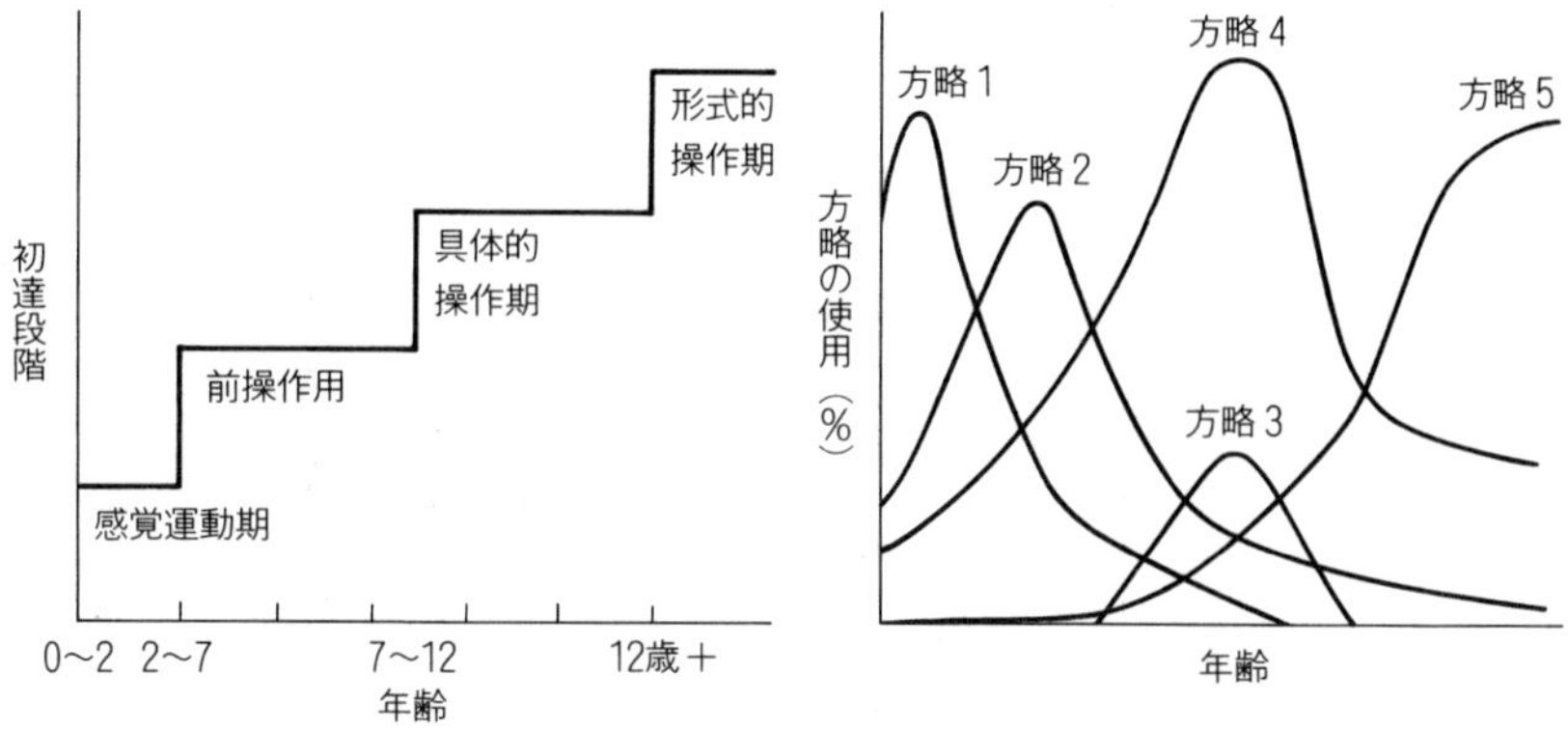

図3　ピアジェの発達段階モデル（左）とシーグラーの波型モデル（右）

(Siegler, 1995)

方は白など）や移動可能な事物（たとえばトラックのおもちゃ）ではなく、部屋の不動の特徴（左手の壁は右手の壁よりも長い等）にもとづいて、位置を再定位したといいます。

乳幼児がもっているこのような初期知識は、例外の少ない、より信頼できる知識であろうと考えられます。たとえば①一貫性、②連続性、③接触は個物の運動についてはほぼ例外なく成立しますが、④慣性や⑤重力は常にそうであるとはかぎりません。摩擦で停止してしまう個物の方が一般的ですし、風船のように上っていってしまう個物もあるからです。また古代の人びとが道を覚えるときには、季節によって変わる木々の色とか、雨や嵐で位置の変わる事物ではなく、不動の特徴を手がかりにしただろうと推測されます。乳幼児にはこのような頼れる知識があらかじめ備わっているらしいのです。

一般的には、知識は発達や経験とともに修正され、徐々に正しい知識になっていくと考えられがちですが、初期知識は生得的に存在し、修正されたり消えたりすることなく、のちのさまざまな知識のコアになるのだ、とスペルキーはいいます。そして、なぜ乳幼児が初期知識をもつようになったのかについては、初期知識をもっていたからこそ人は生きのびたのだという、進化論的な説明が妥当なのではないか、と述べています。このような立場に立ち、人がどのような初期知識をもっているかを研究の目的とするならば、時間軸にそった研究はあまり意味をもたないかもしれません。初期知識を発見することこそが重要であり、あとは、いくら年齢を追って観察を繰り返しても大きな成果は得られないでしょう。

3 社会・文化的な発達観

認知能力に対する社会・文化的な見方も、別の意味で、それほど時間を重視していないように思われます。ミストリー（Mistry, 1997）はヴィゴツキー、ロゴフ、コール、ワーチらの提唱した社会・文化的な見方を、わかりやすくまとめています。私たちは「思考力」や「記憶能力」といった抽象的な能力を仮定しがちですが、ミストリーによれば、社会・文化的な見方においては、文脈から切り離された抽象的な「能力」は存在しません。「思考」や「記憶」といった心理的な機能は、社会・文化的な文脈に埋め込まれた道具や記号（文字のシステムや記憶を補助するための道具など）によって媒介される、社会・文化的に意味のある活動のなかにあるのだといいます。言い換えるならば、子どもに何ができて何ができないかは、能力の発達や成熟というよりも①活動の目標や目的、②活動を媒介する材料や方法、③活動のもつ社会的な意味や役割等に依存するということになるでしょう。抽象的な「能力」が増加するから課題成績が上がるのではなく、子どもが活動に目標や目的を見出すことができ、活動が媒介される材料や方法が身近であり、しかもその活動が社会的に認められる、意味のあるものであると認識されるとき、子どもはその課題ができる、と考えるわけです。

一般に、認知能力や記憶能力の発達を測る実験室的な課題は、「他者による評価のためだけに行われる課題」であることが多く、学校文化にある子どもでなければこのような課題に意味を見出すことはできない、とミストリーは指摘します。そして認知能力や記憶能力の発達とみなされているものは、実は、学校文化を身につけることと同値かもしれないと述べています。たとえば「学齢に達した子どもは記憶方略を用いて記憶することが可能になる」のではなく、子どもは（時間とはかかわりなく）「学校に適応し、学校で用いる記憶方略を用い、学校で行う類の課題を行っている」だけかもしれない、というわけです。

山田（一九九七）は3、4、5歳児を対象に、買い物をするという文脈と、記憶課題を行うという文脈でリストの記憶成績を比較し、どの年齢の幼児においても買い物文脈の方が成績が高いことを示しました（山田、一九九七）。心理的な機能（たとえば記憶）の発現においては、課題の意味や目標が大切な役割をになっているといえるでしょう。また上原（一九九八）は七人の幼児について再認課題が可能になる時期を検討しました。各幼児につき1～4歳代まで、およそ2カ月に一回面接し、絵カードを見せたあとで再認させる課題を行ったところ、再認が可能になるのは、どの幼児も3歳を過ぎてからでした。この調査では、3歳0カ月未満では、どの幼児も絵を指さして名前を言ったり、すべてに「見た」と反応したり、再認課題を理解していないようすであったといいます。時間とともに発達するようにみえる「再認能力」も、その一部は、実は課題や活動の理解や意味化の度合を反映しているのかもしれません。

4　年齢を追ってみているもの

発達的変化はかならずしも「時間」によっては説明できないのかもしれません。だとすれば、年齢で区切って資料を集めるという方法は、発達観にバイアスをかけることになるのではないでしょうか（あるいは偏った発達観があればこその方法論なのかもしれませんが）。まず、年齢によって得られる変化だけを追い求めてしまう可能性があるでしょう。質的な変化はかならずしも年齢の区切りで生じるとはかぎらないので、そのような変化を見落としてしまう可能性もあります。また、生得的な知識こそが重要で、経験や時間に伴う発達がさほど大きな意味をなさない事象を見過ごしてしまうこともあるでしょう。さらにまた、抽象的な「能力」があると仮定することで、幼児が課題や状況にどのような意味を見出しているのか吟味することなく、形式的に研究を進めてしまう危険性もあるだろうと思います。年齢ごとの資料収集は一面的だといわざるをえないでしょう。

しかしながら、もう一度、なぜ年齢で区切って資料を集めるのかという疑問に立ち返ってみると、上でみてきたような発達観の問題もあるにせよ、年齢で発達を追うことが慣習になっているということも否めないように思います。およそほとんどの発達研究が、年齢や学年を区切りにして発達過程を調べています。「発達的に検討する」というのが「複数の年齢段階でデータを収集し、比較検討すること」と同値であるかのような錯覚さえ覚えます。一度このようなパラダイムが作られてしまうと、それに合わない研究は受け入れられにくくなるのではないでしょうか。そしてパラダイムにそった研究だけが再生産されるのかもしれません。先にあげたスペルキーは、なぜ初期知識が修正されたり覆されたりすることなく、その後の知識の中心になるのかについて、ケルマン、ケーラー、クーンの考えを引いています。

- ケルマンの説明：初期知識が事物の本質的特徴を提供するものであるならば、以後の学習においては、その知識にそむく事例はないので、初期知識はより強く固定される。
- ケーラーの説明：初期知識がその領域の事物を定義するのであれば、その定義にそむく事例は、その領域の事例としては学習されない。
- クーンの説明：人間の認知は保守的であり、概念的な革命は起こりにくい。

一度確立された研究パターンが変化しにくいのも、同様の理由によるのかもしれません。

・ケルマン風の説明：年齢に依存する研究パラダイムは発達の本質的な一側面をとらえている。このパラダイムにのればうまく研究を遂行することができ、反例は得られにくいので、そのパラダイムが固定される。うまくいっているのだから、なにも変える必要はないじゃないか、という理屈です。

・ケーラー風の説明：年齢に依存するパラダイムで得られた知見こそが発達だととらえてしまうと、そのパラダイムにのらない研究は発達の研究とみなされなくなる。自分のもつ枠に合うものしかみない、という偏狭さがこれにあたるでしょう。

・クーン風の説明：人間の認知は保守的であり、新しい枠組みでの研究は起こりにくい。こういうことでは、新しい発見にはとうていいたらないだろうと思われます。

「年齢」について問い直すことは、自分のもつ発達観や研究パラダイムについて問い直すことにつながるといえるでしょう。自分が研究しているのは特定の見方、特定の方法論の上に立つ、限られた形での「発達」なのだということを意識せねばならないと思いました。

2　理念としての3、4歳

1　されど、年齢

以上、年齢で区切って研究をするということは偏った発達観とかかわっている可能性があること、このような方法だけでは発達の真の姿に行き着くことはできないであろうことなどを考えてきました。けれども、だからといって、研究方法を一八〇度回転させるのはなかなか困難です。それに年齢を単位とする研究は多数派なので、この方法に準じて研究を行えば他の研究との比較や関連づけも容易ですし、論文も書きやすいといえるでしょう（まさにこの点が、再生産の原因なのかもしれません）。それにまた、研究室から一歩踏み出して世間の常識に身をゆだねてみると、少なくとも私たちの文化では、発達を年齢とともにとらえることはごく自然で一般的なことであるように思われます。

世間を見回してみますと、人の発達にかかわると思えるほとんどすべてのことが、年齢とかかわっていることに気がつきます。母子手帳の乳児の体重のグラフ、ミルクやベビーフード、衣服、絵本等、○カ月児用、○歳児用といった表示がないものはないといってよいと思います。育児書も1歳児は…、2歳児は…、という年齢別の記述が一般的です。そして健診、保育園、幼稚園、小学校、中学校、ほとんどすべての制度が年齢に応じて定められています。

あらゆることが年齢とともに生じる文化や制度、つまり年齢が「何をするか」を規定し、「何をするか」が教育や経験というかたちで発達に影響を及ぼす環境にあっては、年齢が発達を代表すると仮定してもなんら不都合はないかもしれません。では、本当に年齢＝発達と仮定してしまってよいのでしょうか。実際のところは、母子手帳の体重グラフにある5パーセンタイルや10パーセンタイルの領域が示唆するように、発達は平均通りではありません。1歳児は…、2歳児は…式の育児書にも「個人差は大きい」とか「あくまでも平均にすぎない」という記述があります。年齢で示される発達の姿は「平均像」や「発達目標」といった、いわば「理念」であるといえるでしょう。けれども「理念」があるからこそ、これを目安に教育を計画したり、政策を実施したり、商品を開発したりできるわけですから、循環的、再生産的ではあるけれども、便利な理念ではあるわけです。有意義であるからこそ、世の中で用いられ続けているということもできるでしょう。そこで、以下、先に考察した制約を意識しつつも、タイトルである3、4歳児の理念的な姿についてみてゆきたいと思います。

2　人生へのデビューを果たす3歳児・4歳児

本書のきっかけになった雑誌『発達』70の特集「一歳違えばこんなに違う」の企画において、私は今回と同様、「3と4歳」の章を担当しました（仲、一九九七a）。その書き出しをまとめると、以下のようになります。「7歳までは神のうち」という伝統的な幼児観においては、3歳は七五三を祝う最初の年齢です。また「三ツ子の魂百まで」ということわざも、一般には、3歳で獲得されたものがその後の人生に大きな影響を与えると解釈されています。アドラーは初期記憶に人生の原型があると述べていますが、私たちが人生の最初の記憶として思い出せるのは、おおよそ3歳以降の記憶でしょう。3という数字はすわりがよい、区切りがよいということも一因かもしれませんが、3歳というのは人生初の一大区切り、幼児が人の世にデビューする画期的な年齢だといえるのではないでしょうか、と。

「一歳違えば」でも述べましたが、このように思える要因の一つに、ことばの発達があると思います。図1で示したように、幼児の語彙は3、4歳で大きく増加します。3歳児では約一〇〇〇語に達しますが、これは日常生活にいちおう事欠くことのない基本語彙といってもいいでしょう。大久保は幼児の言語獲得におけるこの時期（3～4歳）を、言語獲得の「一応の達成期」と名づけています。2歳後半で多語文や従属文が発生し、3歳に入ると接続詞なども用いてかなり長い発話が可能になる、そこでの「一応の達成期」ということになります。

表1は、娘たち（双子です）との会話を0歳から4歳まで縦断的に収録した資料から、およそ1年ごとに、やりとりの一部を引き出してきたものです。文脈を一定にするために、会話の収録は夕飯の食卓で行いました。1歳では一語文、2歳では二語文が出現していますが、その発話はただ要求を連呼しているだけのようにもみえます。けれども3歳では簡単なやりとりができるようになっていて、4歳では双子どうしでおしゃべりを楽しんでいるよう

表1　1年ごとにぬきだした会話の例

0歳
子：えい、えい。
母：なんですかー。
子：えい、ええい、えう、あぐうーん、うわあーあ、えう、え、あえ。
1歳
子：あ、ああ、ああああああ。
母：なに、あきちゃんは、おちゃ？　はい。
子：まんま。
母：たべていいんだよ、あー、おくちのなかにいれて、おくちのなかにね、あーん。
子：むー、まんま、あ、まんま、まんま、まんま、まんま。
2歳
子：とれた。
母：とれた？
子：とれた。
母：なんだったのこれ？
子：ん？　とれた。
3歳
子：もっと、もっと、あげぼーる。
母：いっぱいあるじゃなーい、これ？
子：ねえねえ、こっちからたべるう。
母：いいよ、そっちからたべてー。
子：ねえ、じゅんちゃんのおかあさんからあもらったー、えっとう、フォークはあ、ぬれちゃう？
母：うーん、そうだねえー、キツネさんの方でたべようとすると、ぬれちゃうねー。
4歳
子1：なにとろうか、えびがいいか。
子2：なんで？
子1：だってなんでも。だって、あまいんだもん。だってえびっていうのはあまいんだもーん。
子1：いい？　いい？
子2：なにを？
子1：きいたいことがある。
子2：なんだ？
子1：ききたいことがあるんだー。
子2：なんですか？

すもうかがえます。語彙や文法の習得が進むだけでなく、世界に関する知識、会話の規則などの獲得も進むためでしょう。このような資料を見ても、3、4歳は一人前、という印象を受けます。

3　体験を語るということ

ことばの獲得が進み、世界に関する知識が増えるだけでなく、3、4歳児は自分の体験を語ることもできるようになります。先に引用した上原（一九九八）は、再認が可能になる時期に加え、初語を話した年齢、過去のエピソードを語り始めた時期（自分のことばで、過去の文体で、過去のエピソードを報告し始めた時期）を、縦断面接や母親へのアンケートをもとに調べています。結果を図4に引用します。初語の発話と再認課題が可能になる時期との間、およそ2歳から4歳の間でエピソードの報告が可能になっているようすがみられます。

出来事の記憶の発達を調べているファイヴァッシュやネルソンも、子どもは2歳後半、3歳あたりから体験を語るようになると報告しています。最初のうち、子どもの発話は母親による拡張模倣や構造化によってリードされ、影響を受けますが、やがて、自分からも語ることができるようになるといいます（Fivush, 1997 ; Fivush & Haden, 1997 ; Fivush & Keubli, 1997 ; Fivus & Shukat, 1995 ; Nelson, 1988, 1993）。ファイヴァッシュとヘイデン（Fivush & Haden, 1997）は、子どもがどの程度体験を語ることができるかを3～5歳まで、縦断的に調べました。この調査では、幼児は過去の出来事について、実験者を相手に話すよう求められます。実験者は中立の立場で、誘導したり拡張したりすることなく幼児の話を聞きます。パティという少女の40カ月時と70カ月時の語りを表2に引用します。

このような語りに含まれる情報を、ファイヴァッシュらは「定位情報」（場所、時間、出来事や場面の背景、登場人物等）、「指示対象」（単純な活動、接続詞などで結ばれた複雑な活動等）、「評価」（強調、質化子、内的反応等）などにカテゴリー分けし、頻度をカウントしました。パティの場合、場所（サーカス）や背景情報（ピエロ、インディアン）は

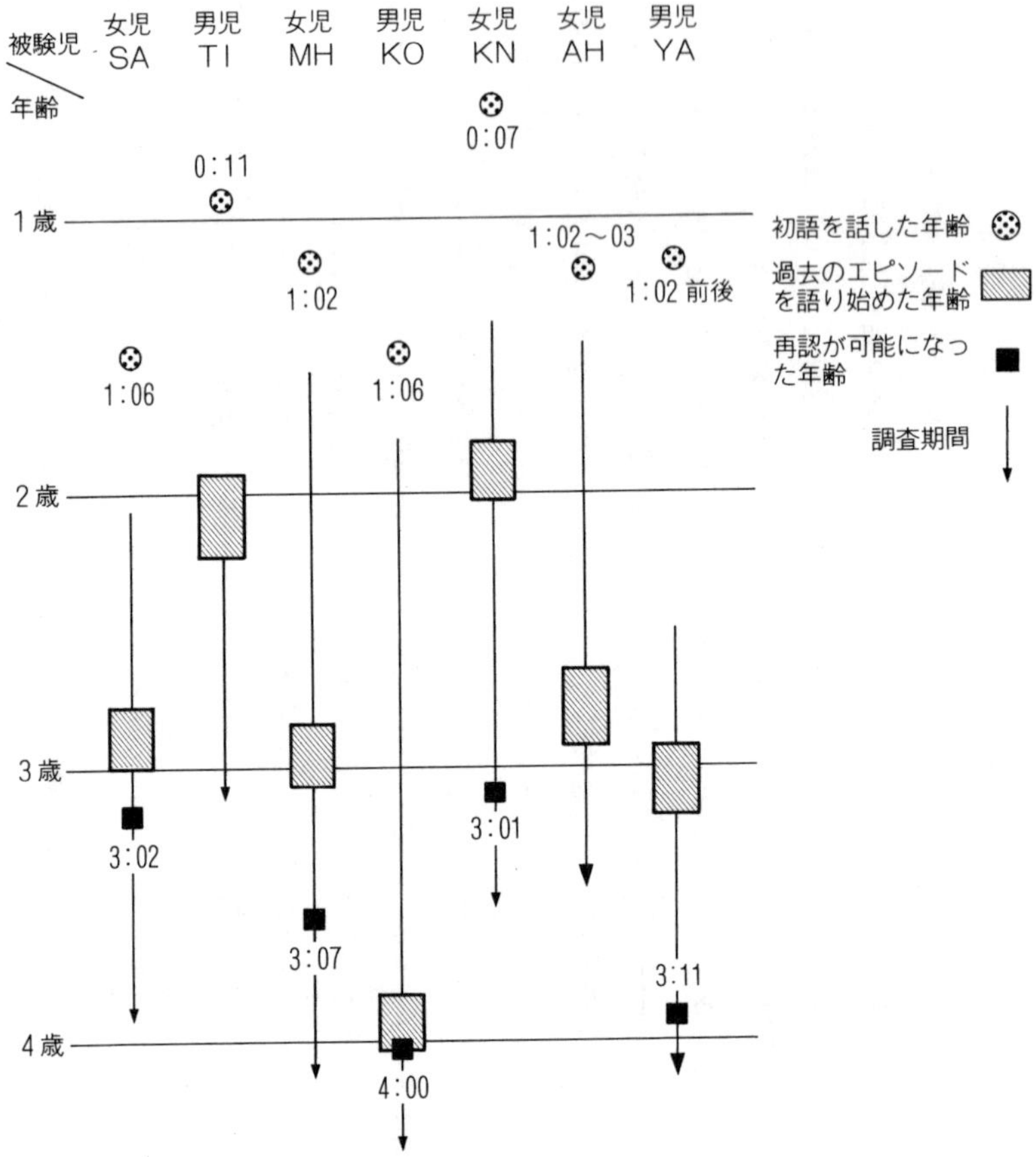

図4　初語・エピソード報告・再認の開始時期

（上原，1998）

表2　パティの語り

〈サーカスに行ったときのこと（40カ月）〉
子：汽車に…ピエロが乗ってるの、見えた。
実験者：まあ、汽車にピエロが乗っているのが見えたの？　それで？
子：んと、サーカスに、いっぱいピエロがいたの…サーカスに、いっぱいインディアンもいたの。
実験者：それからどうしたの？
子：んと、音楽がいっぱいで…ピエロに火をかけたの。
実験者：まあ、すごい。サーカスでは他にどんなことがあった？
子：う～ん…音楽がうるさい、音楽がたくさんだったの。サーカスが終わって、ご飯食べるところで、食べたの。

〈エプコットセンターに行ったときのこと（70カ月）〉
子：うんと、エプコットセンターに行って、花火を見たの。それから中華レストランに行ったの。エプコットには、いろんなレストランがあって、私たち中華に行ったんだ。食べたのはリブだけど。
実験者：中華レストランでリブを食べたの？
子：そう。中華にもリブがあるなんて知らなかったわ。洋食だと思ってた。だって、私、洋風のリブが好きなんだもん。でもリブは中華だったの。
実験者：リブは中華だったのね。好きじゃなかったの？
子：うん。でもデザートはまあまあ。ハチミツ以外はね。
実験者：そう。エプコットセンターでは他に何かした？
子：家に帰って寝たわ。
実験者：寝たって？　その前に何もなかったの？　他に何があった？
子：うんと、乗り物やなんかがある小さな遊園地のようなところに行ったよ。ティーカップに乗ったの。マッド・ティー・パーティ。
実験者：ティーカップの乗り物とマッド・ティー・パーティ？
子：うん。ティーカップ・パーティじゃなくってそう呼んでいるみたい。だって、こういう小さなティーカップに乗って、座って、こんなのを回すの。そうすると、速く回るの。
実験者：何だって？　これをどうするって？
子：この前に座って。
実験者：ああ、この前に座って。そうすると速く動くの？
子：うん。だって小さなハンドルがあるから、それで速く回せるの。それからゆっくりも。で、こっちに回せば速くなって、反対に回すとゆっくりになるの。で、ママが気分悪くなっちゃった。うんと、速くすると、そして、うん、そう、ママと乗るときは、ゆっくりにしなくちゃならなかったの。速い方がよかったんだけど。
実験者：速い方がよかったのね。でも、ママが気分悪くならないように、ゆっくりにしなくちゃならなかったのね。まあ、なんていい子なんでしょう。
子：まあね。覚えているのはこれだけ。
子：スペースマウンテンがよかったわ。そう、乗ったのよ。
実験者：まあ。それはよかったわね。さあてと。
子：ちょっと怖かったけど。でも目をつぶってたの。そして面白そうな乗り物が見えて。面白かった。

（Fivush & Haden, 1997 より）

「定位情報」に、種々の活動（汽車に乗る、ピエロに噴射）は「指示対象」に、量（いっぱいやって）や質（うるさくって）は「評価」へと分類されるわけです。表2からわかるように、発話量や精緻化の度合は年長であるほど高いのですが、各カテゴリーに含まれる基本的な情報はすべて3歳児の語りにおいてもみられると、ファイヴァッシュらは指摘しています。

ファイヴァッシュはまた、3、4歳児であっても、順序通りに生じる出来事（料理を注文してから料理を食べる等）と任意の順序で生じる出来事（スーパーでの買い物の順序等）、一度限りの出来事（特別の場所を訪問する等）と何度も起きること（幼稚園での日課等）といった出来事の構造が、記憶に反映されているといいます（Fivush, 1997）。そして、年齢が低い子どもと高い子どもを比較すると、当然後者の方が柔軟で豊かな記憶表象をもっていますが、年少の幼児であっても、出来事からエッセンスを引き出すことはできると結論しています。

4　3、4歳児の落とし穴

このように他者とコミュニケーションできる3、4歳児の姿は、いかにも一人前であるように思われます。けれども一方で、3、4歳児の語りには現実と空想が入り混じっていたり、また対話においてはステレオタイプな情報や誘導の影響を受けやすい、という特徴もみられます。1～4歳児のエピソード記憶の発達を調べた上原（一九九八）は、次のような「間違いを含むエピソード報告の例」をあげています。

①非現実的な話（想像の話）が混ざって実体験として語られるケース：井の頭公園で「くじらがいた」と発言（3歳10カ月）。豆まきの話で、おばけがでてきたと発言（3歳3カ月）。

②人から聞いたり、テレビや写真で見たことを自分の実体験として語るケース：実際には行っていない場所の写真をもって

きて「自分が行った」と報告（3歳1カ月）。「馬に乗った」と発言したので「どこで?」と質問したら、直前まで会話の内容にでてきた「キャンプ」と報告（実際には乗っていない）（4歳）。

③関係のない現実的な話が混ざっているケース（他の出来事との混同）：前のインタビュー時に何をしたのかの話で、「船やった、お父さんくるまで」と意味不明の報告をした（3歳5カ月）。以前にピーターパンの踊りを練習したことはあったが、実際には見たことがないにもかかわらず、「テレビで見た」と発言（3歳2カ月）。

このような報告は図2に示されるエピソード報告が開始されて一年以内、つまり主に3歳のころに多いようです。また杉村らは幼児が想像物をどのように理解しているかを調べ、幼児は大人とは違ったしかたで想像物を認識していることを示唆しています（杉村・原野・吉本・北川、一九九四）。彼らは年中児（平均4.9歳）と年長児（平均5.7歳）に「サンタ」（または「おばけ」または「アンパンマン」）と「会ったことがあるかどうか」（または「遊んだことがあるかどうか」）をたずねました。幼児が「遊んだことがある」と答えたら、「どこで、いつ、どうやって」などとくわしくたずね、また「遊んだことがない」と答えたら、可能性として遊ぶことができるかどうかをたずねます。その結果、幼児の回答は以下のように分類されました。

①会ったり遊んだりした経験があって、その理由が現実的なもの：「サンタが保育園に来た」「おばけとおばけ屋敷で遊んだ」等。

②会ったり遊んだりした経験があって、その理由が空想的なもの：「森の奥のサンタの家で遊んだ」「おばけをきのう家で見て怖かった」等。

③会ったり遊んだりした経験はないけれど、会ったり遊んだりすることは可能だとし、その理由が空想的なもの：「寝ないで起きてたらサンタと会える」「夜、砂を掘るとおばけの姿が見える」等。

④会ったり遊んだりした経験がなく、その可能性もないとしながらも、理由が空想的なもの：「サンタは寝ている間に来る」「おばけは透明だから見えない」等。
⑤会ったり遊んだりした経験がなく、その可能性もないとし、理由が現実的なもの：「サンタは本当はいない」「（おばけは）本物はいない」等。

大人ならば⑤のように答えるのでしょうが、興味深いことに、幼児ではそのような回答はきわめて少ないことがわかりました。図5は杉村らの論文から数字を拾い、プロットしてみたものです。「遊んだことがあるかどうか」についての結果ですが、おばけやサンタの存在を現実的に否定している子どもの数は4歳児では皆無にひとしく、5歳児でもわずかしかいないことがわかります。そして4歳児の約四割が②、つまり家や公園でサンタやおばけと実際に遊んだことがあると答えています。5歳児の回答も空想的ですが、③や④に回答が移行し、②の「経験した」という回答は少なくなっています。この結果は上原（一九九八）の結果とも一致するといえるでしょう。経験のなかに非現実的なものが入りこむことがあるというのが、3、4歳児の語りの特徴の一つなのかもしれません。

5　他者からの圧力

このような傾向は、他者からの圧力によっても生じるようです。シシ（Ceci）は幼児の目撃証言について研究しているアメリカの心理学者です。彼は現実に起きた事件にもとづき、3〜6歳児のいる保育園で次のような実験を行いました（Ceci, 1995）。ある日、保育園にサム・ストーンという名前の人物が訪れます。サムが保育園にいたのは実質二分くらいで、実際にはなにも悪さはしていません。さて、実験は「先行情報の有無」×「誘導情報の有無」の四つの条件で行われました。先行情報とは、サムはそそっかしい人物であるというステレオタイプの情報で、サムの訪問の一カ月前から四回にわたって与えられました。たとえば次のような情報です。「昨夜誰が来たかわか

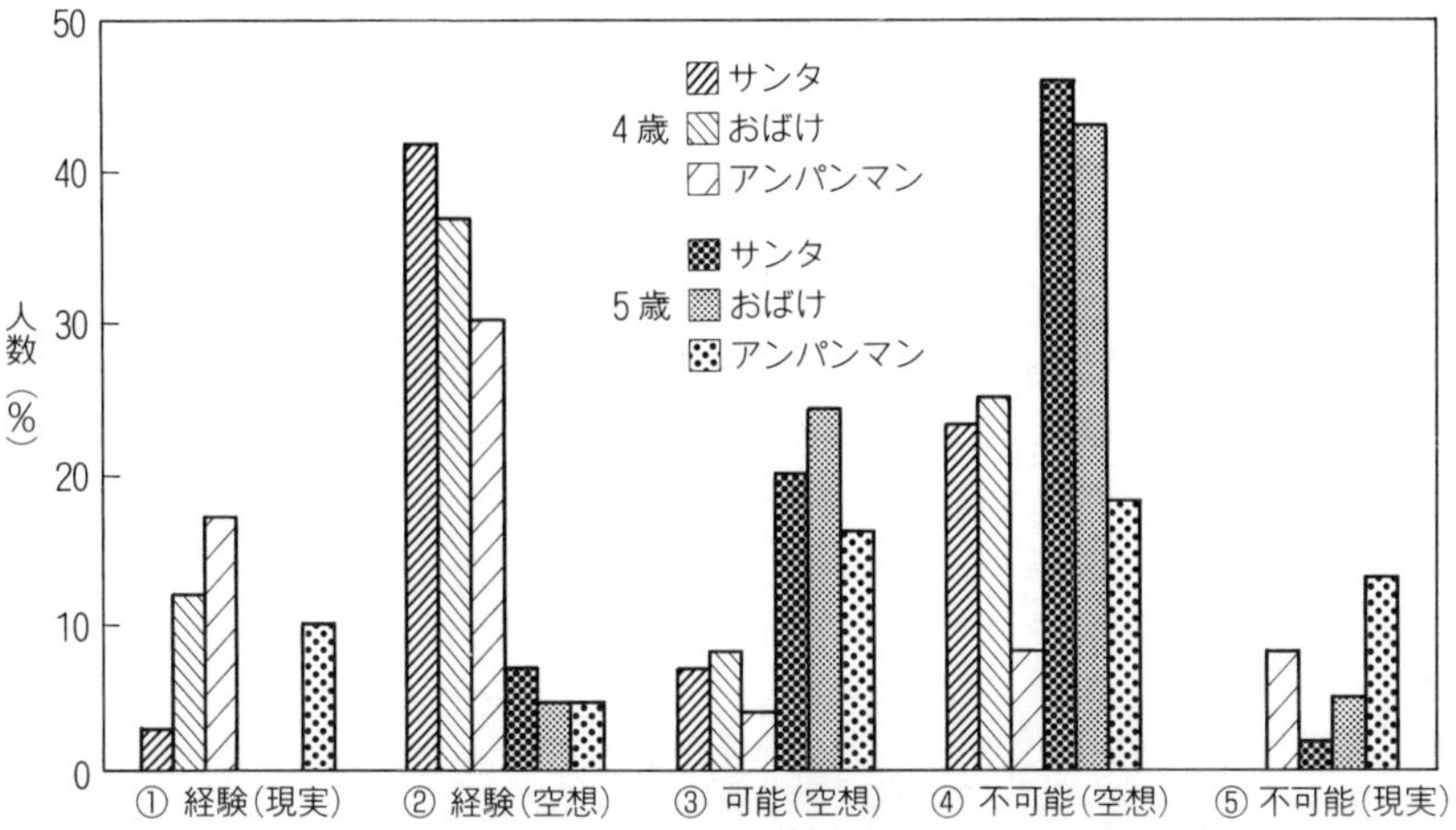

図5　幼児による想像物の理解

（杉村ら，1994より）

る？　そう、サム・ストーン！　今度は何をしたでしょう。私のバービーを借してもらったサムは、階段を下りていく途中、バービーを落として腕をこわしちゃった。サムはいつでもなにかやらかしてモノをこわしちゃうの」。また誘導情報は、「サムが来たとき、白い熊ちゃんにココアをこぼしたでしょう？　間違ってだと思う？　わざとやったんだと思う？」といった誤った情報を含む質問のかたちで与えられました。誘導情報はサムの訪問後、一〇週間の間に四回、与えられました。

一〇週間にわたる誘導期間の一カ月後、別の面接者が中立な立場で面接を行いました。ラポールをつけ、子どもたちに自由再生をさせたあと、「サムは本や熊になにかしましたか？」と手がかりを与えてたずねたところ、3、4歳児の多くが誤った情報を語ったといいます。たとえばある子どもは「サムは熊をトイレにつれていって、お湯にひたしたあと、クレヨンで汚した」と答えました。このような幼児の割合は、条件1（事前無・誘導無）で一〇%、条件2（事前有・誘導無）で四二%、条件3（事前無・誘導有）で五二%、条件4（事前有・誘導有）で七二%でした。一方、誤った情報を述べた5、6歳児の割合は、3、4歳児の二分の一から三分の二だったといいます。3、4歳児は想像性に富んだ、豊かな物語を語れる一方で、事実ではない情報をも過去形で、真実のように語ってしまうことがあるといえるでしょう。

3　個別の3、4歳児の姿

1　3、4歳児とのコミュニケーション

総体的にみれば、3、4歳児は人との双方向のコミュニケーションが可能になり、また自分の体験を語ることもできるようにもなり、「人」の仲間入りを果たすということができるでしょう。しかしまた、現実と空想が入り混じったような話をしたり、他者からの情報に引っぱられたりすることが多いということもみてきました。ではこのような「一般像」や「理念」を越えて、私たちはどの程度、個々の3、4歳児の姿に迫ることができるのでしょう。極端な例かもしれませんが、このような問題は、たとえば特定の3歳児または4歳児がある事件を目撃し、証言したけれども、この証言は信用できるだろうかといった判断が求められるときに生じます。「3、4歳児は一般に語彙が豊富で、体験を語ることもできる」ので証言は信用できると判断すべきなのでしょうか。それとも「3、4歳児は虚言も多く、誘導も受けやすい」ので証言は信用できないと判断すべきなのでしょうか。そのどちらも誤りであろうと思います。一般論、能力論から個人の特定の活動の信用性を判断することは困難です。

2　目撃証言の例

記憶にもとづく目撃証言を例にあげれば、その信用性は、事件を目撃する状況、記憶の状態、想起する場合のコ

ミュニケーション等、さまざまな変数の影響を受けると考えられます（Naka, Itsukushima & Itoh, 1996：仲、一九九七b）。そのため、目撃の状況、記憶の保持、供述過程等において証言の信頼性を左右すると考えられる変数がどのようにはたらいたかを明らかにしなければなりません。変数が同定できたら、その変数に関する先行研究を調べたり、シミュレーション実験をしてみることも必要でしょう。また供述調書を分析し、虚言、変遷、不自然な記述がないか、誘導や事後情報の影響がみられないか、みてゆかねばならないと思います。しかもその判断は、供述全体が信頼できるかできないかではなく、どの部分は信頼できるがどの部分はできないという個別の観点から行われなければならないと思います。

目撃供述の詳細な検討の結果、判決が覆った例を紹介しましょう。[1] エビス屋というパン工場の車で工場に戻ってきた運転手Aが、道路の脇で泣いている女児（2歳5カ月）に気がつきました。女児と遊んでいた当時3歳4カ月の男児が唯一の目撃者でした。Aは男児から事情を聞き、男児が「(女児は）車にあたりはった」と言っていると解釈します。その後、工場にいた人物Bに女児の家をたずねて送っていきましたが、女児は結局、内臓破裂で亡くなってしまいました。一方男児は、自宅で父母らに「(女児名）がエビス屋のブウブウ（エビス屋の自動車）にあたってこけて泣いてはる」と報告し、Aが被告人になりました。3年3カ月後の原審で、男児は次のように述べています。[1]

問：その時（女児名）ね、なんで死んじゃったの。
答：自動車にね、あるでしょう、エビス屋の自動車。
問：あそこにある自動車か。
答：（うなずく）

問：お砂遊びしてて、どうして（女児名）自動車にひかれちゃったの、ぼく立って見てたの。
答：（うなずく）
……（その他の質疑応答）
問：その車どこの車。
答：エビス屋。

これらの証言から、男児は「（女児名）がエビス屋のブウブウにあたってこけた」という趣旨のことを述べていると判断され、原審においてはAは有罪判決を言い渡されました。

これに対し二審では、男児の証言能力について「証人の証言能力の有無を判断するにあたりその年齢が重要な基準となりうることはもちろんであるけれども、その能力には自ら個人差のあるところであるから、幼児であるからといって一概にこれを拒否することはできない」との判断のうえ、証言の信頼性が詳細に検討されています。そして男児の証言には以下のような問題があるとの指摘がなされました。

①原審での男児の証言は、事件から3年3カ月後に得られたものであること。
②その間、男児は繰り返し事件においてたずねられており、また絵や自動車の模型を見せられるなどの誘導や暗示が作用している可能性があること。
③事件当初に聴取された周囲の大人の調書によれば、「車にあたりはった」というのは男児のことばではなく、Aの解釈であったと考えられること。また工場にいたBがたずねたときにも「ブーあそこへ」と言って指をさし「あそこでこけはった」という程度であり、「あそこでブーにあたった」とは解釈できないこと。また事件四日後の母親の調書でも、男児のことばは「（女児名）こけはった…エビス屋のブーブーに…うんうんしてはる」程度であったこと。

④事件から1年8カ月後付の司法警察職員に対する供述書でも、男児は単純な質問にたえず横道にそれながら、質問者の報告づけの結果、たどたどしく応答しているようすであり、出血はなかったのに「血たこさんできたの」《ママ》とか、「自動車動いていたの」の問には「止まっていた」、「止まっていたの」の問には「動いていた」など、虚言や変遷がみられること。

④については、以下のような問答があったことが例としてあげられています。

問：（女児名）自動車に当たったの、当たらなかったの。
答：あたった。…自動車バックしたの。
問：自動車動いていたの。
答：止まっていた。
問：ひとりでころんだんじゃないの。
答：ひとりでころんだ。
問：どこでこけたの。
答：あのね、このなかにはいってこけたの（注：左前バンパーの下に入りこんだ旨、事実とは異なる）。
問：自動車止まっていたの。
答：動いていた。

結局、二審では「Aの運転する自動車と女児の受傷との間の結びつきについて合理的な疑いをさしはさむ余地のないほどの確信を抱かせるものはない」という判断のもとに、Aは無罪となりました。

私が最近かかわったある事件においても、４歳児の目撃証言が問題になりました。この幼児の供述について、裁判所は「(当該幼児)において供述能力があるか否かは、(当該幼児)の観察・記憶・質問の理解・表現等に関する能力、体験事実の難易・抽象度、体験時と供述時の時間的間隔、本件においてはさらに(当該幼児)と捜査官との間で行われた具体的なやりとりなどを総合的に考慮し、個別、具体的に判断すべきである」という考えを示しています。4歳だから証言能力があるとかないという全体論ではなく、個別にみてゆくというのは重要な指摘だと思います。「年齢」に頼る発達像は、個人の姿を隠してしまいがちです。目撃証言などは特殊な例かもしれませんが、教育、制度、法の執行においても「年齢」を越えて個々人の姿に迫る努力と方法の確立が必要でしょう。

3 個々の幼児の姿

年齢をもとにした一般的な発達像は、個人の発達に迫るには不充分である、と考察しました。では私たちはどのようにして、個人の発達の姿に迫れるのでしょうか。私は、個人の姿をことばであらわすのはむずかしいのではないかと思います。母子対話を調べていると、母親が幼児の言語レベルに適切に対応していることに驚かされます。けれども子育ての経験のある人に「目の前に2歳児がいると想定し、どのように話しかけたらよいか書いてみてください」といった課題を出すと、これはとてもむずかしいのです。つまり個々の子どもの前に立ってみれば、その子の発達の姿が把握でき、微妙な違いにも敏感に対応できるけれども、それをメタ的に記述するのは困難なのではないかと思うのです。このことをもう少しくわしく述べたいと思います。

この数年間、私は対話のなかで母子がどのように助数詞を用いるか、その発達的変化を調べてきました(Naka, 1999:仲、一九九九)。助数詞というのは「個、つ、枚、本」など、数と一緒に用いる接辞です。私たちは普段、何気なく使っていますが、同じ果物でもりんごは「個」でバナナは「本」、同じ乗り物でも自動車は「台」で飛行機は「機」というように、助数詞の使い分けはかなり複雑です。また広い範囲の事物に用いることのできる「個、つ」に対し、「本、枚、機、台」などは特定の形や機能の事物にしか使えません。前者は一般的な助数詞、後者は特殊な助数詞といえるでしょう。幼児が母親との対話のなかで助数詞をどのように学ぶのか、対話における母、子それぞれの助数詞の使用を年齢を追って調べました。

調査は2歳児母子、3歳児母子、4歳児母子、それぞれ一七、一六、一八組に大学に来てもらい、行いました。課題は「枚」で数えるクッキー、「本」で数えるスプーン、「個、つ」で数える飴、「杯」で数えるカップなどが並んだ疑似的なおやつ場面で、事物のやりとりをするというものでした。まず母親に事物が描かれた図版（たとえば、クッキー三枚が描かれています）を示し「図版に描かれている物をその数だけ、お子さんに取ってもらってください」と教示します。母親の発話から、母親がどのような助数詞をどのくらいの頻度で用いるかを調べました。3歳児の母親の例を示しましょう。

母：いい、じゃ次ね、今度はね、ビスケットを三枚、うん、まんまるいのがいいねー。うん、じゃ、はい、せっかくだから、お皿にのせよう、できたー。

この母親は、「枚」を一回使用しています。さて、次の段階では母親に「今度はお子さんに、今取ってもらったものを数えてもらってください」と教示しました。今度は子どもの発話から、子どもがどのような助数詞を用いるかを調べます。

母：うん、じゃあ、次はねー、丸い大きいビスケットは？

子：一、二、三、三枚。

母：三枚。はい。

子どもも「枚」を一回用いました。このようにして調べた助数詞使用の結果を図6と図7に示します。図6は各助数詞を用いた母親の割合を、図7は各助数詞を用いた子どもの割合を示しています。子どもの年齢が高くなるほど、より多くの母親が「本、枚」など特殊な助数詞を用いるようになるといえるでしょう。そして子どもも、年齢が高くなるほど特殊な助数詞を用いています。

母親の発話では、助数詞の使用頻度にも相手（2歳児、3歳児、4歳児）に応じた変化がみられました。以下の、2歳児の母親が2歳児にビスケットを取ってもらう場合と、4歳児の母親が4歳児にビスケットを取ってもらう場合とを比較してみてください。

2歳児の母：今度はビスケットどこにあるかな。ビスケットふたつください。ビスケットふたーつ。ふたーつちょうだい、ビスケット。ビスケットをふたつちょうだい。大きいのがいいな、まーるいの。ふたつちょうだい。はい、ありがとう。（「つ」を五回使用）

4歳児の母：じゃあね、たいらなビスケットを一枚。（「枚」を一回使用）

2歳児の母親は「枚」ではなく「つ」を用い、しかも何度も繰り返しています。これに対し4歳児の母親は「枚」を一度だけ用いて、子どもにビスケットを取ってもらっています。一つの課題を行うのに、母親が何回助数詞を用いたかカウントしたところ、2歳児の母親は平均三・五回、3歳児の母親は平均三・二回、4歳児の母親は平均二・三回でした。助数詞の使用頻度は、子どもの言語レベルに応じて生じる母親の発話の変化を反映しているといえるでしょう。

さらにまた、次のような興味深いやりとりもみられました。これは3歳児とその母親の例です。

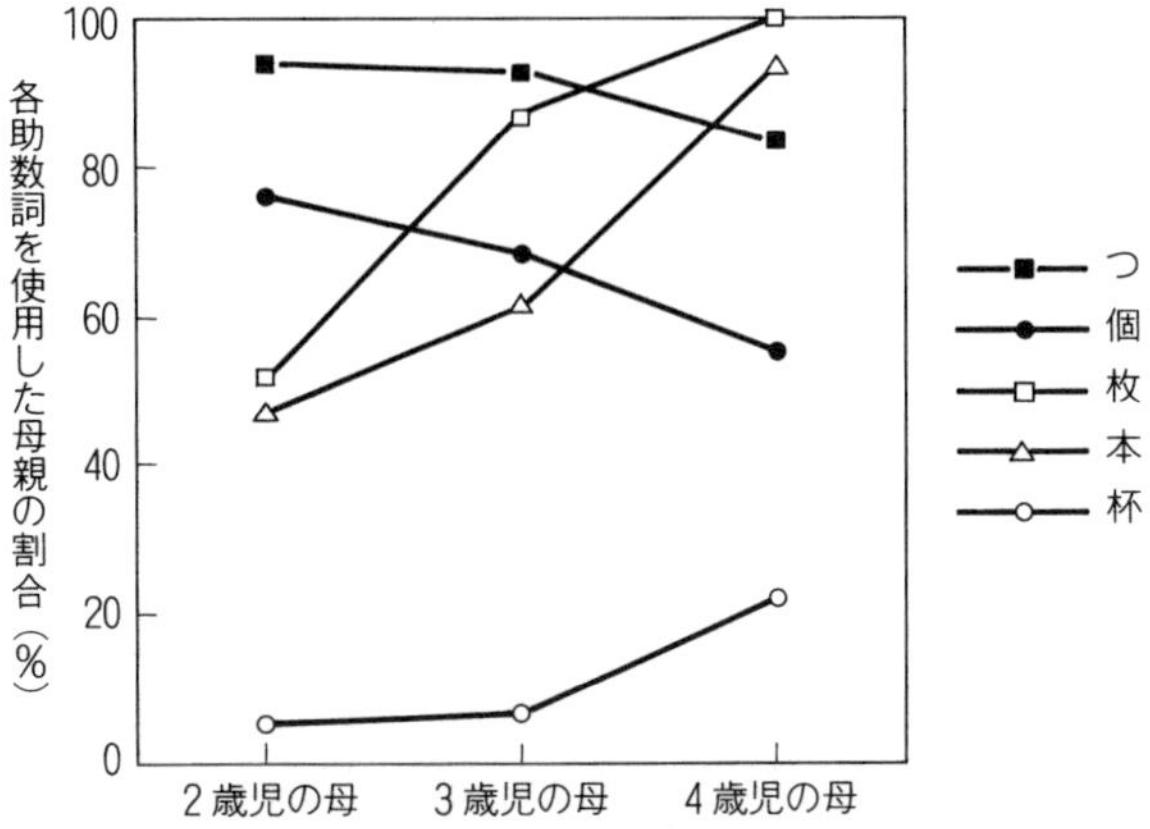

図6　母親の子に対する助数詞使用

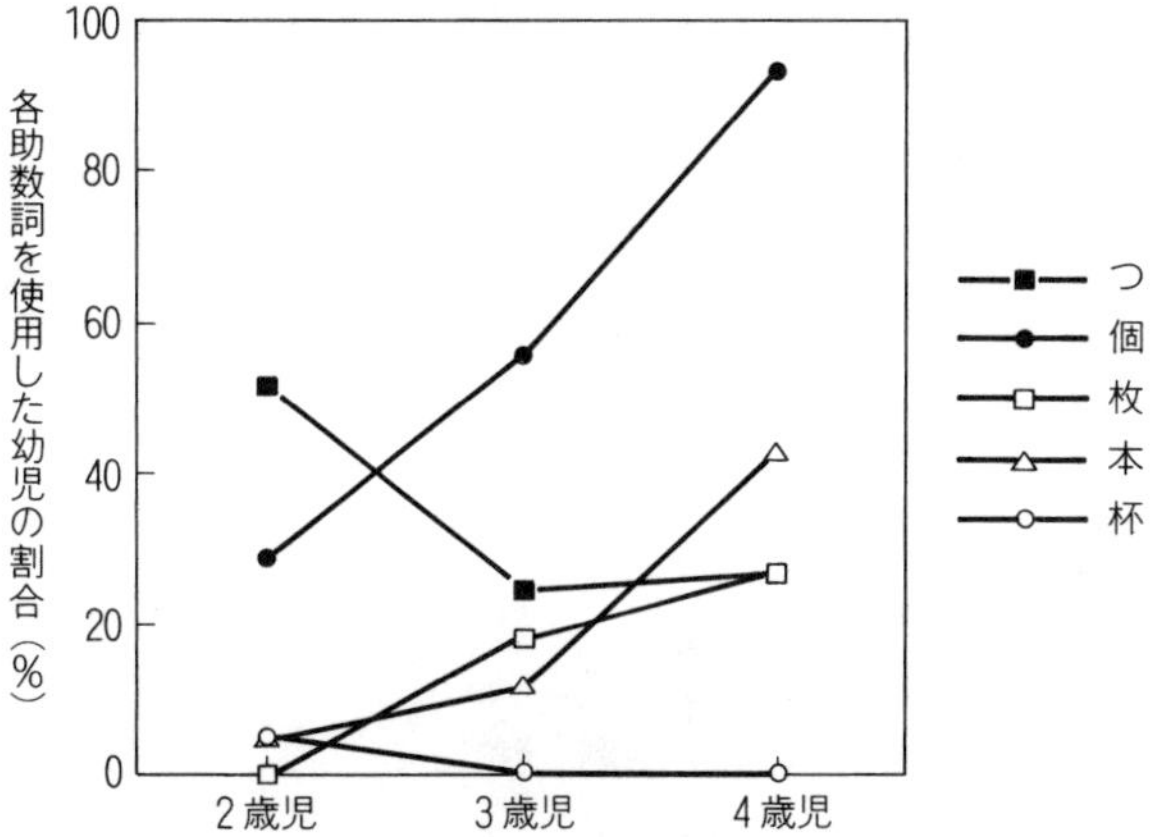

図7　子の助数詞使用

母：エートね、スプーンはいくつありますかー？　いくつある？
子：一、二。
母：いくつあった？
子：二枚。
母：二枚。はい、じゃ、スプーン二枚、二個、二本。

この例では、母親は子の「二枚」を受け、はじめは「二枚。はい、じゃ、スプーン二枚」と繰り返しています。けれども次に「二個」と言い換え、最後にもう一度「二本」と正しく言い直しています。この例にみられるような、幼児が不適切な助数詞を用いた場合の母親の応答を分類してみたところ、以下のようなパターンがあることがわかりました。

①子どもがたとえばスプーンを「三！」など、数だけで答えたとき、母親が「三個ね」「三つね」など、一般的な助数詞をつけ加えて応答する。
②子どもがたとえばスプーンを「三！」など、数だけで答えたとき、母親が「三本ね」と特殊な助数詞をつけ加えて応答する。
③子どもがたとえばスプーンを「三個、三つ」など、一般的な助数詞を用いて数えたとき、母親が「三本ね」など、特殊な助数詞に言い換えて応答する。
④子どもがたとえばスプーンを「三枚！」など、不適切な特殊な助数詞を用いて数えたとき、母親が「三本ね」と適切な助数詞に言い換えて応答する。

①や②のように数に助数詞をつけ加える応答は2、3歳児の母親で多く、③や④のように特殊な助数詞を含む応答は3、4歳児の母親に多いことがわかりました。母親は組織的に、ワンステップずつ、子どもの助数詞の使用を導いているようにみえます。ところがあとでアンケートをとってみると、ほとんどの母親は自分がどのような助数詞を用いているか、気がついていませんでした。「ああ、助数詞について調べていたんですか」という反応もかなりありました。とりわけ意識しているわけでもないのに、母親は子どもの言語レベルに応じた、適切な対応をしています。手続き的には、母親は子どもの姿をよく把握しているといえるでしょう。

4 困難な言語表現

母親は子どもの言語発達のレベルをきわめて的確にとらえ、適切に応答しています。もしかしたら母親は言語発達を導くプログラムをもっていて、子どもの発達に応じてそのプログラムを実行しているのかもしれません。そう考えて、子育ての経験のある女性（下の子どもが小学校以上。以下協力者と呼びます）に協力していただき、次のような調査を試みたことがあります。

この調査では、協力者に、大人と話すときに用いるような表現を2歳、4歳、または6歳の幼児にわかるように言い換えてもらうというものでした。いわば幼児の年齢に応じた「幼児語」に翻訳してもらうわけです。調査用紙には2歳児用、4歳児用、6歳児用の三種類があり、協力者にはそのうちのどれか一部に回答するようお願いしました。まず、次のような教示が与えられます。

以下は大人と話すときに使う表現です。同じ内容のことを2歳（または4歳／6歳）の幼児に話すとき、あなたはどのような表現を使いますか？　2歳（または4歳／6歳）児の姿を思い描き、その子に話すように書いてみてください。子どもが正確なことばを知らないと予想されるときには簡単なことばに言い換えても、複数の文に分けて話してもかまいません。
　また、かならずしもすべての情報が伝わらなくてもかまいません。

「翻訳」する元の表現としては「これはチューリップです」「これは犬です」「これはナデシコです」「これはゾウアザラシです」「食事する」「洗濯する」「外出する」などがありました。「ワンワン、マンマ」といった育児語が用いられるか、また「ナデシコ」や「ゾウアザラシ」は「お花」や「動物」といった基本語に置き換えられるのか、調べるつもりでした。また助数詞についても検討したかったので、以下のような文についても「翻訳」をお願いしました。

　今日は誕生パーティです。お友達を三人招待しましょう。まず最初に、台所からお皿を三枚とスプーンを三本、持ってきてください。それからキャンディーを二個、マコロンを三個、おせんべいを三枚、ポッキーを一本、それぞれのお皿に盛り分けてください。また、オレンジジュースを二杯、用意してください。

しかし実際に調査を行ったところ、協力者の反応は「とてもむずかしい」というものでした。とくに2歳児用、4歳児用の調査用紙はむずかしく、何人かの人からは6歳児用の調査用紙と交換してほしいと頼まれました。また自分で「2歳児に」のところを「4歳児に」と書き換えて答えた方もありました。さらに、6歳児用の調査用紙を与えられた人はほぼすべての表現について答えることができたのに、2、4歳児用の調査用紙を与えられた人は、四分の一程度しか「翻訳」することができませんでした。
　先の実験では、母親は難なく子どもの言語レベルに応じた表現をとっていました。たとえば2歳児には「個、つ」が優勢で、3、4歳児には「枚、本」を使うという結果がみられました。けれどもこの調査では、2歳児に対してはもっぱら「枚、本」が使われ、「個、つ」を用いた人はいませんでした。一方4、6歳児については「枚、本」の他、「つ」の使用もみられるという結果でした。このことは、目の前に実際の子どもがいない場合、特定の年齢の幼児の姿を思い描くのは困難であることを示唆しています。協力者のお子さんは学童期以上でしたので、もしかしたら、子育てのころのことを忘れてしまい、たとえ目の前に幼児があらわれても、やはりうまく対処できなかったのかもしれません。また、先の実験でみられたような絶妙な調節は、もしかしたら自分の子どもにだけ可能なことだったのかもしれません。であるとすればなおさら、目の前に子どもがいない状況では、特定の年齢の子どもをイメージし相応の調節を行うことは、とてもむずかしいといえるでしょう。

おわりに

本章では、なぜ年齢ごとにデータを集めるのかという疑問から出発し、年齢に応じた発達というのは、バイアスのかかった発達観を反映しているのでは、と考察しました。けれども一方で、私たちの心にはステレオタイプとしての3、4歳児の姿があります。それは2歳児でもない、5歳児でもない、3、4歳児の姿であり、私たちはそれを手がかりに明日の子どもの姿を思い浮かべたり、過去の姿を思い出したりしているのかもしれません。また、このような「理念」のもとに教育が行われたり、法律や制度が作られるのでしょう。けれどもそのような理念や一般像から特定の3、4歳児の姿を思い描くことは困難であるらしいことも示唆しました。もしかしたら、私たちがもっている真の発達像は手続き的な知識であり、目の前にその存在が出現しないと発現しないのかもしれません。発達心理学の目標は「理念」「一般像」としての子どもの姿を浮き彫りにしてゆくのと同時に、文脈に埋め込まれた幼児の個々の姿を理解する方法を探ることだろうと思います。

注

（1） 自動車事故事件で当時2年4カ月の被害者とともにいた当時3年4か月の幼児の供述をほとんど唯一のきめてとして有罪とすることを許さなかった事例。（判例時報 **572** 88-96.）

引用文献

Ceci, S. J., Leichtman, M. D., & Gordon, B. N. 1995 The suggestibility of children's eyewitness reports : methodological issues. In F. E. Weinert & W. Schneider (eds.), *Memory performance and competencies : Issues in growth and development.* LEA. pp. 323-347.

Fivush, R. 1997 Event memory in early childhood. In N. Cowan (ed.), *The development of memory in childhood.* Psychology Press. pp. 139-161.

Fivush, R., & Haden, C. A. 1997 Narrating and representing experience: Preschoolers developmental autobiographical accounts. In P. W. v. d. Broek, P.J. Bauer & T. Bourg (eds.), *Developmental spans in event comprehension and representation : Bridging fictional and actual events.* LEA. pp. 169-198.

Fivush, R., & Kuebli, J. 1997 Making everyday events emotional : The construal of emotion in parent-child conversations about the past. In N. L. Stein, P. A. Ornstein, B. Tversky & C. Brainerd (eds.), *Memory for everyday and emotional events.* LEA. pp. 239-266.

Fivush, R., & Shukat, J. R. 1995 Contents, consistency, and coherence of early autobiographical recall. In M. S. Zaragoza, J. R. Graham, G. C. N. Hall, R. Hirschman & Y. S. Ben-Porath (eds.), *Memory and Testimony in the child witness.* Sage Publications. pp. 5-23.

Mistry, J. 1997 The development of remembering in cultural context. In N. Cowan (eds.), *The development of memory in childhood.* Psychology Press : A member of the Taylor & Francis group. pp. 343-368.

Naka, M. 1999 The acquisition of Japanese numerical classifiers by 2-4-year-old children : The role of caretakers' linguistic inputs. *Japanese Psychological Research,* **41**(**1**), 70-78.

仲真紀子 一九九九 対話における助数詞の獲得：語彙獲得における認知的要因と言語的環境要因 桐谷滋(編) ことばと心の発達2 ことばの獲得 ミネルヴァ書房 pp. 117-142.

仲真紀子 一九九七a 3と4歳：人の世へのデビュー 発達 **70** 20-26.

仲真紀子 一九九七b 「見たこと」は信頼できるか：目撃証言 海保博之(編)「温かい認知」の心理学 金子書房 pp. 243-260.

Naka, M., Itsukushima, Y., & Itoh, Y. 1996 Eyewitness testimony after three months : a field study on memory for an incident in everyday life. *Japanese Psychological Research,* **37**(**1**), 14-23.

Nelson, K. 1988 The ontogeny of memory for real events. In U. Neisser & E. Winograd (eds.), *Remembering reconsidered : Eclogical and traditional approaches to the study of memory.* Cambridge University Press. pp. 244-276.

Nelson, K. 1993 Events, narratives, memory: What developms? In C. A. Nelson (eds.), *Memory and affect in development.* Lawrence Erlbaum

Associates, Publishers. pp. 1-24.
大久保愛　一九八七　子育ての言語学　三省堂選書
Spelke, E. 1995 Initial knowledge : Six suggestions. In J. M. a. S. Franck (eds.), *Cognition on cognition.* MIT Press. pp. 433-447.
杉村智子・原野明子・吉本史・北川宇子　一九九四　日常的な想像物に対する幼児の認識：サンタクロースは本当にいるのか？　発達心理学研究　**5**（**2**）　145-153.
上原泉　一九九八　再認が可能になる時期とエピソード報告開始時期の関係：縦断的調査による事例報告　教育心理学研究　**46**（**3**）　271-279.
山田紀代美　一九九七　幼児の記憶における記憶目標を有意味化する文脈の役割　教育心理学研究　**45**（**1**）　1-11.

4歳と5歳

身体の関係と経験から

無藤　隆
小林紀子
海老澤由美

本章では、われわれが進めている幼稚園の子どもの観察事例から、年齢の意義を考えていきたいと思います。はじめに発達研究・保育研究における年齢の意味を考えます。次に、ある子どもの三年間の観察事例からとくに4歳児から5歳児クラスでの変容の姿を考察します。三番目に、それらの姿を身体的経験と関係という視点から検討するために、「戦いごっこ」の事例をもとに、そこでも3歳児を比較に入れつつ、幼児期の発達のあり方について考えてみたいと思います。

なお、本研究の資料は、海老澤・無藤（**2**）および小林・無藤（**3**）の共同研究にもとづいています。おのおの、学会の口頭発表や内部の報告書以外には未提出の事例です。

1　発達研究における年齢の意義

1　年齢をなぜ子どもの区分に使うのか

発達研究というと、当然のように年齢の違いを問題とします。年齢を独立変数として研究者の興味のある変数を従属変数として分散分析を行ったり、月齢と当該の変数の間の相関係数をとって、年齢と対応した関係があるかどうかを検討したりします。そして、年齢とともにある変数のあらわす傾向が増加するとか、減少するとか、ときにある時期に急増・急減する、ないし、ごくたまには、ある時期に減少し再び増加するといったU字カーブやその逆も見出されることがあります。統計的に有意になってめでたい、論文が生産できるという研究者の自己満足と学会への発表に貢献する以外に、どの程度にそういった作業に意味があるのでしょうか。

むろん、意味があると思うから、発達研究者は発達を研究すると称して、年齢と関連する変数を探しているのです。ときに年齢関数を探し記述すると称することもあります。ですが、それには二重の意味での錯誤があります。一つは、そもそも本書の企画に示されるように、年齢が何を示しているかは実はよくわからないということです。そのこと自体は、発達心理学の方法論の本であればかならず書いてある基本的なことです。それは統計的な言い方をすれば、年齢を独立変数とすることは、行動を予測するという意味ではよいわけですが、因果関係を示す方向で解釈することはできないということです。年齢がなにかを変えるということはありません。実体としての心理過程が何を意味するとしても、少なくともそこに年齢なるものは入りようがないのです。そのような亡霊のごときものが年齢です。

もう一つの錯誤が実はあります。当該の変数というものもさほど自明の意味をになっているわけではないということです。このことは発達心理学が実際の保育や人間関係や生活にかかわろうとしたときに決定的な意味合いをもちます。ある変数が本当に測りたいものを測っているのかを妥当性と呼び、安定して測っている程度を信頼性と呼びます。どんな研究でもある程度はその二つは確保されています。そもそも長い伝統のもとで使われている変数はかなりしっかりした基礎があるはずです。ですが、知能という指標一つをとってみても、さほど明瞭なことはいえません。知能がきわめて雑多な課題から成り立っていることは一目でわかります。当然、多くの心理的過程が関与しているにちがいありません。相対的に知的な発達をあらわすのであるとしても、その主張は年齢とともに知的な発達が向上するという程度のことです。そもそも年齢とともによくなる課題を集めたのが知能テストだから当然なのです。

そこで、課題ごとの分析が行われることがあります。そこでは綿密な実験的検討により各課題を解くさいの心理的過程が解明されます。ですが、そこでも二つの問題がつきまといます。一つは本当に確かに心理的過程と対応しているかです。それは実はさほど明確なことではありません。そもそも研究者によってさまざまにモデルが提示されること自体、心理的過程なるものが実体として諸説が統一されているのではないことを示しています。知能テストの課題ではありませんが、幼児期の知的な発達の代表となるピアジェの有名な「保存」課題ですら、正統的な解釈から新ピアジェ派の解釈、また情報処理的なモデル化にいたるまで、決着はついていません。もう一つはさらに深刻なこととして、個別の課題に分析が入りこみ精密になればなるほど、全体としての知性の発達とどう関連するかがわからなくなります。個別の課題の成績はたとえば年齢とさまざまな相関を示します。全体として明瞭な関係がみられるというわけにはいきません。それどころか、どうやって「全体」としての知能として統合できるかはわかりません。

こういった問題は、もっと大きな問題の一部なのです。心理学のうちの自然科学と同様に考えられるものとそうでないものの決定的な違いは、量的に測定できること以前に、いろいろな条件で一定の方式で測定できる指標とその指標が何をあらわし、その結果としてどのような法則の一端に入るかという安定性の問題にあります。もし比較的局所的で文脈に依存せずに、つまりどんな場面でもある方式で測定可能であること、そして、その測定された指標が興味をもっている現象自体に安定して確かに対応しているとみなせるならば、あとは、安心してその指標について研究を進めればよいことになります。当該の事象の記述とその記述をごく少数の指標に集約すること、そしてその指標と他の指標との関連をみること、さらに数量的なモデルに表現することが自然科学の基本なのです。ですが、心理学の多くの指標はそうはなっていません。ごく少数の安定して対象となる事象を記述しているとみなされる指標が発見されると研究が進展します。ですが、ときにその安定したと考えられる指標が、流行が過ぎると、保存課題のように、多くの研究者が見放すことも珍しくないのです。

安定した指標を見出すという希望を捨てることはできません。それができれば便利だし、研究の累積が容易になり、飛躍的な進歩が期待できるからです。その期待をになって毎年数多くの研究が発表されます。だが悲しいことに、その大部分の指標は使われないままに捨てられていきます。流行に終わるのです。

以上の困難を考えたときに、年齢は異様なまでに繰り返し使われる変数です。なぜでしょうか。その意味するところが明瞭でないにもかかわらず、なにゆえに愛好されるのでしょうか。

むしろ、その意味があいまいであることのゆえに、いわば空虚な意味であり、ブラックホールのように意味を吸い取るから使われるのでしょうか。むろん、一つの大きな理由は客観的に決めるのが容易だからです。文化によっては年齢を当人もまわりの人もよく知らない場合はあるようです。しかし、日本や欧米では、年齢は子どもはもちろん大人にあっても重要な意義を社会的に付与されます。誰でも自分の年齢を知っている以上、客観的でしかもきわめて容易に測定できます。

同時に、社会的な意味が与えられ、年齢ごとの集団に顕著な意義が与えられていることも見逃せません。少なくとも多くの文明社会において、年齢階梯に意味が与えられるのみならず、法的な権利や義務が年齢にもとづいて規定されることが多いのです。おそらく、歴史的に子どもと大人の区別が年齢によっていることが多かったことと、現代において平等が志向されるなかで年齢以外の個人の特徴は指標として安定していない、ないし手順が決まらないとか（多くの能力にかかわるもの）、わずかな違いを拡大して差別的になるとか（ジェンダーによる区別など）といったことがきいているのでしょう。それに対してとくに子どもと大人を区別する意味での年齢を用いることは、子どもが能力が未熟で適切に社会生活に参加できないことは誰にとっても明らかなので、ボーダーラインになる思春期（中高生の時期）は別として、それ以前が一人前に扱えないことは確かだからやりやすいわけです。たとえば、性的な成熟にいたらない以上、子どもを産むことができません。たとえ働くことが許されたとしても自活できるほどの収入を得ることもできません。さらに、現代の高度に複雑化した社会では、自活できる一定程度の収入とそれにもとづいての生活をするには、相当に長い教育を受ける必要があります。大人への準備期間としての子ども時代がかなり長く想定されれば、それに応じて子どもと大人の区別は年齢によって明確にすることができます。

むろん、そこでも年齢ではなく、なにかの通過儀礼で大人になることを承認してもよいはずです。受験や卒業や就職、恋愛・結婚などがそれに相当しているのかもしれません。ですが、寿命の延長に伴い、大人とも子どもともつかない時期にそれらの出来事が生じるのであり、それら以前の子ども時代は年齢相応として社会的に定義されています。

先ほど、心理学の指標の多くは当てにならないと述べましたが、このくらい長い時間スケールで考えれば、当然かもしれませんが、しかるべき年齢との対応を示します。たとえば、もっとも基礎となる心理的認知過程として「作業記憶容量」が考えられますが、その種々の材料を用いた成績の結果はおおかた思春期のどこかにピークがくるようです。おそらく成人と同程度の知的機能をどれほど早く見積もっても、個人差を別として、多くの人について中学生低学年より以前にもってくることは無理でしょう。もとより精密に年齢との対応をいえるデータはないようです。

まして、幼児期に話を移せば、なぜか日本では（多くの国々でも）、厳密に年齢との対応で学齢が定められています。誰もが納得するような行動的な指標も、安定した心理的指標もないからかもしれません。欧米諸国でも、発達検査の結果にもとづいて就学猶予をする場合はあるようですが、それだって一年程度です。誕生日から幼稚園や小学校に入る慣例のところもあるようですが、それは満年齢を重視して、数えの年齢を採用していないことにすぎません。おそらく、学校に対する教育可能性といったことを定義するよい指標がないために、また、うかつに用いると、社会的な差別を再生産どころか拡大しかねないために、年齢以外の指標は用いないのでしょう。

多くの幼稚園関係者は時に年齢に応じた記述や措定に反対します。幼稚園への就園や卒園を年齢で区切ることには反対せずに、幼児期の特性ということを信奉するようですけれども、それに対して、3歳、4歳、5歳という区切りで発達を記述することは抵抗のある場合が多いのです。保育園の場合はむしろ年齢ごとの記述を歓迎する場合が多いことと対照的です（幼稚園教育要領と保育所保育指針を比べるとわかります）。また、年齢ごとのクラス編成をする多くの園で行っている慣例をどうやって擁護するかもあいまいになっていて、それも不思議です。

もし4歳と5歳の違いが子どもによって著しく違うなら、当然、6歳と7歳でも異なります。その時点で小学校に行き、年齢によって区別され、かなり異なる教育原則に従う理由はありません。もちろん法的に決まっている以上、それを尊重せざるをえません。クラスが年齢で編成されようとも、個別の指導を原則とすれば、発達の程度がさまざまな子どもが入り交じることはよいことなのでしょう。なにより子どもおよび保護者が容易に納得できる編成原理でなければ、現実に実施はむずかしくなります。

細かい年齢記述ではなく、もっと大きな区分で記述していくやり方がありえます。たとえば、ことばが出始める1歳代ないし2歳半くらいから始めて、6歳から9歳くらいまでを終わりとする幅のある時期を幼児期として考えてみてはどうでしょうか。そのくらい大ざっぱに時期を想定すれば、確かに、多くの幼児をあらわす指標は、世間で使われるものにせよ、心理学者が発明したものにせよ、ほとんど大部分の子どもについて始まりから終わりまでを追えるのではないでしょうか。それではあまりに大きな記述で役立たないかもしれません。ですが、幼児期的特性をとらえるにはそのくらいのラフさがちょうどよいように考えます。その試みを本章の後半で行いたいと思います。

ですが同時に、もっと細かい年齢の区別を意味をもう少し語る必要があります。単に社会的・法的に要請されること以上の意味があるのでしょうか。あるいはまた、他の適当な皆が納得するものがないから使う便宜以上の意味があるのでしょうか。

「期」という区別を多くの幼稚園関係者は用います。幼稚園や提唱者によって一致した見解はないようですが、多くの場合には線形に、つまりたとえば九つの時期に三年間を分けるといった具合に記述されます。おのおの子どもは特定の期に属するとみなされます。あいまいで中間的なケースはあるとしても、その期を順に通過して発達すると想定されます。ただ、いつ通過するか、ある時期にどのくらい長く滞在するかは、子どもによって異なります。だから、年齢や月齢でどの期にあるかを決定はできません。子ども一人一人のようすをみて判断しなければならないのです。

この期は単線型であり、順序が一定である以上、適当にずらせば、年齢に対応して、たとえば正規カーブなどにより近似される分布を描くにちがいありません。厳密な測定を意図したものではないのですから、そのような分布を研究者が出しているわけではありません。しかし、たとえば、あるクラスにおいて、あるその年齢・月齢の時期に生じやすい期に属している子どもをまずあげ、次にやや下の期にある子ども、やや上の期にある子どもとあげていけば、心理学者が好むところの分布を描くことになります。

むろん、期という見方は、子どもを比較して、早いとか遅れているとかいわないで、子ども一人一人をみるところが大事だと反論することでしょう。だが、発達を単線的にかつ一定の順序でとらえるかぎり、一定の流れに子どもを位置づけることが可能となります。早い・遅いという価値づけを避けることはその位置づけとは別のことであるととらえるべきなのです。早く進むことが好ましいとは本来、発達の考え方のなかにあることではありません。どうせ小さい時期を過ごすなら、ゆったり過ごす方がよいという見方もあるでしょうが、そこまでいわなくても、発達のすべてをある指標で記述することは不可能なのですから、その指標で進んでいても、ほかのところでは遅れているといったことは充分にありうることなのです。

年齢という指標が行き渡ることにより、期といった考え方にしても、単線的な発達のとらえ方を細部にまで届けすぎてしまったのではないでしょうか。再度、年齢という指標の意義を考え直し、先ほどふれた大ざっぱな年齢との対応における発達の見方と結びつける必要があります。

2　年齢という指標の意義

詳細まで年齢という指標に頼るのでなければ、年齢というところで切って子どもを眺めることはその像について簡便な手がかりを与えてくれます。しかも、その像に個々の子どもが反したとしても、いくつかの点でそれも有効な情報となります。

一つには、心理機能の深い点で、その年齢の特徴をやはりになっていると思えることがあります。幼児期はこういう特徴があるとして、表面上でいくつか食い違うにしても、根底はやはり幼児らしいと思えることなどです。むろん幼児らしさとして何を考えるかが重要となります。

もう一つには、年齢とのズレを大ざっぱにそれとの早い・遅いでとらえることです。知能指数はその典型的な方式ですが、それに類したことはもっと直感的に多くの人が行っています。とくに発達の側面をいくつかに適宜分ければ発達の早い・遅いのズレで見当をつけることは有効ですし、今後の発達への展望を与えてくれる点でも役立ちます。

その年齢なりの大きな像を描いて、そのバリエーションとして個々の子どものようすを描き出せます。早い・遅いという面があるにしても、それにこだわることなく、原像としての年齢の姿をもとに個々の事情を入れこみつつ、理解していくのです。

以上はいわば経験的に、子どものようすを年齢という枠を用いて整理して、心覚えとして用いるといったものです。もう一つの年齢の利用はもっと理論的なものです。整理の枠はいろいろとあるにちがいないのですが、なぜ年齢がとりわけ重要かつよく使われるものとなるかです。われわれの社会では、とくに子どもは年齢によって規定されており、また年齢は誰もが承知しているので、すぐに用いられる指標であることを別として、もっと深い意義はあるのでしょうか。

なにより年齢は子どもが毎日頻繁にする多くの経験の集約とみなすことができます。発達とは、よほど例外的に激しい情動を伴う出来事（たとえば肉親を亡くすような）以外は、一回きりのことで影響されることはありません。あるいは、たとえば、親の応答性が影響するといったことにしても、その積み重ねが重要なのであって、少々応答しそこなうとか、あるときに気をとられることがあって応答が乏しかったら発達にマイナスが出るといったことはありません。ことばの発達にせよ、毎日の無数ともいえる言語経験の総体として発達が成り立ちます。とくに幼児期において問題とされるような基礎的な発達についてはそうです。学校教育となれば、授業以外では教わらないようなことを教わります。たとえば、分数といった概念です。そこでその授業や関連した宿題などを通して学ぶ以外に学びようがありません。ですが、たとえば、ものを一〇まで数えるといったことは、親や教師から教わるだけのことではありません。数えられる対象は日常生活にいくらでも存在し、子どもは自発的にいくらでも数えることを普段の生活で試みています。そのおそらく何百・何千という経験の成果として数える範囲が広がり、そこでの足し引きなどの規則性を理解していきます。だとしたら、その無数ともいえる経験の総量は年齢とともに積み重なり、それに比べれば、通常の環境の範囲では個人差はさほど大きくないにちがいないのです。よほど剝奪された環境以外は、基礎的な発達に関連した刺激は豊かに存在し、また子ども自身が作り出すことができるからです。

第二に、経験を重視する考えと相対立する、しかし同様に年齢という指標に意味を見出す立場が、成熟の生物学的プログラムのあらわれとして年齢に対応する発達をとらえるものです。生物学的プログラムはそのなかに時間という変数をもっていて作動するのか、そうではなく、単にその構成要素が機能を発揮するのにおのおの一定の時間を要するので結果としてある時期にそのシステムのはたらきがあらわれるのかわからないのですが、大きくは年齢と対応した順序性をもっているらしいのです。それは別に環境の影響がないということではありません。思春期の性的成熟を例にとれば、明らかに生物学的プログラムがはたらいているのでしょう。大ざっぱにいつごろ機能し始めるかは生物としての人に共通です。しかも、ある程度早い・遅いもまた遺伝的に規定されているようです。しかしまた、環境の刺激量や家族関係などが影響することも確かです。プログラムは多くの人について上限・下限を規定しているようにみえます。成熟するための要素の時間的な制約が絡み合ってその限度を決めるのでしょう。だとしたら、やはり年齢が重要な発達の目途となります。

第三に、社会的な規定としての年齢が、単に年齢を指標として用いることを便利にしているだけでなく、年齢を発達の指標にできるように実際に発達に影響している可能性があります。たとえば、6歳になってから小学校に行くことで子どもの経験は大きく変わります。それに応じて親やまわりの大人の扱い方も変化します。子ども自身の自分のとらえ方も小学生にふさわしいものになっていきます。それらが合わさって、小学生らしさを作り出します。それは同時に細かくいえば、小学校1年生らしさであり、6歳児らしさでもあります。園の年齢区分は多くの場合にクラス区分でもあるから、「年長さん」らしさを子どもがもつようになるし、もつように努力もします。まわりもそれを期待します。

こういった年齢ごとの記述は意義が明瞭にあることになりますが、それはかならずしも個体としての特徴と等しいとはかぎらないことに注意が必要です。年齢によって記述することは個体としての特徴を述べているような錯覚に陥らせやすいのですが、そう簡単に決めつけることはできません。たとえば、幼稚園の年長の子どもが小学校に入って1年生としてみると、妙に幼いことはいくらでもあります。小学校という文脈のなかで比較対象が上学年にあるために相対的に幼くみえるということもありますが、同時に確かに行動として幼いということもあります。それは、1年生として新たな環境に戸惑っていることやそこで必要な行動に習熟していないこと、また年長の子どもに対して服従的に振る舞わざるをえないことなどによっているのでしょう。有能さ・無能さを規定する物理的社会的状況が影響するのです。ですから、子どもの年齢ごとの記述は年齢に応じて成り立つ環境と切り離すことはできません。仮にその環境から離して一定の標準的環境条件においたところで、そういった環境への慣れは年齢によって異なる普段の環境のあり方によってそもそも違うからです。

2　友達とかかわれないY君の事例にみる4歳児から5歳児への姿の変容

次に実際に幼稚園において子どもはいかなる発達の姿を示すのかを、年長の一年間の成長のようすからみてみたいと思います。三年間の幼稚園の生活とそこでの成長を背景として、幼稚園の環境のあり方と保育者の援助を通しながら、子どもはいかなる発達を実現していくのでしょうか。具体的にエピソードの記述から考えてみます。

観察者がY君に出会い、登園するとすぐに遊びに出ていく子どもたちが多いなかで、なにをするというあてもないようなようす、机の上にあるものや友達がやっていることをなんとなく見ているようす、一人でいることが多い、などから関心をもつようになりました。

このY君の変容と幼児に対して保育者がどのように支援するかを、年長五歳クラスの五月、九月、二月の三回の記録からいくつかのエピソードをあげて考えてみます。

〈3、4歳のころのY君のようす〉

入園したころ、生活のルールなどまったくなかった。そして、自分のクラスという枠におさまらず、気持ちの動くまま好きなことをしていた。思うようにならないとき、友達をかんでしまったり、すぐ手が出てしまう。こんなY君をまわりの友達にどう話すか保育者は悩んだという。しかし、3歳の中ごろから4歳にかけて、友達の示す自分への不快を感じとり、〝幼稚園へ行きたくない〟という状況もあったという。

〈家族のようす〉

父母。姉二人とは、かなり年が離れている。

五月

【事例1　ぼくと遊んで】

登園後、うがい・手洗いをしその後一〇分くらい、ずっと部屋の中のなにかを見たり、友達に近づいたりしながらうろうろしている感じである。なにか見つけるとそこでじっと考えているようである。R子が乳母車を押しているのを見つけあとをついていく。その後、R子が始めたキャップの色塗りを隣にすわって始める。色が塗れると積木をつんだところから転がしている。R子は、廊下の電車（椅子などで作ったもの）のところへ行こうとする。Y君が「電車、見てくるだけだよ」と声をかける。なかなか戻ってこないR子を見に廊下へ行く。数メートル離れたところからR子と友達の遊ぶようすをじっと見ている。少しして、R子に近づいていく。さっき使った乳母車を手にもちカタカタさせている。もっと近づいてY君は「ねえ」とR子の肩に手をかける。その後もY君は「ねえ、ねえねえ」とつぶやくように言うが、電車遊びのなかへは入ろうとしない。R子はみんなと楽しんでいる。R子はY君に気づくようすもなく遊んでいる。Y君は、部屋へ戻ってぶらっと中を歩き、また、積木のところで一人キャップを転がして遊んでいる。

〈考察〉

どの子どももお母さんと一緒に保育室へ入ってきます。しかしY君だけは、「お母さんおいてきちゃった」などと言って一人でした。表情があまりなく声が小さくおとなしい印象でした。一人でいたR子のあとをずっと追って同じことをしようとしています。R子と一緒に遊びたかったのでしょう。また、R子が、電車で遊ぶ友達のところから自分のところへ戻ってきてくれることを望んでいることがY君のことば「電車、見てくるだけだよ」からわかります。〝自分も入れて〟と言わず遠くから見ているのは、R子と二人で遊びたくて待っている、電車で遊びたくない、遊びたくない友達がいるなどが考えられます。自分から声をかけないことが、この日もう一つありました。保育者に頼みたいことがあったようです。しかし、友達が保育者のまわりにはたくさんいました。近くでずっと保育者にかかわれるチャンスを待っています。保育者が気づき「Y君なあに」というまで待っていました。友達や保育者とのかかわりをみると、とても気をつかっています。そして、どう自分をかかわらせていくかに戸惑っているような感じを受けました。

【事例2　ぼくをばかにしないで】

電車を作って遊ぶ友達のなかに入り自分も電車を作っているY君。電車の平面図形は、保育者が作っている。次々に電車を作りたい子どもたちが数名いる。Y君も同様である。箱の形にとんがりをつけ電車のように見せているJ君。それを見ると【事例1】での保育者へのかかわりとは違って、「J君みたいにつけたい」と保育者にはっきり伝える。保育者は、Y君にすぐ応えて、とんがりのところを画用紙で作ってあげる。できたものをもらうとどんどん工夫していく。電車が通っていく線路もずいぶん長くできあがる。M君、J君、H君たちが遊んでいる。そこへ、S君が来て、「板いる人?」ときく。Y君は「いりませーん」と答える。いろいろなものを持ってきてはS君は「〜いる人?」ときいている。J君、プラスチックの食べ物を持ってきてM君に渡す。M君は、ムシャムシャと食べている。また、弁当箱に食べ物を入れて持ってくる。S君が「食べる人?」、するとM君とY君が「はーい」と手をあげる。S君がM君に渡すとムシャムシャと食べだす。Y君が「ふざけるなよ。おまえ。Yちゃん食べるって言ったろう」と大声を出す。M君は、すぐにY君に渡す。するとおいしそうにムシャムシャと食べている。M君に渡したりまたもらったりして食べている。

〈考察〉

ここでは、保育者に援助されながら、自分で電車を作ることができ、それを通して友達とかかわっています。友達にも応答しうまくかかわっています。しかし、Y君は、友達から誤解されそうな態度をみせます。Y君は、急にかっとして怒鳴り、みんなが驚くようなすごいことばを発しています。自分が食べたいという気持ちを友達がわかってくれません。それに、自分に自信がないこともあって、相手の軽い気持ちでの行動を無視と受けとってしまう可能性もあります。Y君が、自分の気持ちをうまくことばで表現でき、「自分にもほしい」ということがうまく伝えられたらと思います。口調が強いY君に、相手に伝えるいい方を教えていく必要があると思うのです。

九月

【事例3　どこ？　ぼくの友達】

登園し、保育室へ入ってくるとすぐに、園庭の方を背伸びして見ている。次に、うがいをしながら窓から園庭をのぞいている。外へ出ようとするが、園庭を見回して誰かを探している。Y君「あっ、K君」と言い、砂場へ行く。すぐに赤いシャベルを持って、砂をコショウや塩に見立てた遊びが始まる。K君と二人で川を作ることになり、二人は両側から掘り始める。川がつながると、ヤカンを持ちだし、水を汲んで何回も何回も流す。水がたまってくるとうれしそう。Y君は、水をくんで流すことを八回も繰り返すほどであった。

〈考察〉

九月になり、幼稚園に来て、すぐ探すような友達（K君）、それも親しい友達ができたことがわかりました。すぐに友達と遊びを始めます。もし、五月と近い部分があるとしたら、遊びの途中にぼんやり考えているようなようすをときどきみせるところです。

Y君は、遊びが決まると自分で工夫していき、繰り返し繰り返し根気よく遊ぶのです。友達との共有のめあて（川をつなぐ）があったからこのように遊んだのでしょう。活動は一緒に始めたが、お互いのペースで砂遊びを楽しんでいるという感じでした。

【事例4　かけるなよ】

砂遊びを一生懸命していたY君。プリンカップに砂を入れて遊ぼうと準備しているが落としてしまう。しゃがんで並べている。隣では、やはり四人の男子が砂遊びを楽しんでいる。T君が水をくんで何回も往復している。急いで歩いて戻る途中、Y君の背中に水が少しかかってしまう。Y君は、何も気づいていないT君のところへわざわざ行って、Y君が「かけるなって言ってんだろ」と言う。T君が「かけてないよ」と言う。このあと、Y君はなにも言わない。

〈**考察**〉

ここでは、自分の気持ちを相手のところへ伝えにいくという姿がY君にみられます。相手に自分の気持ちが言えたら、その後は言い合いをするわけでもなく、伝えて気持ちがすんだのかもしれません。Y君は、プリンカップを持ち運ぶのが一人ではむずかしく、落とす・拾うを繰り返していて、少しいらだっていたようにも感じられます。水は、かかったかかからなかったかどうかという程度でした。ここでのかかわりも、ことばの口調の強さが誤解を生むのではないかと感じます。

【事例5　Yちゃんもっとやさしく言って…】

みんなでピアノをひいたり音楽を聴いたりしている。Y君は、トライアングルを持ち、ピアノのまわりに友達と一緒にすわる。トライアングルをうちだす。友達も好きなものを勝手にやる。Y君が「うるさすぎる」とつぶやく。保育者が「まだ、始まってないから」とみんなに言う。T君、〃ねこふんじゃった〃をピアノでひく。まわりでは、曲に合わせるように、〃リンリン、チーン、タンタンタン〃とやる。保育者は、Y君のトライアングルのうち方を教えながらみんなに声をかけている。T君、一番が終わると曲をやめて、保育者に「まだ続く?」。保育者が続けるように言うと、みんなでまた合奏を始める。これが終わると、みんなは、ピアノを順番にひき始める。Y君は、ピアノをひきたいがなかなか自分がひくチャンスがこない。しばらくして、やっとピアノの前にすわることができる。友達は、それでも勝手にピアノをポンポンひきY君が一人で落ち着いてひくことはできない。するとY君が「おすなよ」「だめっ」。それでも友達はやめないのでY君は「おしちゃだめっ。言うこと聞け、Yちゃんがやるの」と大声をあげる。友達はささっと離れていく。Y君は〃チューリップ〃の曲を一音一音ゆっくりひき始める。そのようすを見ていた保育者が「Yちゃん、もうちょっとやさしく言ってよ」と声をかける。それ以上はなにも言わない。

〈考察〉

ここでは、ピアノをひいていたT君のところに保育者が子どもたちを誘い、小さな音楽会が始まりました。いろいろな楽器を手にして、まずはたたいたりうったりする子どもたち。保育者は一人一人に楽器の扱い方を教えています。そして、ピアノにあわせて合奏をします。そんななか、Y君は、あちこちからする音を感じて、「うるさすぎる」と観察者がそのときちょっと感じた気持ちと同じことを言いました。ほかの子どもたちは自分のやることに熱中してそのようなことは感じているようすもなかったのです。Y君のときどきみせる大人っぽいようすです。

その後、楽しく合奏が終わり、ピアノに目を向ける子どもたち。みんなは、とにかくひきたいようすでそれぞれが手を鍵盤にのせてひいています。Y君は、自分だけでひきたかったのか、どいてほしい気持ちを〝おすな〟と表現しています。みんなは、この言い方では理解できず、いつまでもピアノでそれぞれが音を出します。そこで、ついに、誤解されるような言い方をしてしまうのです。ことばでうまく気持ちを伝えることができないのです。自分一人でとにかく音を出し、T君のようにやりたいという願いが感じとれました。そして、友達がさっと手をどかすと、ゆっくりひき出しました。保育者は、そばでようすを見守っていましたが、ひとこと「やさしく」と言います。この支援によって、自分の言い方がやさしさにかけるということを気づかせようとしています。さらに、Y君の気持ちを考え、タイミングよくひとこと言うだけです。保育者は、このような支援を、Y君に繰り返ししているものと思います。

【事例6　K君のために描いたの…】

部屋で絵を描くことになる。Y君が「先生」と描いた絵を見せる。保育者が「Yちゃん、絵を描くのうまくなったね。小さいのいやなら、大きいのあるから。失敗したら、紙とりかえていいから」。Y君が「ちょっと、違う雰囲気のを描いてみようかな」。保育者が「ふふ、雰囲気の違うのね。大人っぽいことば知ってるのねえ。え、びっくり箱？　いいよ、先生協力する」と次に作るものも決まり絵を続ける。K君はなかなか描けないようす。すると、Y君が「こう描いて」とK君に自分と同じように描くことをすすめる。そしてY君が「鉛筆で描いてあげようか、その上からなぞれば」と言い、K君の画用紙に描いてあげる。K君は、描いてもらった絵を、マジックでなぞりだす。K君が絵の裏に名前を漢字で書く。すると、Y君が「すっげー」と言い、顔をつけて見ている。

〈考察〉

ここでは、保育者の温かな支援を感じて、Y君が自信をもち、意欲的な態度をみせています。保育者は、優しさで包むようにかかわっています。Y君が安心して活動できる環境を提供しているともいえます。五月ごろ、保育者に声をかけるタイミングをみていることがありました。保育者に自分から「先生」と声をかけることができたのは、保育者との信頼関係ができたからであると考えます。さらに、大切な友達とのかかわりから、Y君のやさしさも引きだされています。友達が描けないのを見て、友達がやりやすいようにと方法を考えています。親しい関係にあるK君に対しては、ほかの友達よりもかかわりが深く安心してつきあうことができるのです。しかし、ほかの子どもとの関係では、相手の立場をわかっていても、自分らしさをまだ出せないのです。K君との関係で培われたやりとりのしかたなどが、ほかの友達とのこれからのかかわりにつながり、よりよい関係をつくっていくのではないかと考えます。

翌年二月

【事例7　仲間にいーれーて】

登園してすぐ、T君たちのいるところへ行く。Y君が「仲間にいーれーて」と言ってから、うがいをする。園庭へ出ると、M君が「鬼ごっこする人、この指とまってー」と言っている。Y君もすぐにとまり、みんなで（五人）ジャンケンをする。園庭いっぱいを使って走り回る。しばらくすると、Y君が鬼になる。走りだすと少し遅れたT君から「Y君、数えてからだよ」と言われて、そこに立ち止まり数え始める。保育者は、園庭を走り回る子どもたちをときどき目で追っているが直接的なはたらきかけはしない。この鬼ごっこは、三〇分くらい続く。楽しそうに走り回っていた。

〈考察〉

K君との関係で培われたことが、ほかの友達との関係にもできてきています。かかわる友達の人数が増え、たくさんの男の子と一緒です。そして、かなり長い時間遊ぶことができるようになっています。M君とは、四月ごろからかかわることもあったが、K君もふくめ五人です。友達とのかかわりがとてもうまくなっています。また、途中で、数を数えていないと言われましたが、T君が自分が逃げ遅れたために言ったことで恣意的な規則ともいえますが、Y君は素直に従っています。このようなことを通して、多くの友達とかかわって遊ぶことで、Y君は、着実に友達とのかかわりを学んでいると考えます。保育者は、直接かかわることを減らし、子どもたちの学び合いを遠くからじっと見守り、活動がうまくいっているのを見るとなにも声をかけずにほかへ行くという支援をしています。

【事例8　ぼくがやるよ】

滑り台を新幹線に見立てて遊んでいるI君とS君。Y君は、M君と一緒にガソリン（水道の水をジョーロでくんでくる）を入れることを繰り返している。J君は、お客が来ないからとピザやさんの準備をしている。ほかにもK君やH君がいる。隣の遊具は、ほかの電車である。その二つを乗り換えるのに、乗り換え券がいるというS君とI君。乗りたいのに券がない。H君は「乗り換え券て、どんなのう」、S君は「紙で作ってきて」、K君は「どこで売ってるの、ふつうは買う場所あるでしょ」、S君が「紙で作るんだよ」、K君が「ズルイ、ズルイ」と言いどこかへ行ってしまう。I君S君「わかった、なんでもいいから一。なんでもいいから乗ってよ」と言うが、誰も乗らない。S君は「客が減ったね」、I君は「ほんとだね」と上からみんなを眺めている。そこへ保育者が来る（乗り換え券のことで誰かが相談に行ったらしい）。保育者に近づいていきM君が「新幹線なのに、チケットないの。乗り換え券持ってないと乗れないの」と訴える。保育者が「見せてもらって、チケット作ったら。誰か係になったら」と言う。M君と保育者との会話を聞いてから、Y君が「ハーイ」と手を挙げて部屋へ走っていく。

〈考察〉

ここでは、七人という大勢でのかかわりがあります。それぞれの思いをそれぞれが言い、同じ場所で、ガソリン（みず）を電車に入れる遊び、ピザを作って売ろうという遊び、電車の運転士となって遊ぶなどが入り交じっています。そのなかで、

Y君も自分からみんなに声をかけていったり、ふざけてみたりしながらいろいろな友達とかかわっていました。乗り換え券については、実際に作ったのは、「ズルイ、ズルイ」と言い困っていた大切な友達のK君と自分のぶんです。保育者の提案で自分が作ることを希望しています。ぬけていったK君のためにという相手を思う気持ちがはたらき券を作ることになったのではないかと考えられます。また、大好きな保育者に言われたことをやってみようという気持ちもあるかもしれません。七人いると、そのなかでのいろいろな友達との学び合いがみられます。たとえば、M君（体も大きくリーダー的な存在）が「地下室へ行くぞー、みんな下りろー」と言うと、みんな、遊具の上から下へ下りていきます。しかし、Y君が、「応答せよ、応答せよ」と言っても、みんなは自分にすぐ応答してくれないのです。そんななかで、自分が怒ったり、怒鳴ったりしても友達はついてきません。そのようなとき、モデルとなる友達の行為をまねして学んでいくことも考えられます。

保育者は、このような出来事（事例）をどう考えているのか

幼稚園では、毎日の保育のなかで子どもの行為をみていきます。そのとき、子どもの行為には意味があるとみています。子どもとかかわり心を通わせながら、感じようとしています。そして、保育終了後、今日あった出来事を振り返って考えたり記録したりしています。自分の発見したことや心に残った出来事をエピソードとしてとらえています。そのなかに、子どもの発達がありそれを理解するために、保育を振り返り省察をしています。Y君の場合も、3歳からの毎日の記録からその育ちをみて、Y君の課題に合った支援を考えています。

保育者は、Y君の成長とともに支援を変えています。五月ごろは、Y君の言うことにすぐ対応し、保育者との信頼関係をつくっています。いつもY君の思いや願いを大事にしながら接しています。九月ごろは、Y君のよさを認め、友達とかかわっているときは見守り、Y君のかかわりの下手なところ、たとえば相手の気持ちを考えることやY君が直すべきことを支援しています。一月になると、ほとんどY君は、自分だけの力で友達とかかわりそのなか

表1　Y君の変容と保育者の支援

〈Y君のようす〉

5月	9月	2月
◆友達がまだいない ◆自分の気持ちをわかってもらえないとかっとする ◆逆に，相手にかかわっていけないところもある ◆保育者に気をつかうところがある	◇K君という友達ができる ◇K君にはやさしくできる ◆自分の思うようにならないと，かっとする ◆ことばでの言い方が下手 ◇保育者を信頼している	◇大勢の友達とかかわる ◇友達に対する思いやり ◇保育者を大好き

〈保育者の支援〉

5.21のかかわり	9.17のかかわり	2.18のかかわり
・近くで待つY君に気づき声をかける ・電車の本体を描く ・切り込みをいれたものを立体にしてあげる ・「J君のようにしたい」というY君にこたえる ・ゴムをあげる ・めうちを貸す ・遊びのようすを見守る	・見守る（砂遊び） ・絵を描く準備 ・絵を称賛する ・「もっとやさしく言って」言い方の指導 ・子どもたちの小さな演奏会を援助する	・遠くで遊びのようすを見守る ・券を作るときの準備

〈Y君についての保育者のとらえ方〉

6，7，8月のとらえ	10，11，12，1月のとらえ
自分から友達とかかわろうとする姿がみえる	なかよしの友達ができてきて，安定した生活をしている
ことばでコミュニケートする力がついている 友達とかかわる準備が少しずつできている しかし，まだ偶然的な出会いで友達とかかわっていることが多く特定の関係をもっていない	Y君の成長により，保育者のかかわりは減っている
いつも心にとめていたこと： 受容的なかかわり	ことばでの強い言い方に，気をつけて声をかける
子どもと子どもとの橋渡しをする 友達とかかわるきっかけを支えるようにする	Y君への支援の時期を遅くする（待つ） 友達が固定化していないかをみていく

で、友達とのかかわりを学ぶようになってきています。保育者は、友達とのかかわりのなかで、Y君が支えられ学んでいる部分が大きいといいます。そして、子どもたちに自分も支えられているといいます。しかし、当然、保育者が毎日のかかわりのなかで、意図的な支援を継続してきたことが友達との関係を育てているのです。保育者は、その子どもの課題を考えて、このようなかかわりをどの子どもに対しても行っているのです。

また、このクラスには、ほかにもかかわり方の下手な子どもたちがいます。いくつかの例をあげてみます。たとえば、SさんとTさんは、遊んでいるようすを見ているととてもなかがよい感じです。Sさんは、Tさんのいうことを聞いているばかりでした。そんな観察記録から、Sさんは、そんなに我慢しても、友達と一緒に活動したかったのだとわかります。だから、Sさんを心から支えたいと願うのです。そして、Tさんについても、強い態度に出てしまうけれども、相手の気持ちがわかっていても、表現のしかたが下手でうまくかかわれないのだととらえています。保育者の子どもへの深い理解が感じられます。また、かかわり方で、ちょっと我慢できていることや相手にいやなことをされたときに自分からどう動いているのかなども大切にし、多面的な判断をしています。

つぎに、かかわりを広げるときの支援についての例をあげてみます。いつも、遊ぶ友達が決まってしまう二人がいます。保育者は、この二人をほかの友達とかかわらせたいと考えています。ほかのグループの劇の見学に二人を誘うというきっかけを保育者が作りました。しばらくすると、見ている二人も入って人形劇の練習をすることになりました。そのころ、保育者の姿はなく子どもたちだけで遊びが活発に行われています。ここでの大勢でのかかわりは、子どもたちが学び合う機会であるいざこざを経験させることになりました。友達とかかわる大切さを保育者は理解しているので、このような橋渡しは意図的な支援といえます。また、子どもたちが自然に活動するなかで、いつもとは違う友達とかかわっている場合、互いのよさを知ってほしいと考え、この関係を支えていくような支援（停滞した場合、一緒に入って活動が続くようにするなど）を考えるのです。そして、常に関係が固定化せずどのような友達ともかかわっていける力をつけようとしています。さらに、保育者は、子どもの理解はいろいろなとらえ方ができるのでむずかしいと思うが、自分の支援が、受容的なときに子どもと心が深く通い合う感覚をもつといいます。そして関係が一歩先へ進んだような気持ちになるというのです。

終わりに、Y君の記録から担任にインタビューをしました。

◇担任の支援としてどんなことがよかったと考えますか。

Y君自身、友達への興味・関心をしっかりもっています。しかし、表現が不器用なY君。Y君が友達に理解されるような橋渡しをしてきたことがよかったと思います。

◇Y君が小学校へ入学するにあたり、どのようなことを小学校に期待しますか。

すぐに泣いてしまう子、そのような子どもに対して、「すぐ泣く…」などと、子どもの表面にあらわれた行動だけで判断しないでほしい。子どもがかかえているもとの問題となることをくみとって、支えていってほしいと思います。

3 戦いごっこにおける身体性の変容

幼稚園における子どもの姿の一端をみてきました。では、幼児期とはいったいそもそも何なのでしょう。幼児教育が幼稚園において3歳から5歳までの年齢に規定されて成り立つことにどんな発達的な意味があるのでしょうか。もし発達的な意義があるとしたら、なにか幼児期としての全体的特質があるにちがいありません。その全体的な特質の年齢を追っての変容として年齢に準じた発達の姿をとらえ直すことができるはずです。以下、その試みを幼児の「戦いごっこ」の記述から探ります。そこから、年齢に応じた発達の姿についての一つの試み的記述と、逆に年齢からはみ出す発達の姿を検討したいと思います。

幼児期の子どもは、なぜ「戦いのふり」を好むのでしょう。メディア時代といわれる現在、テレビやビデオ、ゲームには「戦い」の情報が満載されています。それらの情報を、集団保育施設である幼稚園という場において、子どもたちは、どのようにあらわしていくのかを探ってみたいと思います。とくにここでは、環境とかかわる身体に視点を当て、三年間継続的に参与観察した三年保育W園S児とその周辺の子どもたちの姿から具体的に考えていきます。

3歳児の姿

3歳児学級に入園してきたころのS君は、割合おとなしい子どもで、どちらかというと、他児の「戦いのふり」を見ているという姿がみられました。一方、U君、K君は、「戦いのふり」を好み、勢いが高じて相手とトラブルを起こすこともしばしばありました。しかし、複数の子どもが集う保育の場において、多様な他者とかかわるなかで、その「戦いのふり」も少しずつ変化していきました。

【九月三〇日の事例】
ウルトラマンの仲間になるS君・U君・K君

K君は、登園してくると積んであるウレタン積木の場に登り、それを崩す。そして、その近くの廃品入れ場にあったラップの芯を二本取って左右の手に持ち、振り回したり、ポーズをとるようにしたりしている。その近くで、U君は、保育者の背中を押したあと、S君の背中を押していく。押されたS君は、「何するんだよ」「先生、あの子が押した！」と、保育者に言い、「押さないで」とU君に言う。U君は、それを聞き、近くの壁に貼ってあるアンパンマンに向かって「ワアー」と言いながらパンチをしたあと、ウレタン積木を持ち上げて「ダダー」と言いながら、S君と反対の方向へ積木を投げる。それを見たS君は「仲間入れて」と言うものの、積木置場の高い所にすわっているK君は、「だめよ」と言い、二本のラップ芯を高く持ち上げてS君とU君を威嚇する。S君とU君は、「きゃー」と言って逃げるものの、すぐに戻る。すると、K君はラップ芯を手に立ち上がり、再度、威嚇する。U君たちは、逃げるものの、すぐに戻り、U君「ウルトラマンティガ」と言って勢いよくK君に向かっていく。それに対してK君は、積木にすわり「ウルトラマンゼアス」と言う。K君の隣にS君がすわり、その前列にU君がすわると、U君「発射!」。K君「ここが、俺たちの光の国」と言って積木の場から出発している。U君「あばれてくる。よし、ウルトラマンティガ」。S君「ウルトラマングレイト」と言ってポーズをとったり、床に転げたりしながら、想定した架空の敵を相手に「戦いのふり」をしている。K君も、積木の場から、ラップ芯を手に「ウルトラマンゼアス」と言って出発し、近くにあった遊具をラップ芯で斬りつけている。S君とU君は、K君に触発されて近くにあったぬいぐるみを投げ、マットを指してS君「これは、地球の怪獣のガメラだ!」と言う。U君も「ガメラ」と言って、そのマットを踏みつける。S君も同様にマットを踏みつけ、そこからポーズをとるようにして飛び降りている。それを見ていた、近くのR君「うるさいよ!」と言っている。

対戦相手を探すS君・U君・K君

S君とU君は、廃品置場から、それぞれ箱を取り出す。その箱を高く投げたり、振り回したりしたあと、S君は牛乳パックに腕を突っ込んでK君がいる積木置場へ行ってすわる。U君も、箱を手に、積木置場へ行ってすわる。S君「あの怪獣は、ゴジラっていうんだ」。U君「ドカンドカン」。K君「あいつらは…」と言いながら積木置場から出て、それぞれ武器を手に戦い始めている。そして、S君、U君は、近くにいた保育者に武器を向ける。保育者が「ドカーン」と言って、武器をたたく「ふり」をすると、S君、U君は、保育者を追って武器を向ける。保育者が、この日の出欠を用紙に書き始めると、S君、U君は、保育者に武器を向けることをやめる。そして、今度は、近くの机で製作をしている男児に武器を向けるが、相手が製作をしていて向かってこないのを感じると、武器を向けるのをやめ、天井や壁、あるいは架空の敵を想定して武器を向ける。その後、S君は、武器を投げ捨てると、ウレタン積木を足で蹴り、直方体積木を「これはガメラ」と見立て、その積木をげんこつでたたき、倒し、さらに積木を立てると自分が（積木に）やられて床に倒れる動きをする。U君は、直方体積木の上に武器をのせてS君に向ける。S君は、U君にその武器を向けられると、自分の直方体積木を楯のように向けてU君の攻撃を防いで「戦いのふり」をしている。ひとしきりウレタン積木との「対戦」をしたあと、S君たちは、ウレタン積木で車を構成している。

〈考察〉

1．「対戦」にみられる相手との関係

この日のS君たちは、「対戦」相手を身体で探りながら遊んでいたようです。たとえば、登園後、U君は、保育者の背中を押すものの相手にしてもらえないとS君の背中を押しています。そのS君が「押さないで」とU君に言って接近してくると、U君は、壁のアンパンマンに向けてパンチをし、積木をS君に当たらないように投げています。つまり、U君は、接近してきたS君に自分の力を誇示しながらも、S君には攻撃的な動きを向けません。その結果、S君はU君に仲間入りをしています。一方、積木の場に当初からいたK君は、S君たちの仲間入りを拒否するものの、U君の勢いある身体の動きに、U君との「対戦」を避け、U君たちと同じ「ウルトラマンの仲間」となっています。その後、三人は、保育者や周囲の男児たちを「対戦」相手にしようとしますが、相手が、「仕事（出欠記入）」や「製作」をしていて、自分の方に身体を向けないことを察すると、武器を向けることをやめています。つまり、S君たちは、武器を向けることにより、相手の身体にあらわれる志向性を感じとり、「対戦」相手を探しているのです。そして、「対戦」相手を見つけられないS君たちは、「ウルトラマンの仲間どうしは直接的な対戦を避け」、架空の敵やぬいぐるみ、ウレタン積木を相手に「対戦」を繰り広げているのです。このことにより、他者との関係を維持し「本気の戦い（争い）」にならないように「戦いのふり」を展開していると解釈できます。

2．「対戦」にみられる道具の活用（場やモノと身体との関係）

S君たちは、廃品置場の空き箱やラップの芯等を手にとり、さまざまに試して使いやすい物を武器と見立て、それを手に「戦いのふり」をしています。K君は、まずラップの芯を一本手にするものの、振り回すうちに動かしやすいと感じた二本を手にしています。そして、U君たちが向かってくると、二本の芯を振り上げてウレタン積木の高い場から威嚇し、その後は、さらに立ち上がって（大きくなって）二本の芯を振り上げて威嚇しています。S君は、いろいろな箱を手にしていくなかで、牛乳パックに手を突っ込み、パンチの動きを試し、武器にしています。U君は、頑丈な箱を手にし、それを両手で抱えるようにして武器として活用し、それをさらにウレタン積木と組み合わせて武器としています。また、1．で記したように、S君たちは、「対戦」相手が見つからないと、想定した架空の敵や身近なモノを相手に「対戦」しています。はじめに、K君は、玉通しの渦巻き状遊具を敵と見立てて「対戦」しています。それに触発されるかのごとく、S君たちは、近くにあったぬいぐるみの人形を投げ、マットを「ガメラ」と見立てて飛び跳ねています。この状況を、登園してきたR君は、「うるさいよ！」と言っています。つまり、このような騒がしい状況を、周囲のR君に言われたことから、しだいに騒々しい道具との「対戦」は姿を消し、架空の敵や感触のやさしいウレタン積木との「対戦」をするようになっているのでしょう。とくに、ウレタン積木との「対戦」の動きはスローモーな動きであり、それゆえにストーリーを描いたような（例：ウレタン積木の敵にやられるものの、やりかえす）動きとなっているのだと考えられます。

4歳児の姿

S君は、4歳児学級に進級します。4歳児学級は、三分の一が4歳児入園の子どもたちで編成されており、保育者も保育室も新たになっています。したがって、4歳4カ月当初のS君とまわりの子どもたちは、なにか落ち着かない状況です。新たな関係のなかで、自分の居場所を模索するかのように環境と体当たりでかかわる子どもたちの姿がみられました。ここでは、四月一八日の具体的な姿からみていくことにします。

【四月一八日の事例】

取っ組み合いを始めるS君とR君

新入園の子どもたちがいることから少し落ち着かないなか、S君が登園してくる。S君は、しばらく粘土をこねたり、ブロックの場へ行ったりというように保育室を転々としている。そこへR君が登園してくる。R君は、S君を見ると、S君に身体を寄せ、取っ組み合いを始める。両者共、顔はニコニコしているが、向き合う格好で、互いに力を競うかのごとく「うい、とう！」と言って足を蹴って押しやっている。R君は、撮影者のVTRカメラが目に入ると、それを意識し、自分の力を誇示するかのごとくカメラの方へS君を押しやり投げつけるようにする。すると、S君もR君を振り払い、両者共に、顔は笑いながらも、取っ組み合いが激しくなっていく。VTRカメラを意識することで、両者の動きが過激化していったのであろう。そして、R君がS君を倒す。笑いながら起き上がろうとするS君を、R君は押さえ「ウルトラマンゼアスだ」と言う。押さえつけられたS君は、顔から笑いの表情が消えていき、R君から身体を離して「ちょっと、タイム」と言い、壁の方を指さし、「本気の戦い」になりかねない状況を変換している。R君が「なに？」と戸惑うように言うと、S君は、再度、壁の方を指さし、次に、近くの積木を足で蹴る。すると、R君も同じように積木を足で蹴り始める。このように、二人が積木を加減しながら蹴り合うなかで、「本気の戦い」になりかねない状況が回避されていく。すると、再度、R君はS君に向かっていく。S君は「きのうの続きしよう」と言って状況をそらそうとするものの、R君は「ウルトラマンショーだから…」と言ってS君に向かっていこうとする。それを聞いた、ままごとの場のK君が「仲間入れて」と言って、仲間入りしようとする。これに対して、R君がK君の仲間入りを拒否すると、S君も同様に拒否している。

「本ティガ」対「偽ティガ」となっての「対戦」

その後、R君は「おれは、ウルトラマンティガ」と言い、R君の横に来ていたH君を指さして「偽ティガでしょう」、S君を指さして「こいつはゼアスの敵の偽シャドウ」と言い、S君とH君に向かって勢いよく「戦い」を挑んでいく。つまり、R君は、自分が「善者の本ティガ」になりS君とH君を「悪者の偽ティガ」に見立てて、「戦い」を展開しようとする。ところが、S君とH君は、「本気の戦い」になりかねない「勢いあるR君」との対戦を避け、S君とH君とで対戦を始める。

すると、R君は、S君とH君の間に入って二人を離す動きをして「こいつ仲間だよ、仲間、仲間」と、S君とH君を指さして言い、二人の間に入って自分から投げ飛ばされて床に倒れる動きをする。二人の偽ティガにやられた「ふり」をしているのであろう。しかし、倒れたR君を見たS君は、「うおー」と言いながら、H君に向かって「戦い」を挑む。すると、R君は、起き上がって「仲間って言ってるじゃないか、こいつとこいつ」と言って、S君とH君を指さす。S君は「ごめん」と言って、H君をR君の方に押しやりながらR君と対戦し、R君は、自分から投げ飛ばされ「やられたふり」をしている。

ブロックが当たり泣くR君

S君は、「やられたふり」をして倒れたR君を追い、顔は笑いながらも「対戦」していく。ここから「R君の本ティガ」対「S君とH君の偽ティガ」との「戦い」となっていき、しだいに、その「戦い」ぶりは激しくなっていく。本ティガ役のR君は、二人の偽ティガに両横、前後から身体を挟まれると力を込めて押し返し「対戦」するようになっていく。そして、S君は、近くのブロックをR君に力を加減しながらも投げると、R君も、S君にブロックを投げて応戦している。S君は、近くの粘土を手に「粘土攻撃！」と言って投げると、R君は「ビー」と言いながら勢いよくS君に向かっている。すると、S君は、床にあったブロックを顔は笑いながらも「えいや！」と言いつつ投げ、R君の顔に当ててしまう。ブロックが当たったR君は、頭を押さえながら「えーん、えーん」と大声で泣く。S君は、身体を硬直させ、手を開いたり閉じたりして「ごめんごめん」を繰り返しながら、周囲に救いを求めるような表情となる。その声を聞き、雰囲気を感じた近くのK君(仲間入りを拒否された)が、「ごめんじゃなくて、ごめんねだよ」と言う。それを聞き、S君は「ごめんね」と言う。するとK君は、R君とS君の間を、ブロックの船を手に、R君の方を見て笑いかけながら、おどけたようにして行く。S君が「わぁー」と言って笑うと、K君は、S君とR君の間をおどけたようにして戻っていき、両者の関係は和んでいく。その後、再度、R君はH君に「戦い」を挑み、今度は、R君とS君が「仲間」となって、H君と「対戦」しようとする。

〈考察〉

1.「対戦」にみられる相手との関係

R君は、3歳児学級のころから、活発な動きを好む傾向にあります。とくにこの日は、学級の編成も変わり、落ち着かない状況のなかで、あたかも自分の力を誇示するかのごとく、S君に取っ組み合いを挑んでいます。S君の方も、同様に落ち着かない状況のなかで、R君の挑発にのっています。そして、その取っ組み合いがしだいに過激化し、S君の顔から笑いが消えていくと、S君は状況をそらしてR君との取っ組み合いを回避しています。このS君に対して、R君は「善者の本ティガ役」となって「ウルトラマンショー」を演じる「対戦」へと誘っています。一方、S君は、R君の誘いになかなかのってきません。いくら「ウルトラマンショー」という「遊び」だとはいえ、「本気の戦い（争い）」になりかねない勢いあるR君の「戦いのふり」に躊躇しているのでしょう。そこで、S君は、どちらかというと、おとなしく、周辺的に遊びに参加することが多いH君に向かっていったのです。しかし、R君が「こいつ仲間だよ、仲間、仲間」といって、両者の間に入ることで、S君対H君の「対戦」を阻止します。そして、R君が、「善者の本ティガ」だけれども、敗者役の「やられたふり」をすることで（S君とH君を安心させ）、R君対S君、H君の「対戦」を仕向けているのです。S君は、R君の「やられたふり」に挑発されて、H君と共に、R君に「応戦」し、結果的にR君を泣かせています。つまり、S君は、はじめは、R君との「対戦」を避けようとするものの、R君に挑発されて「応戦」していくうちに本気でR君に向かって「これは遊びだ」の了解が危うくなり、トラブルとなったといえます。このとき、この両者の緊張関係を察した当事者以外のK君が、関係を和ませていますが、この姿に、保育空間における関係の広がりをみることができます。

2．「対戦」にみられる道具の活用

この日、R君が、撮影者のVTRカメラを意識したことから、S君も同様にカメラを意識し、あたかも撮影されているヒーローのごとく、力を込めて相手を押しやっています。しかし、力の強いR君に押されぎみのS君は、その流れを変えようと、壁を指さしたり、積木を足で蹴ったりして状況を変えようとしています。どちらかというとトラブルを避ける傾向にあるS君のとったとっさの巧みな行動といえるでしょう。とくに、R君やS君は、3歳児学級のときから、架空の敵やウレタン積木等を相手とした「対戦」を経験しています。これは、3歳入園当初から、他児との身体的な「対戦」でのトラブルを何度も見たり体験したりするなかで身につけた彼らなりの知恵といえるでしょう。その後、S君は、再度R君に挑発されて「応戦」していき、S君は、身近にあるブロックや粘土をR君に投げて威嚇していきますが、しだいに勢いが高じてR君の頭に当ててしまいます。このころのR君とS君は、相手と「対戦」しながらも、「本気の戦い（争い）」になりかねない状況を切り抜けようとします。いったん「対戦」が過激化してしまうと、身近にあるモノを活用しますが、たまたま活用したモノに触発されて、さらにその「対戦」が過激化し、「本気の戦い（争い）」というトラブルを引き起こしてしまうこともあるのです。

5歳児の姿

5歳児学級になったS君は、しだいにまわりの子どもたちとのなかで、自分を主張するようになっていきます。そのため、トラブルの経験も増えていきました。むしろ、トラブルを承知でモノや場の占有権を主張したり、遊びのなかで自分の考えを主張したり、リーダーシップをとられそうな相手の仲間入りをあえて拒否したりする姿もみられるようになりました。「戦いのふり」の視点からみると、相手との「関係が危うくなる」と単に「戦いを回避する」だけでなく、巧みに周囲のモノや場を活用して、むしろ「戦い」を挑発する姿がみられるようになっていきました。これを、対人関係の視点からみると、表層的な関係からしだいに「踏み込んだ関係」へと変化していったと解釈することができるでしょう。同時に、多様な他者とかかわり、対人関係が広がっていったといえます。

【九月一八日の事例】
相手によって「対戦」を変えるS君

S君たちは、巧技台を使って傾斜のある場を構成し、そこを走ったり、転がったりしていた。しばらくすると、S君は滑り台の頂上に立って、反対側から来るTｏ君・M君たちに身体を向け腕を振り回して威嚇している。Tｏ君たちは次々と、その場から下りて出発点に戻っている。続いてW君が来るのを見たS君は、自分から滑り台を下り、片足を滑り台の斜面にかけながら、W君を威嚇するようにしている。しかし、W君がS君を押しやると、W君を通している。次にC君が来ると、

S君は、滑り台下の場から腕を振り回し威嚇しながらも、C君を通している。そのあとに続くM君たち男児三名を見て、S君は、滑り台上へ行き腕を振り回して威嚇すると、M君たちの方から下りている。それを見てS君「みんな海の中で…」と言っている。自分がゲームの障害点となり、そこをクリアできない相手は海に落ちるというルールを伝えているのだろう。いずれにしても、三名を続けて海に落とし勢いづいたS君は、次に来たTo君を背後から抱きつくようにして滑り台頂上から海に落としている。海に落ちたTo君は、自分の次に来たM君を（自分がS君に押されたように）押して落としている。M君が海に落ちるのを見たS君は、To君に向かって「ともたか、おれの仲間ね」と言う。しかし、To君は「いやだ」と言って拒否する。するとS君は、向かってきた女児たちを見て「海！」と言って、下りるように指さしている。女児が、海へ下りると次にW君が来る。そのW君を見たS君は、自分から滑り台を下りてW君を通し、「(W君は) チャンピオン」と言う。続いてC君が来ると、S君は、その場にすわって「(C君は) チャンピオン」と言う。それを聞き、W君は、両手を踊るようにして振りながらおどけたような、ゆとりのあるような動きで進んでいく。C君も同じように続いていく。次にM君が来ると、S君は、起き上がって滑り台上へ行き、M君の腕をつかんで「海に入るのね」と言って、M君を滑り台から落としている。S君は、To君が「変身！ チャチャチャチャンチャー、チャチャチャチャンチャー」と言うのを聞き、それに合わせて踊るような動きをしている。その後、M君・To君、女児たちが次々とS君に向かっていくが、そのたびにS君は腕を振り回して威嚇し、相手を海に落としている。その間、C君とW君も来るが、その両者に対しては、S君自ら進んで下りている。

W君に向かうS君

S君は、ブロックで構成した武器を手に滑り台上で向かってくる相手を威嚇している。To君は、ブロックを払うようにする。S君「爆弾」と言ってブロックをTo君に向ける。すると、To君は「バリアー」と言って腕を振り回し、自分の身体を囲うようにする。再度、S君がブロックを勢いよく向けるとTo君は、おどけたように片手を出し（考えている?）、「バキューン、自分で爆発した」と言って、おなかを押さえて自らやられたふりをして下りている。続く女児二名に対して、ブロックを向けて威嚇し、下ろしている。W君が来るとブロックを向けるものの、W君の勢いを見て自分から下りている。その後、S君は、滑り台頂上でブロックを振り回し、傾斜面上のC君を威嚇する。C君がちょっと立ち止まり、手を振るような動きをすると、S君は、C君を通している。S君は、ブロックを解体して、直方体の二本のブロックをそれぞれ手にし、それで相手を斬りつけるようにしている。W君が来ると、S君は自分から下りて後方のTo君の場へ行き、To君を斬りつける動きをすると、先端の滑り台下の積木の場へ行っている。そこへ、W君が滑り台頂上から向かってくる。そのW君に対してS君は、ブロックを手にした腕を思いきり振り回してW君を威嚇する。W君は、滑り台傾斜先に積木があり、さらにその先に威嚇したS君が立っているので、こわごわ下りていこうとする。続くC君が押すと、W君「だって、こわいんだよー」と言って、後ろのC君を押し返す。W君「こわいんだよー」。S君がW君に二本のブロック棒を向けると、W君「ほらー（こわいんだよ）」と言いながら躊躇している。保育者「さあ、どうやってゴールに行き着くことができるでしょう？」。それを聞き、S君は、さらに勢いづいてブロックを振り回す。そこへ、Ta君が、ヘビと見立てた紙テープを持ってきて、積木前で動かす。すると、W君「どいて、どいて」と言いつつ地団駄を踏むようにしながら「どけ、だめ、ずるずる」とTa君を指さして言う。後ろのC君も「だめだよ！」と言う。W君「できるはずないじゃん」。S君は、積木上に立ち、ブロックを勢いよく振り回して威嚇する。W君「だって、できるはずないじゃん。むずかしいよ、これー！」と、こわごわ滑り台縁に立ちながら言う。その後、S君の場へTa君が来てヘビを動かしてW君たちを威嚇し、W君はこわごわTa君の場を飛び越えている。

〈考察〉

1．「対戦」にみられる相手との関係

この日のS君は、自分より身体が大きく、日ごろから遊びのなかでリーダーシップを取られがちなC君とW君に対しては「対戦」を避け、海に落とすことなく相手を通しています。ときには、滑り台に片足をかけながら威嚇したり、滑り台下から威嚇したりするものの、C君とW君が、S君を押しやったり、勢いよく向かってきたり、「だめだよ…」と言ったりすると、「対戦」することなく、むしろ「チャンピオン！」と言って相手をもちあげて通しています。その後、武器を手に滑り台下の積木の場で勢いよく威嚇し、W君たちと向き合うようになりますが、その場を離れて滑り台上に行くと、再び、C君とW君と対戦することなく通しています。一方、自分より少し身体が小さく、日ごろから親密な関係にあるTo君に対しては、背後から抱きつくようにして乱暴にTo君を海に落としたり、ブロックの武器を勢いよく向けて威嚇したりしています。それに対してTo君の方は、S君に「おれの仲間ね」と言われるものの仲間入りを拒否し、海に落とされると「変身！チャチャチャンチャー、チャチャチャンチャー」と言って自分を奮い立たせています。そして、ブロックの武器で威嚇されると「バキューン、自分で爆発した」と言って、おなかを押さえて自ら敗者役を演じ、「これは遊びだ」というプレイサインを強調することで、むしろ、現実の関係では自分を主張してS君と対等に張り合おうとしているのです。このように、瞬時の「対戦」には、園生活のなかで構築されてきた相手との関係の歴史が見え隠れします。子どもたちは、その関係を基盤としながら、瞬時、相手の身体にあらわれる志向性を感受するとともに自らの志向性を身体であらわし、相手との関係を再構築していくのです。

2.「対戦」にみられる道具の活用

S君は、巧技台上で、反対側から向かってくる相手を威嚇し、あたかもゲームの敵がクリアするのを妨げるかのように「対戦」していました。S君の「対戦」は、はじめは自分の腕を振り回して相手を威嚇する「対戦」でした。しかし、S君の立っている場をよく見ますと、シーソーという不安定な場の次にある、一番高い滑り台上の場です。対戦相手から見ると、不安定なシーソーの先で、S君が見下ろすようにして威嚇しているのです。S君は、この場を活用していたといえるでしょう。しばらくS君は、ここで「対戦」していきますが、C君とW君に対しては、相手が向かってくると自分の方から先に下りていくという「対戦」ぶりです。その後、ブロックの武器を両手で抱えて「対戦」し、さらにブロックを動かしやすいように解体して「対戦」しています。そして、場を移動し、滑り台傾斜下方の積木の場に立って、W君を威嚇しているのです。一見、W君がこの威嚇を怖がり、前に進むことを躊躇する理由はみえにくいのですが、W君の視線でS君の威嚇をみてみると、S君の立っている場がポイントとなっているようです。W君が、滑り台の傾斜面を下りてこようとすると、その先にS君が武器を振り回して立ちふさがっていることから、W君は躊躇しているのです。つまり、S君は、モノと場を活用し道具化して「対戦」していたのです。また、このとき、障害点を「対戦」でクリアするというゲームのルールをW君も了解し守ろうとするからこそ、この通過（対戦）がスリリングなものとなっているのでしょう。

4 発達の生じる場としての身体と関係

具体的に発達をとらえたとき、それは子どもの示す身体的振る舞いとその他者およびまわりのモノとの関係においてあらわれるものであるとわれわれは考えてきました。発達の「原因」や「要因」は社会にあり、また脳のプログラムにあるのかもしれません。ですが、それが個々の子どもにかかわるとき、子どもの振る舞いにおいてこそすべての要因はその実現のかたちをなし、そこで要因の絡み合いをみることになります。具体的な環境との応対も身体的振る舞いと関係において成り立つことであり、もしその応対を通して変容していくのであれば、その身体的振る舞いの変化にその変容の芽はあらわれます。

戦いごっこの事例において、子どもの演技の意図なり台本なりは、どこかにその戦いの展開を離れて存在しているのでしょうか。確かにテレビ番組の筋書きや映像が共通のリソースになっているにはちがいありません。また前日までの展開が記憶としていまの演技を支えているにはちがいないのです。ですが、それらは台本として別に与えられ、子どもがその台本を思い起こして演じているのではありません。戦いの舞台となるまわりのモノや人の動きを含めて、自分たちの戦いを含めた動きの流れのなかで生じているのです。さらにどれほど内面的な意図として考え、それを実現する形であらわれているのかどうかはわかりません。少なくともちょっとした戸惑いやためらいはあるにせよ、流れるなかで生まれてくる動きであり、熟考された意図があるとは思えません。身体の戯れのなかに生まれるものが「意図」であり、その上に立って演技が生成していくように思えます。

発達とは、その生成の過程のメタ的な変貌なのではないでしょうか。繰り返し起こる生成の過程の様相が変化することです。幼児期はとりわけその意味での身体的変貌の姿がみえやすいし、発達のいわば主たる舞台となるのだとわれわれは考えています。子どもが日々行っているまわりの保育者や親や友達やモノとの交渉において発達の具体的な過程があらわれます。その過程における新たな振る舞いのしかたが発達の始まりであり、その定着が新たな発達の実現です。

そうすると、すぐにわかることが二つあります。一つは、発達の姿は子どもの交渉の新しいやり方においてとらえられるということです。戦いごっこにおいて、3歳、4歳、5歳と記述した姿は顕著に異なっています。

もう一つは、その年齢ごとの記述はすべてを覆っておらず、かならず年齢では割り切れない多くの姿を示すことです。そのあるものは年齢より幼いでしょう。あるものは年齢よりも高度にみえます。また他のものは年齢に対応させることができません。またさらにあるものはもしかしたら、その幼稚園やその観察対象の子どもたちに固有であり、さらに観察したときにたまたまあらわれた偶然ですらあるかもしれません。そういったものを多量に含み込みながら、発達は年齢との対応をぼんやりと示しています。

そういった事情は、事象をていねいにみればみるほど明らかになります。具体性とはそのようなものなのです。個別的事情を多量に含んでいるから具体と呼びうるのです。そのうえ、絶えずそこに新たなものが生まれます。正確に繰り返されるものなどないという以上に、多くの豊かでさえある生成を生じさせています。その生成にこそ根底的な発達の根拠があり、その根拠はそれ以上還元不可能な発達そのものなのではないでしょうか。戦いに戯れる子どもの姿は飽きることなく生成にかかわっていく子どもです。

発達は一人一人異なり、もっと細かくいえば、毎日が異なり、個々の場面において新たな姿を示します。年齢に応じた大きな進行がありながらも、なおその大きな進行は個別具体的に一人の特定の場面において可能ななにかです。

それは、われわれが身体をもって、他者の身体と共に、対象としてのモノ、背景としての空間において振る舞っていくことで実現するものです。その事実が根底的なのですから、それを離れての記述はその根底の圧縮として以上のものではないのです。いかにして、その根底的な事実にもとづきながら、たくさんの事態を通して生きるという課題を記述するかが発達研究の課題となります。その要約としての年齢の魅力はそこで失われることはないのです。

文献注

発達心理学の基本的知見についてはたとえば次の本を参照。

無藤隆・久保ゆかり・遠藤利彦　一九九五　発達心理学　岩波書店

幼児期の身体性と人間関係の関わりについては次の本を参照。

無藤隆　一九九七　協同するからだとことば　金子書房

5歳と6歳

円熟期と転換期

矢野喜夫

1　発達における年齢

年齢は科学以前の日常知として社会的に存在し、とくにわが国の文化においては、七五三や成人、厄年などのように、人間の生涯を通過儀礼によって区切る節目として、伝統的に重視されてきました。しかし、発達心理学において年齢の次元がとりあげられるようになったのは、ビネの知能検査で生活年齢尺度が用いられたことの影響が大きいと思われます。ビネは、各生活年齢ごとに配当されたいくつかの検査項目によって、標準的な知的水準を設定し、それによって個人の精神年齢を年月齢で表現し、実際の生活年齢とのプラス・マイナスの差で、個人の知能水準を判定しました。この考えは、フランスの小学校の学年が、各学年相応の絶対的学力の達成を子どもに求め、知能検査以前には落第留年によって精神遅滞を判定していたことにならって、学力と学年とのずれを、精神年齢と生活年齢とのずれに転用したものだといわれます（Wolf, 1979）。

発達で年齢を問題にすることに、もう一つ大きな影響を与えているのは、ゲゼルの発達診断学です。これもビネ以後、知能検査が発達検査に発展していく流れのなかにあるものですが、ゲゼルの場合には年齢は、個体の自律的なペースとリズムによる成熟的発達を制御する、ホメオレーシスの時計のようなものであるという意味を含んでいます。彼は発達診断のためにいくつかの鍵年齢を設定しましたが、その年齢は単に発達診断上の便宜的な年齢ではなく、身体および行動・精神の発達において、あるシステムや人格存在が完成・調和・安定する時期と、その安定性が崩れ、新しいシステムや存在へと移行・転換していく不安定な過渡期・移行期とが繰り返す、それぞれの節目という意味をもちます。

2 発達的人格と周期性

ゲゼルは、多くの子どもの誕生以来の縦断的な検査や行動観察にもとづいて、乳幼児期から児童期・青年期にわたる、各鍵年齢および1歳ごとの各年齢の子どもの発達的様相について、きわめて具体的で生き生きした記述を残しました（Gesell, 1940, 1946, 1956）。彼はその各年齢ごとの発達的様相を、端的な人格特性によって表現し、各年齢の一般的な発達的人格を描き出しました。ゲゼルこそ、ある年齢の子どもの発達的な人格の全体像をとらえようとした先駆者です。彼は、子どもをまとまった一つの人格としてとらえなければ、その子どもの個々の心理や行動を理解できないことを強調しました。そして彼は、他との比較による各個人の個人差や個性がつねに存在することを認めたうえで、個人を年齢によって縦断的にみたとき、そこに発達的な人格変容があることを指摘しました。個人差や文化差を含みながら、各年齢固有の子どもの発達的人格というものがあると考えられるというのです。

ゲゼルは、子どもの人格発達には、大まかにいって、安定期と不安定期とが周期的にあらわれるといいます。発達は、新たな発達的構造化の進展に伴って、そのような安定した均衡期と不安定な不均衡期が繰り返しあらわれ、いわばらせん状の過程をたどって進むのだと、ゲゼルはいいます。「それは上巻きのらせんであるが、一定の時期の子どもは、前のある時期の状態に非常に似てみえることがある」といいます（Gesell, 1946）。安定期の人格は、行動が全体的に調和や均衡がとれており、自信や落ち着きがあり、適応的であるのに対して、不安定期の人格は、行動全体に調和がなくて変動しやすく、自信や落ち着きがなく、不適応的なのです。安定期とされるのは、生後16週（3カ月）、28週（6カ月）、2歳前半、3歳、5歳、10歳です。不安定期は、安定期の直後の40週（9カ月）、2歳半、4歳、6歳とされます（表1）。

表1　発達的人格の周期性

安定・調和・均衡期	不安定・変動・不均衡期
16週（3カ月）	
28週（6カ月）	40週（9カ月）
2歳前半	2歳半
3歳	4歳
5歳	6歳
10歳	11～13歳
14～16歳	

（Gesell, 1940, 1946, 1956；Sandström, 1968）

3　5歳児の人格

ゲゼルによると5歳は、幼児期のさまざまな発達が調和的に統合されて幼児としての人格が全体として円熟し、また次の児童期へとつながる結節点・結び目でもあります（Gesell, 1946）。5歳児は、周囲の大人や環境と友好的で協力的に交わり、「天使のような」といわれるようなよい子であり、自分の世界に安住しています。この時期は、親にとっても子どもにとっても幸せな黄金時代であるといわれます（表2）。

4歳児は、元気ではありますが、がさがさしていて落ちつきがなく、情緒的に比較的不安定です。また4歳児は、自己主張的で独断的傾向があり、いばったり、自慢したり、見せびらかしたり自己誇示する傾向があります。それに対して5歳児は、おとなしくて落ちつきがあり、情緒的に比較的安定しており、自己主張的というより自己限定的・自制的で、おとなびています。4歳児が攻撃的で周囲とぶつかり、よくけんかをするのに対して、5歳児は周囲に友好的で適応的です。5歳児は、他者への信頼と自己への信頼があり、年少者や弱者をかばったり、いたわったりして、世話好きです。4歳児が比較的従順でなく、手伝いを頼まれるとよく「いや」と言って拒否するのに対して、5歳児は協力的で、家の手伝いやお使いをするのを好み、人を喜ばせ、人によい印象を与え

表2　4，5，6歳児の発達的人格特性

4歳児	5歳児	6歳児（5歳半～）
発達膨張・前進期，不調和の時代	結び目の時期，調和の時代，幸福な年齢，黄金時代，よい子，「天使みたいにかわいらしい」と言われる。	発達膨張・前進期，心身の変動期，過渡期 「理解できない」「変わった」と言われる。
独断的傾向，自己主張的，自信不足。 たくましい，自立的，威張る，自慢する。 情緒的に不安定，落ち着きがない。 攻撃的，よくけんかをする。	現実主義的傾向，自己限定的，自制的，おとなしい。 より自立的，自信，大人じみている，まじめ。 情緒的に安定，適応的，均衡，友好的，開放的。 自己批判する。 弱者をかばう，世話好き。	行動が発作的，衝動的，極端から極端への両極性。 活動的，独善的，空威張り，愛情と敵意の両価性。 落ち着きがない，せかせかする傾向，行為の矛盾性。 爆発的な攻撃，けんか好き，ものを取り合う。 押し合いへし合いのばか騒ぎをする，度を過ごしがち。 劇的性質，会合好き，空騒ぎ，興奮しやすい。
頼まれるとよく「いや」と言って断る。 従順でない，頑固。	協力的，手伝いやお使いを好む，母を喜ばせたがる。 社会的慣習を習得する，規則的な決まりを喜ぶ。 許可を求める，従順，扱いやすい，教えやすい。 容易に選択決定する，認められた方法でするのを好む。	ある程度の社会的慣習や儀式を好む。 創造的・運動的活動を好む，命令・指導を頼りにする。
やり遂げるのが好きだが，未完成を気にしない。 新しいものを作りたがる。	終わりまでやりとげようとする，完成努力，長期の持続性，計画的，仕事の完成への誇り，自分の作品への満足。	ぐず，選択決定が困難，決定後に迷う，移り気。 激しい集中性と唐突な結末，せっかち，大ざっぱ。 困難すぎることでもやりたがる，1等になりたがる。
まわりのものや人の世界を探検する。 質問を浴びせかける，詮索的。 「なぜ・どうやって？」の質問をよくする。 おしゃべり，話好き，くどい。 わざとことばの間違いをしておもしろがる。 でたらめな話をする，言い逃れをいう。	まわりの世界と自分の地位を理解している。 知りたいから質問する，実用主義者。 「何のため」「どういう意味」の質問をする。 思慮深い，考えて話す，機転，ていねいなことば。 だましておもしろがる，ひょうきん。 比較的うそを言わない，うそ・間違いを自覚している。	生活空間を拡大する，親の子ども時代を知りたがる。 なんにでも手を触れる，道具をいじり回し使いたがる。
2，3人のグループが好き。 わざと悪い行動をする，ふざけ好き。 人の批判をする，告げ口・悪口を言う。	友達を求める，他者への信頼。 2～5人のグループで遊ぶ，集団的遊び。 慎重，忍耐強い。 人を喜ばせるのが好き，人によい印象を与えたがる。	友達・きょうだいとよく争う。 あらっぽい，ぶっきらぼう。

（Gesell, 1940, 1946 ; Sandström, 1968）

たがります。また5歳児は、社会的な慣習やマナーや規則に従って認められた方法で行うことを好み、大人の文化的世界に積極的に参加しようとします。なにかをするとき、よく大人に許可を求め、大人の指示に素直に従い、大人にとって扱いやすく教えやすいといわれます。

自分の意志で選択したり決める必要のあるとき、4歳児はなかなか選べなかったり決められなかったりしますが、5歳児は容易に選択決定することができます。4歳児がおしゃべりで饒舌で、でたらめな話をしたり、わざとことばの間違いをしておもしろがったり、質問を浴びせたりして詮索的であるのに対して、5歳児は思慮深く、考えてから話し、比較的うそを言わず、純粋の知識欲から質問します。また5歳児は、空想的なおとぎ話や魔法の話を、4歳児ほどにはあまり好まなくなります。5歳児は空想主義・ロマン主義から脱し始め、現実主義・実用主義への指向をもつようになります。

4歳児は新しいものを作りたがり、なにかを完成させるのが好きですが、未完成のままになっていても、あまり気にしません。それに対して5歳児は、事前の計画や見通しをもって作業にとりかかり、何日間もかかって完成するまで、最後までやりとげようとする達成動機や持続性を示します。そして、完成したことを誇りに思い、自分の作品を自己評価・自己批評し、自分の作品に満足します。

このような年齢による截然とした行動特性や人格の区別は、あまりにも単純化しすぎているように思われます。個人による遅速の違いや文化的環境による違い、時代による違いも当然あると考えられます。そういったものを無視していることは、ゲゼルが年齢のみによる普遍的成熟論だと批判されるところです。しかし、ゲゼルのこの年齢的人格像は、多数の子どもの縦断的観察にもとづいているのであり、個人や文化による程度や遅速の差はあるでしょうが、典型化した一つの理念型だと考えれば有効であるように思います。この年齢のひとりの子どもの発達を、このような理念型の目を通してみれば、それに近い対照的な人格像が、遅かれ早かれ交替してあらわれているように思います。

4 課題態度と勤勉性

5歳児の行動特徴を、なにかの態度で代表させるとするなら、それは課題態度です。これは、ある計画的行動を自己の課題としてとらえ、その行動に集中して専念し、完成するまで努力を持続する態度です。この態度は、それまでの幼児期の間に、もの作りの構成遊びや描画のなかで徐々に発達してきます。それは、遊びから生まれるのですが、遊びを超えた新しい行動の分野である仕事（work）の誕生でもあります。ピアジェ（Piaget, 1945）は、遊びはもともと現実適応行動から生まれることを示しましたが、この課題的態度の出現によって、遊びは新しいかたちでの現実適応行動に再び回帰します。

5歳までの間に、子どもの対象活動は偶発的で気まぐれな構成遊びから、行動開始に先行する計画をもった、意図的で持続的な構成遊びに発達します。発達した構成活動では、行為を開始する前に、何を作るかという事前の宣言や計画があり、その計画に向かって自己を専念・集中させて行為を持続する態度があります。そして、行為が進行したある段階で、これで完了・完成したという意識が起こり、そこで行為をやめるという、行為の終了・完結性があります。このような行動発達の段階に達した幼児は、なにかを完成させるまで行動を持続したがり、親が食事などに呼んでも、中断することをいやがるようになります。また、途中で作業を中断した場合でも子どもは、かつてザイガルニク効果といわれたように、計画を記憶保持して、あとで行動を再開して完成させようとします。

このような発達は、描画の発達でも同様にあてはまり、リュケ（Luquet, 1927）の研究で知られているように、幼児の描画は最初、感覚運動的ななぐり描きの掻画に始まり、偶然にできた結果や所産を命名する偶発的写実主義から、さらに事前の命名による計画をもった意図的写実主義へと発達します。描画行動も構成遊びの一種として、持続性をもった完結的行動に発達します。

このようななにかを製作し創作するという構成遊びは、はじめは象徴遊びやごっこ遊びに使う遊具を作るという手段的行為として始まります。しかし、その手段的行為がやがて自己目的化して、幼児はしばしば、なにかを作ることそれ自体のために構成活動をするようになり、完成したものを使ってあまり遊ばなくなります。たとえば、はじめはブロックで飛行機を作って（あるいは大人に作ってもらって）、ブーンといって遊んでいたものが、しだいに作ること自体がおもしろくなり、完成してもそれで遊ばないで次々作るようになり、ただ飾っておいたり、またこわして別のを作るようになります。こうして構成遊びは自己目的化され、それ自体で独立した遊びになります。それは、乳児期における手段的行為の自己目的化による遊びとは別の水準での、行動の二次的自己目的化です。それと同時に子どもは、自分の作ったものに自己関与的な意義を付与し始め、それをまわりの人に見せて誇ったり、誉められると喜んだり、それが壊されると怒って泣いたりします。作られたものは、自己の分身としての「作品」（work）という性格をもつようになります。幼児は、自分が作った作品のでき具合を、自己評価したり自己批評するようになり、また他児の作品も批評し、自分の作品と比較するようになります。

このようなまじめで真剣な行動を、かつてシャーロッテ・ビューラー（Bühler, 1935, 1938）は、課題（Aufgabe, task）活動あるいは課題意識と呼びました。この課題活動は、他者から課せられる課題遂行より先に、自発的に自らに課す課題定位・課題態度として生まれ、それは課題欲求にもなり、課題を喜んですること（task willingness）にもなります。幼児は5歳くらいまでの間に、計画や完結性のある構成遊びに専念することによって、しだいに、なにかをやり遂げなければならないという義務感をもって自分に課題を課し、それに自己を定位する自発的な課題意識を発達させます。いわば、したいという欲求（Wollen）による自己課題の経験から、しなければならないという当為（Sollen）の課題態度が生まれます。そのような自発的な課題遂行の態度が成立することが、大人から課せられた課題を受容するための発達的基礎となります。このようなまじめで真剣な課題態度こそ、エリクソン（Erikson, 1950）が勤勉性（industry）と呼んだものにほかなりません。

遊びから生まれたこの自発的な課題意識および態度は、仕事や勉強（work）という新しい活動領域を生みます。児童期の子どもは、遊びと勉強および仕事とを区別し、両者の間を行き来しながら生活するようになります。このような課題意識および態度の発達は、小学校での課題学習場面への適応の前提であり、ビューラーはそれを作業成熟（work maturity）と呼んでいます。作業成熟は就学のレディネス（準備性）として重要であり、それは就学レディネスとして、知的認知的能力の発達よりむしろ重要です。ビューラーは、小学校低学年での学業不振は、個別科目よりむしろ複数科目にわたる一般的学業不振が多く、その原因として、知的発達水準よりむしろ、幼児期の構成遊びのなかで発達すべき課題意識および課題態度の未成熟、つまり作業成熟の不足が重要であるといっています。

5　6歳児の人格

5歳の安定性は、5歳の後半から6歳の誕生日ごろになると崩れてくるとゲゼルはいいます（Gesell, 1946）。身体的にも、6歳臼歯がはじめての永久歯としてあらわれ、病弱傾向があらわれます。人格的には、選択決定の不決断や両価性、極端から極端に移る両極性、落ち着きのなさ、行為の矛盾、激しい集中と唐突な結末、かんしゃく、他者批判・攻撃、生意気、意地悪、空騒ぎなどの、荒れる時期に入るといいます。それは、児童期の新しい心身の発達的変化に対して、自制や自己調節をしきれないことによる、人格の過渡的不均衡・混乱です。この荒れは7歳にはおさまり、7歳は再び落ち着きのある平静な人格をとりもどします。この6歳の人格の不安定や荒れは、幼稚園・保育園の年長児から小学校1年生ごろの子どもの、落ち着きのない行動傾向として、見出すことができます。年齢は正確でなくとも、またそのあらわれは個人によって種々強弱あっても、年長組から小学校低学年にかけての特徴として、そのような時期が発達の筋書きの順序として存在するとはいえるように思います。現在問題になっている、小学校入学時での学級崩壊のような荒れも、一つにはこのような、人格の年齢的な不安定さによる面も含まれていると考えられます。

5歳半になると子どもは、「すっかり変わってしまった」とか「あの子を理解できない」と母親が嘆くようになるとゲゼルはいいます。5歳半ないし6歳児は、行動が発作的・衝動的で、爆発的な攻撃やけんか、モノの取り合いをよくするようになる一方で、ぐずで、怠け者で、決断力がなく、移り気です。活動的ではあるが、落ち着きがなく、せかせかし、空騒ぎやばか騒ぎをします。5歳児の完成への努力や集中性・持続性は、6歳児では、激しい集中性と唐突な結末に変わり、せっかちで、大ざっぱな態度になります。5歳児が慎重で忍耐強いのに対して、6歳児は荒っぽく、ぶっきらぼうです。5歳児が自己限定的で自制的であるのに対して、6歳児は自分にむずかしすぎることでもやろうとし、一等になりたがり、勝ちたがります。このように6歳児は、以前の4歳児に似た不安定・不調和な傾向を示します。しかしそれは、次の児童期の新しい発達への変動期・過渡期の現象なのです。

6　自他比較と劣等感

ビューラーがいうこの時期のもう一つの代表的発達特徴は、自他の比較です。これは構成遊びや描画などの作品や成果を、自他で比較し批評することです。幼児期の子どもは一般に、自他の横並びの比較をあまりせず、自分の作品や成果に満足し、単純に自慢し、自己賞賛します。この自己賞賛の対象になるのは、作品や成果だけでなく、容姿や能力、所有物も含まれます。4、5歳くらいから、それらの自他比較をするようになりますが、それでも自己のものを他者のものより良いとすることが多いといわれます（Bühler, 1935, 1938)。自己のものを否定的に批評したり、他者のものの方を良しとするのは、6歳児でも少数であるといいます。他者のものへの肯定的評価や自己のものへの否定的評価は、8歳ごろからであるというデータもあります。そのとき、子どもは自他を相対化して横並びの自他比較をし、自己のものがかならずしも優れているわけではないことを認識します。それが劣等感（inferiority）です。劣等感は、エリクソンが児童期の危機としてあげたもう一つの特徴です。それは、自他を相対化して比較する段階に到達したことを意味しますが、その発達がもたらした苦悩なのです。

むすび

ゲゼルがいう発達における安定と不安定の周期性や波は、ピアジェの均衡化と不均衡に通じるものでしょうし、自己組織化理論における「ゆらぎ」と「引き込み」による動的秩序形成に当てはまるものかもしれません。またそれは、一個の個人としての子どもが発達の行程で演じる、自伝的ドラマの筋の流れであるといえます。ゲゼルが各年齢について記述したのも、そのようなものだったと考えられます。それは、個人の個性や個人差、さらには文化差や時代差があることを考えれば、すべての子どもが、ゲゼルのいった年齢通りの様相を示すのではないことは明らかです。しかし、発達による人格変容があり、ある時期の人格を一つの理念型として描くことができるということを、ゲゼルは示したのです。

引用文献

Bühler, C. 1935 *From birth to maturity.* Routledge & Kegan Paul.

Bühler, C. 1938 *Praktische Kinderpsychologie.* Otto Lorenz.

Erikson, E. H. 1950 *Childhood and society.* Norton.

Gesell, A. 1940 *The first five years of life.* Harper & Row.　山下俊郎(訳)　一九六六　乳幼児の心理学：出生より5歳まで　家政教育社

Gesell, A. 1946 *The child from five to ten.*　Harper & Row.　周郷博他(訳)　一九六七　学童の心理学：5歳より10歳まで　家政教育社

Gesell, A. 1956 *Youth : The years from ten to sixteen.* Harper & Row.　新井清三郎他(訳)　一九七二　青年の心理学：10歳より16歳まで　家政教育社

Luquet, G. H. 1977 *Le desssin enfantin.* Delachaux & Niestlé.　須賀哲夫(監訳)　一九七九　子どもの絵　金子書房

Piaget, J. 1945 *La formation du symbole chez l'enfant.* Delachaux et Niestle.　大伴茂(訳)　一九八〇　遊びの心理学　黎明書房

Sandström, C. I. 1968 *The psychology of childhood and adolescence.* Penguin Books.

Wolf, T. H. 1973　*Alfred Binet.* The University of Chicago Press.　宇津木保(訳)　一九七九　ビネの生涯　誠信書房

終章

年齢を越えて

麻生　武

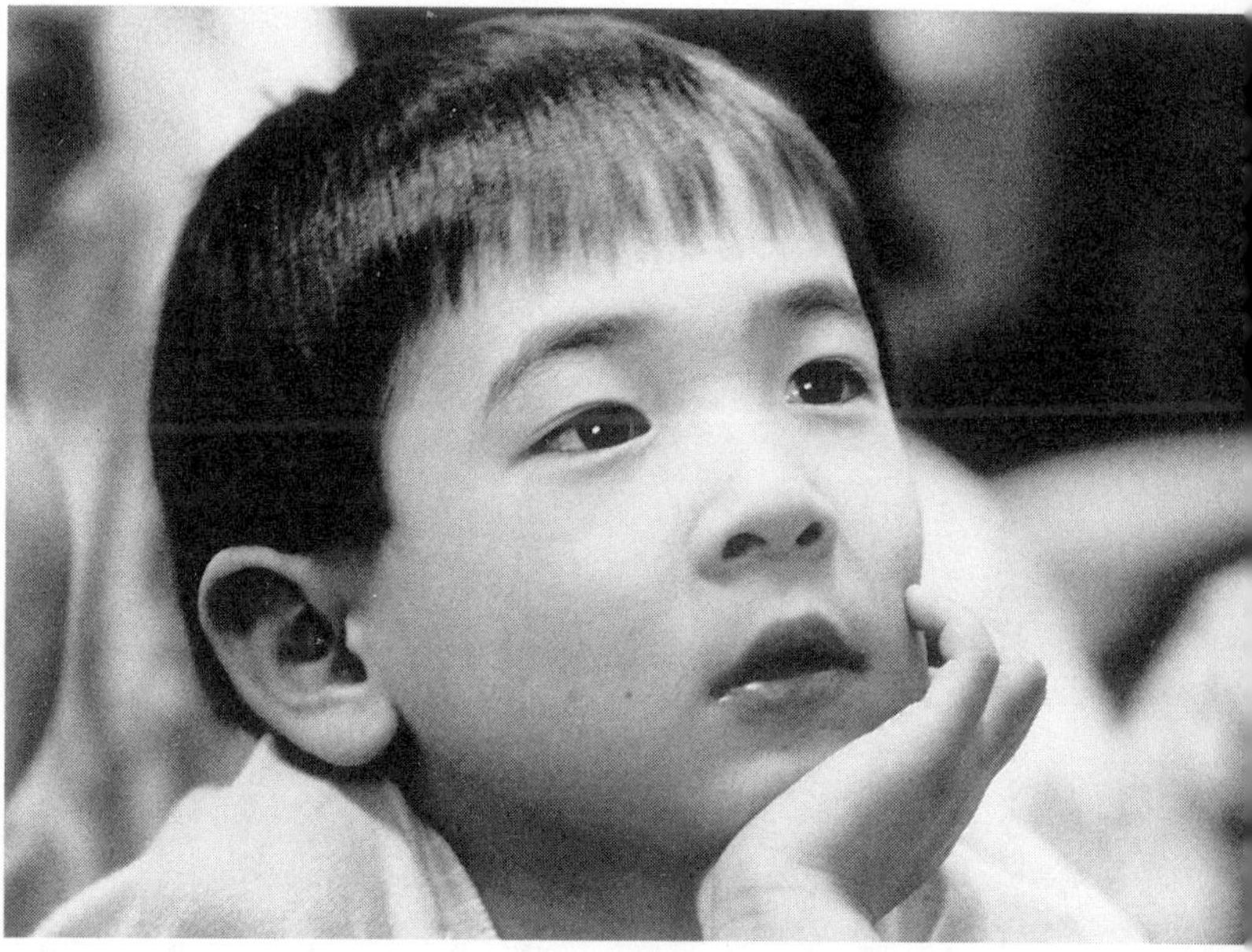

1　もし「暦」や「年齢」がなかったなら

私たちの社会では、年齢というものは大きな社会的な意味をもっています。自分が何歳であるかを知らない人は基本的にいないといってよいでしょう。赤ん坊が誕生したときには出生届けを役所に届けねばなりません。そこから、役所が子どもの歳を数え始めます。それによって、3カ月健診や、1歳半健診や、3歳児健診などの通知が子どものいる家庭に届くようになります。保育所や幼稚園に通うようになっても、子どもたちは年齢でクラス分けをされます。公的教育も年齢によって受ける教育の内容が異なります。18歳にならなければ見られない映画もあります。酒や煙草を楽しむ権利や選挙権も、20歳を過ぎなければ与えられません。少年法、児童福祉法など年齢が重要な意味をもつ法律も数多くあります。仕事についても定年というものがあります。年金もある年齢がくるまで受け取ることはできません。まず、このように、世の中が年齢というものを尺度にして人びとを細かく類別しているという社会的事実が存在しています。

発達心理学は、このような社会から、陰に陽に大きく規定されています。つまり、発達心理学者が「年齢」について考えるより先に、世の中に「年齢」という尺度が存在して、「年齢」にまつわるさまざまなルールや慣習や言説が存在しているのです。そこで「年齢」という概念と発達心理学という学問の関係を明確にするために、ひとつ思考実験として、「年齢」というものを数える習慣のまったくない社会、「暦」というものをもたない社会のことを考えてみることにしましょう。そこでは、どのような発達心理学が可能でしょうか。「暦」や「時計」がなくとも、発達心理学という学問が存在するためには、ある種の時間意識がなければならないことは、「発達」というタームが示しているとおりです。「暦」や「時計」がなくとも、そこには、異なった〈時間〉を含む次の4つのタイプの研究が可能であるように思われます。

(1) 時を刻む個体の成長

母親の胎内に受精卵として存在したときから、その個体の生物学的な時間が始まります。赤ん坊が誕生してからは、赤ん坊がどのような行動を示すのかあるいは示さないのかについて目で観察し記述することが可能になります。赤ん坊の身体の変化、表情や表現力の変化、これらはさまざまな子どもたちにおいておおむね似かよったコースをたどります。子どもの行っていることが、ある意味で子どもの「歳」なのです。歩ける子ども、話せる子ども、荷物を運べる子ども、ナイフを使える子ども、そのような子どもの遂行能力が「個体が示している歳」です。その身体はいつか生殖可能になり、そして衰え、しだいに老化していきます。ここでも、生殖能力が衰え、足腰が弱くなり、それまで可能だった仕事ができなくなることそれ自体が「歳」を示しています。「暦」や「時計」がなくても、「歳を示す個体の行動」がどのような順序であらわれてくるのか、付帯する現象の記述など発達心理学者のやるべき仕事はたくさんあります。

たとえば、本書の「0歳と1歳」(高井論文)の観察事例4(p. 44)には次のようなエピソードが書かれています。「父が母をたたくふりをして母がわざと悲鳴のような声を上げると、Mはむずかり声を出す」。短い記述ですが、この記述のなかにすでに「個体が示す歳」が書き込まれています。まだ、Mがしゃべることできず、父親のふりと母親のわざとらしい悲鳴の「演技」を見破ることのできない「歳」なのです。しかも、何事が起こっているのかある程度認知し、母親に一部情動的に共鳴したような反応が出せる「歳」でもあるわけです。このようなちょっとしたやりとりの記述が「個体の示す歳」を描くことになるのです。

(2) 上達する技能・能力

ある特定の技能や能力に焦点を絞るとそこからさまざまな発達がみえてきます。これは(1)と重なる点がまったくないわけではありませんが、視点がもう少し局所的になっている点が異なっています。たとえば、カヌーや自転車に乗れるようになるプロセスや、料理ができるようになるプロセスです。いつごろから、それらを教えるか（あるいは学び始めるか）は、おそらく「暦」や「時計」のない社会では、その個体が示している「歳」によって、判断されるのだと思います。いずれにせよ、そのような個々のプロセスを記述することも発達心理学者の仕事でしょう。

本書の「1歳と2歳」（麻生・伊藤論文）の観察事例9（p. 79）には、PS君が励まされつつ立方体の積木を積んでいるようすが紹介されています。PS君は、八個目を積んで塔が倒れてしまうや、声をあげて笑っています。塔が積めないことや失敗を失敗としてあまり感じていないようすがPS君の「個体の歳」を示しています。PS君がどのようにして失敗や課題を自覚し、一〇個の塔を積めるようになるかをていねいに観察記述することも一つの研究です。

(3) 時を刻む社会関係

ニホンザルにも赤ん坊時代、子ども時代、若者時代、大人の時代など世代を区分する行動様式の変化があります。「暦」で年齢を計らなくとも、その個体がその社会のなかでどのような位置を占めるべきか、その個体の「身体」や「技能」で周囲の者たちが自ずと判断します。また、その個体も、そのような流れのなかに進んで入っていくものだといえるでしょう。大きくなった子どもに、母親は乳を与えることを拒否します。また、その個体は、自分と同じような仲間の動きに同調して、その仲間に進んで入っていくことでしょう。そのような社会関係の発達を記述することも発達研究の一つです。

本書の「2歳と3歳」(山本論文)の観察事例21(p. 130)で、隆君が自分以外の二者間のトラブルに介入している例が紹介されています。隆君は、啓二君が聡君の手押し車を奪ってしまうのを目撃します。隆君は、聡君の抗議を無視している啓二君のところへこわい顔をして行き、啓二君の頭をたたき「かしてあげなさい」と注意します。しかもその後観察者の山本氏ににっこり笑い「たかしおまわりさん」と言っています。このような三極構造的な関係が生まれてくることも、仲間どうしの社会関係のなかに読みとることのできる、それ自体としての「歳」です。

また本書の「3歳と4歳」(仲論文)には、母親が子どもにたとえば「クッキー三枚を取るように」指示するさいにどのような助数詞を用いるかが紹介されています。実際には2歳の母子、3歳の母子、4歳の母子という三つのペアが比較されているのですが、かならずしもこのような「年齢」がこの研究に不可欠だというわけではありません。大切なのは、母親の助数詞の用い方と、子どもの助数詞の理解のしかたとの間に興味深い関連性が存在することです。ですから、そこでの議論は「年齢」とは無関係に、発達の遅れた子どもたちへの援助的かかわり方の話としても充分に通用します。

(4) 累積する個体の経験

子どもたちは日々経験を重ねています。互いのやりとりには「やりとり」の歴史があります。人間は記憶し学習する存在です。すでに起こってしまった出来事を記憶として自分のなかに取り込みそのような経験をふまえて行動していきます。そのような刻々と、あるいは日々、生成変化するプロセスを描くのも発達心理学者の仕事だといえるでしょう。

本書の「4歳と5歳」(無藤・小林・海老澤論文)では、そのように日々体験を重ねていくなかで微妙な対人調節の力をしだいにつけていく事例が二つ紹介されています。一つは、友達とかかわれないY君の事例です。4歳から

5歳にかけての一年間における、Y君の友達とのやりとりのようすや保育者のかかわり方が、ていねいに描かれています。これは、年齢や日時への言及がなくとも、あるY君の発達的な物語として充分に価値あるものだといえるでしょう。もう一つは、戦いごっこを通して繰り返し繰り返し同じパターンや似たパターンを生きることによって、そこから関係のなかでの自己のあり方を模索している一人の子どもの姿です。エピソードの順番は大切ですが、年齢や日付はなくとも、そこに日々生成している子どもの姿がみごとに描かれていることは間違いありません。

以上、もし「暦」や数えられるような「年齢」という概念がなかった（かつての無文字社会や狩猟採集民の社会ではそうであったことは間違いありません）として、発達心理学が可能かどうかを思考実験的に考察してきました。そこで理解できたことは、「暦」や「年齢」という概念がまったくなかったとしても、成長し経験を重ね、技術や能力を身につけ、対人的やりとりのなかで個性的存在になっていく子どもの姿を適切に描いていきさえすれば、そこに「発達研究」が生まれうるということです。

岡本（一九九七）は、「発達研究の形態は、X軸に〝時間軸〟をとることを暗黙の前提にしている」（p. 1）と述べ、時間を主要変数とするという制約が、発達研究を他の領域の研究に比して方法的にやさしくもし、困難にもしていると指摘しています。「やさしくしている」というのは、おそらく次のような意味でしょう。もっとも安易な発達研究とは、どのようなことを調べるのであれ、その調べるものの量を従属変数にして、「年齢」を独立変数にしただけの研究です。たとえば、従属変数をお箸を正しく用いる人数のパーセントとします。4歳児ではk％、5歳児にはm％、6歳児でn％、といったデータを集めて、それで「研究」と称していることが、発達にかかわる研究分野では少なからずあります。「困難にもしている」というのは、「年齢」を独立変数とすることによって安易に研究らしきものが成立してしまうためにかえって、「何が発達の本質なのか」、「その発達研究が何を問おうとしているのか」といった研究の「核」になる部分が、曖昧になってしまう危険性を指摘しているのだと思われます。

繰り返し確認しておきたいことは、「年齢」や「暦」がなくとも発達研究は可能だということです。岡本（一九九七）が「発達過程での区切りを、単純に誕生からの経過時間に求めるよりも、ピアジェをはじめとして構造の変化に視点をおき、構造にもとづく段階を設定して区切る作業は、年齢発達観を超えようとするこころみでもある」（p. 2）と述べ、発達段階論が年齢順に単に「できること・できないこと」を並べただけの素朴な年齢発達観を越える試みであったことを指摘しています。子どもの発達の精緻な縦断的観察記録は、そのなかに自ずと生成の時間を織り込んでいます。そこからうまく構造を抽出できるならば、「構造の段階的変化」それ自体が発達を測る独自の〈時間〉として機能するといえるでしょう。ピアジェ（一九三七）による三人の子どもの「知能」の縦断的観察は、かならずしも「年齢」や「暦」を必要とする研究ではありません。「年齢」や「暦」がなくても、子どもたちがどのようにお箸を正しく使えるようになるのか研究することはできるのです。大切なことは、徹底的に観察することです。他人がお箸を使っているのをどのように見ているか、親や保育者はどのように指導しているのか、そこで子どもがどのように反応しているのか、来る日も来る日も観察していけば、そこにゆっくり変化があらわれてくるでしょう。その複雑な現象を根気よく記述し、そこからなにかの原理を一般化し、さまざまな領域に考察を深めていくこと、それこそが本当の発達研究だといえるでしょう。このような研究と対比すれば、先に例を示した年齢を独立変数にとった「お箸の正しい握り方の発達研究」がいかに安易な研究であるか理解していただけるように思います。

2 〝時間軸〟の導入

「年齢」や「暦」がなくても発達研究が可能だということは、忘れてはならない大切なことがらです。では、「年齢」や「暦」が導入されることによって、発達研究にどのような新たな利点が生まれるのでしょうか。「年齢」や「暦」が入ってくるというのは、実はそこに数量的に尺度化された〝時間軸〟の概念が入ってくることを意味しています。〝時間軸〟が単に独立変数としてだけ機能するのだとすれば、それほど大きな利点があるわけではありません。もちろん、異なる個体のいろいろな発達現象を「年齢」で揃えて横に並べて比較できるというのは、プラス面であるには違いませんが、「年齢」がなくともそのような比較はある程度可能なのです。たとえば、子どもの発話の発達を細かく分析しいくつかの段階に分けて、それらに対応させて子どもの象徴遊びの発達を調べるといったことは、しばしばなされていることです。そのような研究に「年齢」は不可欠なものではありません。大事なことは、何と何とが相関し合って発達するかということなのです。むしろ、「年齢」が導入されることによって、研究が「年齢」という独立変数に依存した安易なものに流れてしまうというマイナス面の方が大きいかもしれないのです。

〝時間軸〟の導入に意味があるとすれば、それは単に独立変数として便利だといった表面的な理由によるものではありません。発達心理学という学問が生まれたのは、実はある学者があらゆる生命の上を通過する巨大な時間の流れを意識したからです。その学者とは進化論で有名なかのチャールズ・ダーウィンです。発達心理学における ダーウィンの功績を私は次のようにまとめたことがあります。「ダーウィンが私たちにもたらしてくれた最大の贈り物は、豊饒で多様な生物世界を丹念に観察し調査することによって、そこに隠されている歴史的な時間を探り出すという〈方法〉と〈まなざし〉を彼が発見してくれたことにある。ダーウィンのおかげで、私たちは、子どもの身体や行動のなかに〝ヒト〟の由来をみるという、それまでになかった画期的な〈まなざし〉を手に入れたのである」（麻生、一九九六、p. 30）と。ダーウィンが問題にした〝時間軸〟というのは、ニュートン物理学的な抽象的に等間隔に刻まれた目盛りのようなものではありません。それは、生から死へ、死からまた新たな誕生へ数え切れないほど反復しているように見えつつも、決して後戻りできない一方方向の不可逆的な時間の巨大な流れです。「年齢」の問題で私たちが意識しなければならなかったのは、実はこのような巨大な「時間の流れ」だといえるでしょう。

私は一九九九年八月現在50歳です。現在にいたるまでに、どのような時間が私に流れこんでいるのでしょうか。私と今日生まれたばかりの赤ん坊とを対比して、考えてみることにしましょう。先ほどの(1)から(4)までの四つの区分と対応しているわけではありませんが、ここでも大きく分類して四つの時間を区別することができます。

A　自然的時間

一五〇億年前ころにビッグバンがあり現在の宇宙が誕生したとされています。そして、今から四六億年ほど前に地球が誕生し、三八億年ほど前に最初の生命が誕生し、二五億年から二〇億年前に光合成生物が爆発的に増え、地球の大気中に酸素が多く含まれるようになったそうです（松井、一九九五）。二億三千万年前に最初の哺乳類が出現し、約六千五〇〇万年前の新生代に霊長類が出現したといいます。最初の人類は七〇〇万年ほど前に出現したようですが、直立歩行をしていたとはいえ、脳は比較的小さく類人猿とさほど大きな違いはなかったようです。それが二〇〇万年前にホモ・エレクトゥスが出現し、脳も大きくなり走ることが可能になり火をおこし狩猟を行い石器を作るようになったといいます。原始的な話しことばはそのころからあったようですが、現在多くの人類学者は言語はごく最近急激に発達してきたという考え方をとっているようです。その証拠は後期旧石器時代に急にさまざまな技術革新や文化の発生がみられるからです（Leakey, 1994）。今私が現世人類の一人としてここにいることは、私の身体のなかにこのような地球の歴史と生命の歴史とヒトの歴史が刻み込まれていることを意味しています。このことは、今日生まれたばかりの赤ん坊にも同様に当てはまります。

B　歴史的時間

松井（一九九五）によると、一万年前に農耕や牧畜が始まることによって、地球はそれまでとはまったく異なる段階を迎えたのだそうです。ヒトという生物が、地球という生態系に影響を与え地球を作り変えてしまう、ヒトの時代というのがそのときに始まったのだといいます。それ以来、さまざまな文化が生まれては消え、生まれては消えして、今日にいたっています。その間、大きな変化が何度かありました。都市が生まれたこと、文字が発明されたこと、印刷技術が生まれたこと、化石エネルギーを用いた産業が興ったこと、ラジオやテレビが発明されたこと、インターネットや携帯電話で世界中がつながったこと、とくにここ二〇〇年ほどの間に大きな変化が加速度的に起こっています。地球上にはさまざまな暮らしや文化があります。もうきわめて少なく消滅しかかっていますが、狩猟採集民的に生活をしている人たちもいます。ここ数百年あまり変わらぬ生活をしている人たちも交通の不便な山岳部などにいます。この文を書いている私は、高度産業社会の日本の奈良にいます。私が生まれたときに私の家には、水道、ガス、冷蔵庫、洗濯機、掃除機、風呂、電話、テレビ、ビデオ、ゲーム機、パソコン、携帯電話、車などはありませんでした。これは、当時の一般的な家庭に当てはまることでした。今日生まれた子どもと、私の間には五〇年の歳月があります。同じ0歳といっても、五〇年前の私と今日生まれた赤ん坊とでは、そこまでに集積されている「歴史的時間」が異なっています。「歴史的時間」というものは、かならずしも、「暦」によって測れるわけではありません。同じ地域の同じ文化のところであれば、生年月日によってそれを測ることもできますが、場所や文化が異なれば、別の尺度を用いなければ測ることができません。たとえば、一万年前と同じ生活をしている人たちとか、一六世紀の生活スタイルをいまだに保っている人たちという言い方があります。それらは「歴史的時間」を示す近似的な表現だといってよいでしょう。

C　個体の生物学的時間

生物のライフサイクルは、種によってほぼ似たタイムスケジュールで進行します。ヒトの場合に受精から出産までを十月十日といったりするのもそのためです。胎児の成長、新生児の成長、首のすわり、寝返り、歩行、初語の獲得など似たペースで発達がみられます。〝時間軸〟を入れることによって、私たちはどの程度「生物学的な個体の成長」に差異があり、類似性があるのかかなり正確に見積もることができます。神経細胞のミエリン化、脳のシナプスの増加と減少、ホルモンの分泌、身長や体重の増加のしかた、初潮や閉経などにみられる成熟と老化の状態、さまざまな指標によってヒトの生物としてのライフサイクルをとらえることができます。〝時間軸〟がなければ、さまざまな指標の諸関係を調べたりすることはむずかしいといえるでしょう。しかし、「年齢」という〝時間軸〟で、生物としてのヒトの成長と老化のプロセスを、すべて明瞭にとらえられるわけでは決してありません。栄養状態がよければ初潮が早くなることはしばしばあります。また、虐待などの厳しい環境では、身体の成長が抑制されることが知られています。1歳の誕生日を迎えた赤ん坊が千人いれば、みな生物学的に似かよった「若さ」ですが、50歳の大人が千人いれば、そこにはかなりの「生物学的な歳」(老化速度の)の個人差が認められます。「個体の生物学的時間」を忠実に反映しているのは、「年齢」ではなくむしろさまざまな生理学的な指標かあるいは、行動的な指標です。後者は、たとえば、**1**で(1)「時を刻む個体の成長」としてあげたようなことがらです。(2)「上達する技能・能力」として考えられることがらの一部も、「個体の生物学的時間」を示す指標になるでしょう。たとえば、それは新版K式発達検査で調べられるような（塔・トラック・門などの）積木を積む能力などです。(3)「時を刻む社会関係」として考えられることがらの一部も同様です。ヒトは、社会集団を作り社会関係を発達させてきた動物です。婚姻や出産などは、生物学的に重要なライフサイクルを示しています。

D　個体の歴史的時間

同じ3歳でも住んでいるところが異なれば、経験も異なり、精神的成熟の度合いもずいぶん異なったものになります。長い冬、零下五〇度になることもまれではない極寒の地に住むヘアーインディアンの子どもたちは、3歳の子どもでも「ひどい凍傷にかかると、耳や鼻がとれてしまうことがある」のを知り、どんなに寒くても泣くまいと我慢するそうです。また、すぐにたき火にあたっては、凍傷の部分の肉が落ちる恐れがあるので、身体や顔に固めた雪をあて凍りかけた顔をとかしてからでないと、火の側に行かせてもらえません。3歳ぐらいの子どもでも自分の身体を「ここが冷たい」といたわることができるそうです（原、一九七九 pp. 25-26）。日本には、このような過酷な自然はありません。そのかわり、3歳の子どもが「となりのトトロ」のビデオにはまり毎日毎日繰り返しビデオを見て、もう一〇〇回以上見ているといったケースは決して珍しくありません。同じ3歳といっても生まれてきて以来の「個体の歴史的時間」がかなり異なっているのです。同じ日本で育つとしても、一人一人、経験の積み重ね方は異なっています。地域や時代だけでなく、母親の個性や家庭環境や生活環境、そして遭遇する事件などによっても、個々人が経験することがらは一つとして同じものはありません。**1**で(4)「累積する個体の経験」と述べたことがこれに該当します。また(2)「上達する技能・能力」や(3)「時を刻む社会関係」として述べたことにも、「個体の歴史的時間」とみなせるものがあります。たとえば、ピアノ歴二〇年、パソコン歴一〇年などといったことがら（2）や、二〇年来の友達づきあい、二〇年来のライバルといったことがら（3）も、その個体がくぐってきた「個体の歴史的時間」を示しているといえるでしょう。「個体の歴史的時間」は、本来時計で測れるような性質のものではありません。よって、ここで数量的に尺度化された〝時間軸〟が有効であるとすれば、それは「個体の経験」をあるていど同質のものとみなし、経験量を概括的にとらえるときにかぎります。ピアノ歴三年とか、一〇年とか、二〇年などという語り方が可能なのはそのような〝時間軸〟のおかげです。また、ある悲惨な出来事（たとえば阪神・淡路大震災）から何年たったという形で、「個体の歴史的時間」を語るときにも〝時間軸〟は有効です。

3　発達心理学における「年齢」の意味

1　大きな時の流れのなかに「年齢」をおく

「年齢」という独立変数がなくとも発達研究が可能であることは、**1**ですでにみてきました。**2**では、数量的に尺度化された〝時間軸〟というものを発達研究に導入することで何がみえてくるのかを議論しました。そこで明らかになったのは、「個体の生物学的時間」や「個体の歴史的時間」のみを問題にしているのであれば、「年齢」という概念の必要性がもう一つみえてこないということです。もちろん、「年齢」という独立変数は、便利であり、全体の構図をみやすくするのですが、「年齢」が不可欠な変数であるとは言い切れないように思われるのです。「個体の生物学的時間」に大事なことは、現実の神経細胞のネットワークの成熟や老化や、現実のさまざまな行動であるわけです。行動の展開過程それ自体がその当該生物の「歳」を刻むのです。「個体の歴史的時間」についてもしかりです。大事なのは、ここでも具体的な行動や具体的な人間関係の一連の歴史的つながりです。「年齢」はそのような「歴史」を外側から見つめる傍観者にすぎないのです。

では「年齢」が発達心理学にとって重要なのは、単に社会が「年齢」で人びとを類別し制度的に「年齢」によって人びとを束縛しているからだけなのでしょうか。かならずしもそうではありません。すでに述べたように、発達心理学の学的精神の根幹は、ダーウィンの「空間的なもののなかに累積した時間を読み取る」地質学的〝まなざし〟にあります。つまり、発達に関していえば、「個体としての生物学的時間」や「個体の歴史的時間」といった、個体の「時間」を、「自然的時間」や「歴史的時間」のなかに挿入して「子どもの発達」をとらえることが最も重要な課題なのです。これこそがダーウィンの見出したことです。現在の子どもたちの言語獲得は、ヒトの言語の獲得と切っても切れない関係にあります。現在の子どもたちの数概念の獲得過程は、人類が数概念を生み出してきた歴史と照らし合わせて理解されるべきなのです。そのような〝まなざし〟で子どもたちをみるならば「年齢」はなくてはならない指標になります。

たとえば、リーキー（一九九四）は一六〇万年前にホモ・エレクトゥスの子どもの化石（トゥルカナボーイ）が何歳であったのかということが、当時の人類のようすを描き出すためにきわめて重要であることを述べています。それは、化石の子どもの年齢がわかると、そこから当時の子どもの成長曲線や新生児の脳容量まで概算することができるからです。「年齢」は異なった時間、大きく隔たった時間を生きる子どもたちの成長を比較するさいになくてはならないものなのです。ヘアーインディアンの子どもと現在の日本の子どもを比較するさいにも「年齢」が必要不可欠であるといえるでしょう。チンパンジーやボノボやヒトの母子関係を比較するさいにも「年齢」がなければ、人類の系統発生について突っ込んだ議論はできなくなってしまいます。

「年齢」は個体の発達を記述するのにはかならずしも必要なものではありません。「年齢」が重要になるのは、現在の子どもの成長プロセスを「自然的時間」や「歴史的時間」のなかにおき、他の生物や過去の人びとや異なる環境の人びととの比較研究を行うときだといえるでしょう。発達心理学者が「年齢」を意識するからには、そのような広い視野をもった上でのことでなければならないように思われます。「年齢」を発達と関係する客観的で本質的な独立変数であると思いこんでしまうことは、「発達」というプロセスのもっとも肝心なところを見逃してしまうことに他なりません。

とはいえ、文化的な比較や歴史的な比較を行ったり、比較動物学的研究を行うためには、数量的に尺度化された〝時間軸〟がなければ非常に不便です。それは、「年齢」や「年代」などの独立変数がないと「文化」や「歴史」や「種」の相対的位置が判断しにくいからです。またそれとは別に、プラクティカルな面、現代社会が「年齢」をさまざまな制度に利用している面からも、「年齢」は大切です。その意味で、現代社会の学問のなかに組み込まれた発達心理学が、社会からの要請を受けて、「年齢」にこだわるのはそれなりにもっともなことです。「年齢」は確かに非常に便利で社会的に有用な独立変数なのです。しかし、何の考えもなしにそれに依存してしまうことは、ぜひとも避ける必要があります。大事なことは、なぜ発達心理学にとって「年齢」が大切であるかということを充分に自覚した上で、「年齢」による記述を行うことです。

2　「年齢」を越えて

最後に心理学が「年齢」を越えていくための三つの方向を示唆することで本論の締めくくりとしたいと思います。

A　個体発生と系統発生

ネルソン（一九九六）は、ドナルドの描いた表象や言語の系統発生に重ね合わせて、現在の子どもたちの個体発生を描こうとしています。ドナルドによれば、表象の系統発生には四つのレベルがあります。①最初の段階は、類人猿から分岐したばかりのヒトが、類人猿と共通してもっていたものです。それは一般的出来事あるいはエピソード表象です。これに相当するのは現在の0歳から1歳半にかけての乳児です。②次は、一五〇万年ほど前にあらわれたホモ・エレクトゥスのレベルです。彼らは、共有されしかも運動にもとづいた表象の外在化である非言語的なミメティック（mimetic）システムを生み出し、それらを私的な象徴システムや公的な象徴システムとして内化できるようになっています。現在の子どもでは1歳半から4歳に相当します。③次が、二〇万年ほど前にあらわれた初期ホモ・サピエンスのレベルです。彼らは真の言語を生み出し、それを経験を分かち合ったり歴史や神話を構成するための物語装置として原初的に活用しました。現在の子どもでは、4歳から10歳に相当します。④次は、現生人類です。彼らは数学、論理学、科学理論などの表象の外在化に依存した複雑な操作に有用な書きことばのシステムを生み出しました。これは現在の子どもでは、10歳から大人までに相当します。このような四つの表象レベルは、置き換わるのではなく、より上の段階では下のものをすべて混ぜ合わせた形で存在することになります。

ネルソンの進もうとしている方向は、きわめて発達心理学者らしい方向です。言語や表象や認知の発達を系統発生と個体発生を重ねる形で議論を展開しています。このような発達の段階がうまく描けるならば、「年齢」という独立変数の重要性は少し軽くなるといってよいでしょう。これは、ピアジェやヴィゴツキーが進もうとした方向とも似かよっています。

B 「歳」の心理学

私たちの社会では「年齢」が制度的な意味だけではなくさまざまな文化的・慣習的な意味をもっています。岡本（一九九七）はこのような意味での「年齢」のことを「歳」と呼んでいます。無藤・小林・海老澤（一九九九）が指摘しているように、幼稚園の年長児より小学校の一年生の方が集団としては幼いというのも、現在の学校システムが作り出す意味を付与された「年齢」つまり「歳」が問題になっているのだと考えることができます。「年齢」は連続的な量ですが、「歳」はそうではありません。独身女性は、29歳から30歳になるとき少し悩んだりします。しかし、30歳から31歳ではあまり悩みません。24歳と25歳との間を意味づける女性もいます。25歳は売れ残りのクリスマスケーキ（24日に売れず25日に安売りされているという意味）だとのメタファーすらあります。「3歳では遅すぎる」などの早期教育のキャッチフレーズも「年齢」ではなく「歳」のことを問題にしているといってよいでしょう。このように考えると「年齢」というのは、日常生活のなかではあまり機能していない概念なのかもしれません。「年齢」というのは、序数でもあり基数でもある量です。0歳と10歳の違いも、70歳と80歳の違いも、「年齢差」という量としては同じです。しかし、「歳」という観点からすると、両者の違いはきわめて明瞭です。「歳月」はその間に成し遂げられるもの、あるいは喪失するものの量や質で意味づけ価値づけられるものなのです。「歳の差」は、状況や場面や個人によって、まったく違った意味づけをなされるものだといえるでしょう。心理学的に意味があるのは、計量的な意味の「年齢」ではなくさまざまなニュアンスを帯びた「歳」です。矢野（一九九九）が紹介しているゲゼルの立場は、その点なかなか興味深いものがあります。ゲゼルはどうも「年齢」ではなく「歳」を科学的に問題にしているようです。しかし、「歳」というものは、そもそも文化や社会に大きく規定され、状況依存的な意味をもつものです。定年が60歳の人の59歳の意味と、定年のない自由業の人の59歳では「歳」の意味が異なるのです。59歳が不安定で61歳が安定しているとは、状況を抜きにして一般的にいえることではありません。

ゲゼルのやろうとした人格的な記述を完成させるには、子どもたちのおかれている状況を類別することから始めなければなりません。状況とこみにしてはじめて一人一人の子どもの人格の発達をトータルに記述することが可能になるのです。「歳」を問題にすることは、具体的に生きる人びとの生活状況に足を踏み入れ、その人の生き方とその人のいだいている「歳」についての偏見を探っていくことを意味しています。岡本（一九九七）のいう「生活的」で「人間的」な「歳」というものを解明するには、人びとがもつ「歳」にまつわるさまざまな幻想や偏見をまず具体的に個別的に記述し分析していく必要があるといえるでしょう。そこに、心理学の新しい研究フィールドが存在していることは間違いありません。

C　生成の心理学

子どもたちの行動をつぶさに観察しそれを詳細に記述するならば、そこに自ずと子どもの「歳」があらわれるということを本論の**1**で述べました。しかし、そのようにみえてくる「歳」はきわめて大ざっぱなものにすぎません。「歳」や「年齢」にこだわることは、現実に目の前に起こっている現象をみえなくさせてしまう危険性があります。それは、「歳」や「年齢」という時刻的概念が、子どもの状態をある瞬間で切断し標本化してしまう傾向をもっているからです。一番大切なことは、今目の前に起こっていることです。高井（一九九九）も麻生・伊藤（一九九九）も山本（一九九九）も仲（一九九九）も無藤・小林・海老澤（一九九九）も目の前に起こっていることを記述しています。実は、一番みえにくく不可解なのは、目の前で起こっていることなのです。そこには予想もしない展開があります。提示者が単に積木をチョンチョン打ち合わせ「はいどうぞ」と繰り返し繰り返し差し出す麻生・伊藤（一九九九）の検査のことを思い起こしてください。そこで子どもが行っていることは実に微妙で複雑なことです。その子が何歳であろうとどうでもよいと思われるほど、〝ゆらぎ〟を伴う複雑な相互作用が生じているのです。無藤・小林・海老澤（一九九九）が描いている子どもたちの戦いごっこも優るとも劣らない複雑で微妙な相互作用です。彼らは「発達」について「身体の戯れの中に生まれるものが〝意図〟であり、その上に立って演技が生成していくように思えます。発達とは、その生成の過程のメタ的な変貌ではないでしょうか。（つまり、それは）繰り返し起こる生成の過程の様相が変化することです」(pp. 185-186) と述べています。これは身体のぶつかり合いを通じて、子どもたち自身が刻々と生成しつつあることを表現したことばです。まだ、私たちは、残念ながら目の前の子どもたちのことを充分にとらえる力をもっていません。生成しつつある子どもたちをうまく〝生きたまま〟とらえることが、二一世紀の発達心理学の大きな課題の一つであるといえるでしょう。宇宙という大きな時間の流れのなかで星々の誕生があり、生命の流れが生まれ、ヒトが誕生し、歴史の生成があり、私たちの目の前でまた小さな生成が生じているのです。一度「年齢」という概念を忘れて、目の前の不思議とじっくり対面してみることが、私たちに必要なことであるように思われます。

いつの日かそこから、「年齢」のまったく新しい意味が生まれてくるのではないでしょうか。つまり「生成」と「年齢」とが結びついたような新しい科学の誕生する日が遠からずやってくるような予感がします。

引用文献

麻生武　一九九六　私たちの起源　佐々木正人(編)　心理学のすすめ　筑摩書房　pp. 25-50.

麻生武・伊藤典子　二〇〇〇　1歳と2歳　他者の意図に従う力・逆らう力　岡本夏木・麻生武(編)　年齢の心理学　ミネルヴァ書房　pp. 63-101.

原ひろこ　一九七九　子どもの文化人類学　晶文社

Leakey, R. 1994 *The origin of humankind.* A Division of Harper-Collins Publishers.　馬場悠男(訳)　一九九六　ヒトはいつから人間になったか　草思社

松井孝典　一九九五　一五〇億年の手紙　徳間書店

無藤隆・小林紀子・海老澤由美　二〇〇〇　4歳と5歳　身体の関係と経験から　岡本夏木・麻生武(編)　年齢の心理学　ミネルヴァ書房　pp. 177-213.

仲真紀子　二〇〇〇　3歳と4歳　年齢というバイアス、理念と個人の姿　岡本夏木・麻生武(編)　年齢の心理学　ミネルヴァ書房　pp. 143-175.

Nelson, K. 1996 *Language in cognitive development.* Cmbridge University Press.

岡本夏木　一九九七　発達の記述における「歳」の問題　発達　No. **70**, ミネルヴァ書房　1-5.

Piaget, J. 1936 *La naissance de l'intelligence chez l'enfant.* Delachaux & Niestle.　谷村覚・浜田寿美男(訳)　一九七八　知能の誕生　ミネルヴァ書房
高井弘弥　二〇〇〇　0歳と1歳　発達と文化の接点　岡本夏木・麻生武(編)　年齢の心理学　ミネルヴァ書房　pp. 25-62.
山本登志哉　二〇〇〇　2歳と3歳　群れ始める子どもたち：自律的集団と三極構造　岡本夏木・麻生武(編)　年齢の心理学　ミネルヴァ書房　pp. 103-141.
矢野喜夫　二〇〇〇　5歳と6歳　円熟期と転換期　岡本夏木・麻生武(編)　年齢の心理学　ミネルヴァ書房　pp.215-226.

《執筆者紹介》（執筆順）

岡本夏木（おかもと　なつき）　［編者］
1926年生まれ
1952年京都大学文学部哲学科卒業
元　京都女子大学文学部教授
主著　『子どもとことば』（岩波書店）
『ことばと発達』（岩波書店）

麻生　武（あさお　たけし）　［編者］
1949年生まれ
1982年大阪市立大学大学院文学研究科後期博士課程単位取得退学
現在　奈良女子大学大学院人間文化研究科教授
主著　『身ぶりからことばへ』（新曜社）
『ファンタジーと現実』（金子書房）

高井弘弥（たかい　ひろみ）
1960年生まれ
1991年京都大学大学院文学研究科博士課程満期退学
現在　島根大学教育学部助教授
主著　『個性と感情の発達』（共著，岩波書店）
『子どもは認知やことばをどう育てるか』（共著，培風館）

伊藤典子（いとう　のりこ）
1947年生まれ
1998年奈良女子大学大学院文学研究科修士課程修了

山本登志哉（やまもと　としや）
1959年生まれ
1997年北京師範大学（発展心理研究所）博士課程卒業
現在　共愛学園前橋国際大学教授
主著　『人はかく笑う』（共著，大宮書房）

仲　真紀子（なか　まきこ）
1955年生まれ
1984年お茶の水女子大学大学院人間文化研究科博士課程単位取得退学
現在　北海道大学大学院文学研究科教授
主著　『ことばの獲得』（共著，ミネルヴァ書房）
『「温かい認知」の心理学』（共著，金子書房）

無藤　隆（むとう　たかし）
1946年生まれ
1975年東京大学教育学研究科修士課程修了
現在　白梅学園大学学長
主著　『協同するからだとことば』（金子書房）
『早期教育を考える』（NHK 出版）

小林紀子（こばやし　としこ）
1951年生まれ
1995年東京学芸大学大学院（学校教育専攻）修士課程修了
現在　小田原女子短期大学幼児教育科助教援
主著　『保育内容 言葉』（共著，ミネルヴァ書房）
『初等教育原理』（共著，ミネルヴァ書房）

海老澤由美（えびさわ　ゆみ）
1956年生まれ
1977年関東短期大学初等教育科卒業
現在　埼玉県羽生市立須影小学校教諭

矢野喜夫（やの　よしお）
1946年生まれ
1974年京都大学教育学部大学院博士課程中退
現在　京都教育大学教授
主著　『子どもの自然誌』（共著，ミネルヴァ書房）
『発達心理学への招待』（共著，サイエンス社）

年齢の心理学
——0歳から6歳まで

2000年7月20日　初版第1刷発行　　検印省略
2005年10月1日　初版第4刷発行

定価はカバーに
表示しています

編　者　岡　本　夏　木
　　　　麻　生　　　武
発行者　杉　田　啓　三
印刷者　中　村　嘉　男

発行所　株式会社　ミネルヴァ書房
607-8494京都市山科区日ノ岡堤谷町1
電話075-581-5191／振替01020-0-8076

©岡本夏木・麻生　武他，2000
中村印刷・清水製本

ISBN4-623-03135-7
Printed in Japan

発達心理学再考のための序説　浜田寿美男 著　A5・三一二頁 本体二八〇〇円

意味から言葉へ　浜田寿美男 著　A5・二七四頁 本体二八〇〇円

身体から表象へ　浜田寿美男 著　A5・二八八頁 本体二八〇〇円

関係発達論の構築　鯨岡 峻 著　A5・三六二頁 本体三六〇〇円

関係発達論の展開　鯨岡 峻 著　A5・三六〇頁 本体三六〇〇円

〈共に生きる場〉の発達臨床　鯨岡 峻 編著　A5・三一六頁 本体二八〇〇円

人との関係に問題をもつ子どもたち【全2巻】

①からだとことばをつなぐもの　麻生 武・浜田寿美男 編著　A5・二四八頁 本体二二〇〇円

②ひととひとをつなぐもの　山上雅子・浜田寿美男 編著　A5・二八〇頁 本体二四〇〇円

シリーズ／発達と障害を探る【全3巻】

①コミュニケーションという謎　秦野悦子・やまだようこ 編　A5・二一八頁 本体二二〇〇円

②遊びという謎　麻生 武・綿巻 徹 編　A5・二五八頁 本体二六〇〇円

③能力という謎　長崎 勤・本郷一夫 編　A5・二四二頁 本体二四〇〇円

ミネルヴァ書房

http://www.minervashobo.co.jp/